20世纪中国图书馆学文库·72

主题法导论

侯汉清　马张华　主编

张涵　戴维民　王荣授　陈树年　编著

國家圖書館出版社

本书据北京大学出版社 1991 年 9 月第 1 版排印

前　言

近年来随着科技情报检索系统（包括科技检索刊物体系）的建立和办公室自动化的发展，国内出现了"词表热"。政府部门和专门机构纷纷组织力量编制、出版叙词表，各地情报机构和专业图书馆利用叙词表进行主题标引，建立起一批文献数据库，并为几十种检索刊物编制主题索引。每年数百家高等院校的数以万计的学生在文献检索课堂上学习使用叙词表。这种形势有力地推动了主题法、特别是叙词法理论与实践的发展。我们作为图书馆学和情报学专业的教师，愿趁此机会向图书情报界的同行献上这本小书。

本书是一本全面论述主题法的著作，其中以主题检索语言为主线，对叙词语言、标题语言和关键词语言及其标引进行了详细的阐述，同时设置专章介绍了主题检索工具的编制。为了反映80年代以来国内外主题法研究和应用的最新成果，我们在书中介绍了在主题法领域出现的标准化、自动化、兼容化、自然语言化、分类主题一体化等趋向。当然这本书的写作也概括了我们多年来从事主题法教学、参加叙词表编制的实际经验。书中还包含了我们对一些主题法理论和技术问题的观点和看法，敬请同行们指正。

本书由侯汉清（第二章、第三章）、马张华（第二章、第六章）、张涵（第一章、第七章）、戴维民（第四章、第八章、第九章）、王荣授（第四章）、陈树年（第五章）共同撰写。本书第七章介绍保留上下文索引系统一节特请黄水清同志撰写。全书由侯汉清、马张华统稿。

　　本书在编写过程中参考了国内外一些文献(见各章的引用书目和书末的参考文献目录)。本书还得到北京大学图书馆学情报学系和北京大学出版社的支持和帮助,顺此一并表示深切的谢意。

　　本书是《图书分类》(书目文献出版社出版)的姐妹篇。《图书分类》印数已逾十余万册,修订本已出版。愿本书像《图书分类》一书一样受到读者的欢迎。

编著者
1991 年 5 月

目　　次

4

第一章 导　　言

一、什么是主题法

美国未来学家奈斯比特(Naisbitt, J.)在《大趋势》一书中指出:"我们淹没在信息中,但是却渴求知识。"为什么当各类信息像洪水一样向我们涌来时,我们仍然缺乏所需要的信息呢? 这是因为在信息社会之中,"没有控制和没有组织的信息不再是一种资源。它倒反而成为信息工作者的敌人。"*

我们图书馆和情报工作者在信息社会中的重要任务之一,就是对众多的文献信息加以控制和组织。文献控制的基本方法是:①文献的描述,即客观地对文献的内容和形式特征进行分析、选择和描述;②文献的浓缩,即把文献的内容加以压缩、提炼或概括。通过描述和浓缩,把文献加工成便于人们查找的替代品(或称替代文献);③文献的整序,即把众多的杂乱无章的替代文献按照文献特征井然有序地排列起来,建成文献的检索系统。

一篇文献,我们可以把它加工成摘录、文摘或提要,还可以进一步浓缩为扩充篇名或篇名。浓缩程度最高、涵义最明确的替代文献形式是主题词(或称主题词集合)(参看图 1－1)。当然还可以进一步压缩为文献号,但此时已经成为一种代码,失去了原来的

---

* 见奈斯比特《大趋势——改变我们生活的十个新趋向》(新华出版社,1984 年)。

涵义。我们通过对文献内容的分析，可以把文献所论述的对象（或事物）——主题概括出来，再使用规定的词汇，并按照一定的规则加以描述，就可以得到文献之精髓——主题词。

图1-1　文献浓缩示意图

把文献加工成替代品——主题词，尚未完成文献控制的全过程，还必须把代表众多文献的成千上万个主题词排列成为一种有序系统，使每一种具有特定主题内容的文献都固定在这个有序系统的某一特定位置上，这样，用户就可以准确地获取所需文献。在这个由主题词组成的有序系统中，主题词是按其相互之间的关系予以存放的，因而用户不仅可以查到关于某一主题的文献，而且可以查到相关主题的文献。这就是主题整序法。

我们再从情报交流的过程考察一下文献控制。维克利（Vickery，B. C.）曾经这样描绘情报交流的过程（参看图1－2）*。人类环境中的一个对象（事物、现象、过程等），经过研究，在信息发源者——科技工作者的头脑中上升为一个概念。这个概念综合到科技工作者的个人知识结构之中，然后他又以语词或符号把它表达出来。为了传递有关此概念的情报，这些语言符号又作为一条信息或一篇文献发出。后来这篇文献或信息又被收入一个经过组织的信息集合体（如图书馆或情报机构）之中，构成了公共知识，在那里，这篇文献被标引人员赋予一个或多个标识，这些标识又被组织在一个或几个标识集合体（如索引）之中。潜在的信息接收者（即用户）则根据其知识结构，也以语言符号的形式表达其情报需

＊　见维克利等《情报科学的理论与实践》（科学技术文献出版社，1990 年）。

2

求。这些提问被赋予一个或多个标识。此后这些标识又与组织好的标识集合体进行相符性比较，从而完成文献的检索。

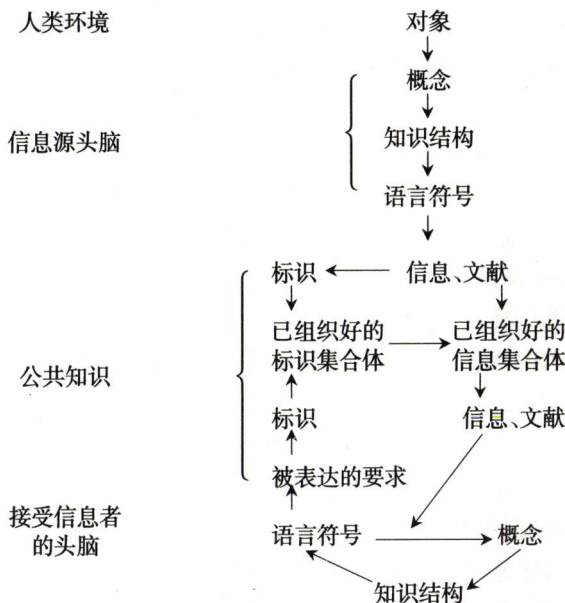

人类环境   对象
                     ↓
                  概念

信息源头脑   { 知识结构

                语言符号

      标识 ← 信息、文献
      ↓
    已组织好的   已组织好的
    标识集合体   信息集合体
公共知识 { ↑
      标识   信息、文献
    被表达的要求

接受信息者
的头脑   语言符号 → 概念
         知识结构

图1-2　情报交流过程

在这一情报交流过程中，从文献到标识集合体的过程就是一个对文献进行浓缩、描述和整序的过程，即情报存储的过程，而从用户的情报需求到标识集合体的过程，则恰好是文献控制或情报存储的逆过程。如果我们把这幅图中的标识理解成主题标识（主题词），把标识集合体理解成主题检索工具或检索系统，我们完全可以把它看成是一幅主题法的清晰图解。

从上述介绍可以看出，主题法实际上有两重涵义：

其一是指上文所述的主题整序法，是一种用语词标识处理文献、组织主题检索工具或检索系统的方法。即把众多的文献根据其内容主题，强制性地用一个语词标识系统予以组织。（如图表1-2所示）。主题整序开始时，必须把文献的主题概念转换为经过规范的语词标识（即主题词），这一过程被称为主题标引。同样，用户进行检索时，必须把其提问的概念转换为语词标识，并据此进行查找，这一过程被称为主题检索。

其二是指主题检索语言。我们知道情报检索语言有两大语系，一个是以码号为文献主题的标识的分类检索语言，另一个是以语词为标识的主题检索语言。前者简称为分类法，后者则相应地被人们称之为主题法。

主题语言与自然语言一样，也是由词汇和语法（主要是句法）两部分组成。奥斯汀（Austin, D.）曾用下图来说明这两部分之间的关系。

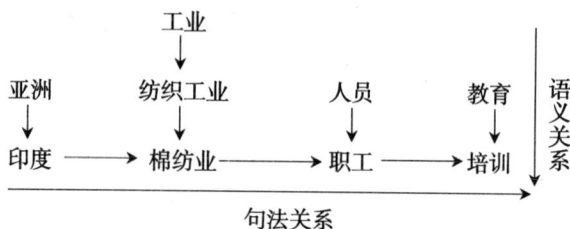

图1-3　主题语言的语义关系和句法关系

词汇是主题语言中的主体，其具体体现是各种主题词表，如标题表、叙词表等。词汇之间的语义关系是先天的，与具体的文献无关，这种关系通常在编表时予以控制和显示。主题语言的句法是指将主题词组合成检索语句以表达文献主题的造句规则。句法关系是后天的，像图1-3中印度、棉纺业等四个词之间的关系，是依具体的文献而存在的，因而标引时要加以控制。关于词汇控制和句法控制，详见第二章。

无论是主题检索语言,还是主题整序法,它们的基本特点 *
是:

①按文献所论述的事物(即主题)集中文献;

②用人们日常使用的名词术语经过规范化后直接表达文献所论述的事物;

③用参照系统等间接显示事物概念之间(即主题之间)的关系;

④用字顺序列直接提供按事物名称检索文献的途径(即主题检索途径)。

综上所述,主题法研究的内容包括:

(1)对词汇控制的原理和方法的研究;

(2)对主题语言历史发展、结构原理及其性能、特点的研究;

(3)对各类词表(包括分类主题一体化词表)编制及管理的技术方法的研究;

(4)对文献主题的结构、特点及检索课题的结构、特点的研究;

(5)对叙词表、标题表的使用及标引技术的研究,以及对各种类型、各个学科文献标引规则的研究;

(6)对各文种文献主题描述语句及其表达方式的研究;

(7)对主题检索工具与主题检索系统的研究;

(8)对自然语言在情报检索中应用的研究;

(9)计算机、人工智能技术在主题法领域的应用,包括自动标引、计算机辅助标引、计算机自动编制叙词表等的研究;

(10)对索引法、汉字排检法及其他相关问题的研究。

---

* 见张琪玉《情报语言学基础问题选讲》附录五(武汉大学出版社,1987 年)。

二、主题法的发展及类型

最早的主题法直接采用自然语言。这可以从我国古代的类书、12世纪流传至今的手抄本《圣经索引》及17、18世纪图书馆采用的书名主词款目中找到佐证。类书和圣经索引均是以书中出现的语词为标目,后者是以书名中的主词(Catchword),即相当于现今的关键词为标目。这些不加控制或少加控制的自然语言,成了最早的主题检索语言。从早期的主题法论著——英国克里斯塔多罗(Crestadoro, A.)的《图书馆编目技术》(1856年)和英国索引之父惠特利(Wheatly, H.)的《什么是索引》(1878年)中,可以发现有关的论述。

由于主题法直接以事物的名称作为标识,又采用了世界上最重要的精确工具之一的字顺次序,因而在文献管理、索引工作和图书馆工作中得到广泛的应用,反过来又推动了主题法理论和技术的发展。19世纪在主词款目、书后索引以及字顺分类目录的基础上,出现了标题法。美国图书馆学家克特(Cutter, C. A.)编写的《字典式目录条例》,就是标题法实践的全面总结。所谓标题,即通用语文中定型的事物的名。从这一简短的定义可以看出,标题语言仍然是以自然语言为基础,但是第一要挑选定型的名称,第二对不定型、半定型的名称要进行筛选和加工。苏联学者切尔内(Черный, А. И)等人把标题法命名为"字顺主题分类法",正好反映出标题法作为传统的主题法与传统的体系分类法一脉相承的关系。

随着阮冈纳赞分析兼综合分类法——《冒号分类法》的问世和50年代英国分类法研究小组对阮氏分类理论的研究和普及,主题法领域也受到这种分面分类理论的冲击。在标题表中出现了越来越多的自由浮动复分标题,英国柯茨(Coates, E. J.)等人还把组配技术引入到标题法之中,在检索刊物的主题索引中允许标引员自由地使用若干主题词组配标引复杂概念。50年代初,美国陶伯(Taube,M.)在40年代英国巴顿(Batten,W.E.)研制的比孔式组配索引法基础上创制了元词法系统。元词法是以最小的字面单元——元词来标引文献,通过元词的组配来检索文献。这可以说是最早的分析兼综合的主题法。元词法首次运用机械(穿孔卡片机、光学比孔卡等)进行标引和检索,可以说开机器检索的先河,为以后计算机运用于主题检索奠定了基础。

60年代初,计算机技术在图书馆及情报工作中的应用,使采众家之长而发展起来的叙词法成为"后起之秀"。以概念组配为基本原理的叙词法淘汰了元词法,在很多图书馆和情报机构中代替了传统的标题法和分类法,成为当代情报检索语言的主流。60年代成为叙词表时代。数以百计的叙词表的出版,推动了计算机检索的发展,主题法的研究也进入一个新的阶段。

早期的叙词表几乎完全是字顺形式的,后来字顺形式的名词一览表的不足之处日益显露出来,分类词表与字顺词表的结合形式被广泛采用了。到了60年代末,英国叙词表专家艾奇逊(Aitchison,J.)终于研制成功世界上第一部分类主题一体化词表——《分面叙词表》,首次建立了一个真正实现了分类法和主题法二者合一的系统。美国兰开斯特(Lancaster,F.W.)曾经预言,这种"具有全面优点"的词表将可能成为受控词表的楷模。在它的影响下,果然出现了一批这样的词表,并有力地推动了主题法兼容化和计算机化的发展。

计算机的广泛应用既推动了叙词检索语言及分类主题一体化检索语言的发展,同时也促进了自然语言的回归。早在1958年美国卢恩(Luhn,H.P.)等人就发表了用计算机编制关键词索引的论文。随着机编关键词索引的发展,自动标引、全文检索、自然语言与受控语言结合的混合系统等,都迅速地发展起来。目前,这种不用受控词表、不用主题分析、不用人工标引的关键词法正在与叙词法分庭抗礼。国外学者甚至预言,情报检索的未来将属于自然语言的天下。

主题法除了可以分为标题法、元词法、叙词法和关键词法以外,还可以按其语词标识的组配特点划分为先组定组式、先组散组式和后组式三大类。

先组定组式是指表达复杂主题的标识是在词表中固定组配好的,因而标引阶段只需"对号入座",直接选取,不必组配。标题法属于这一类型。

先组散组式,是指表达复杂主题的标识在词表中是单立的,未进行组配,但在标引阶段要根据文献的主题内容予以组配,检索阶段也要通过相同的组配与之匹配。叙词语言在当作标题语言使用时,属于这一类型。

后组式是指表达复杂主题的标识,在词表中或在标引阶段,皆是单立的,不进行组配,检索时则须根据检索课题的需要,按一定方式组配查找。元词法和叙词法属于这一类型。

综上所述,主题法、主题语言、主题词表等可使用相应术语表达如下表:

表1-1　主题法的术语体系

主题法	主题语言	主题词	主题词表	主题检索工具
标题法	标题语言	标题(词)	标题表	标题目录/索引
元词法	元词语言	元词	(元词表)	元词目录/索引
关键词法	关键词语言	关键词	(关键词表)	关键词目录/索引
叙词法	叙词语言	叙词	叙词表	叙词目录/索引

三、主题法与分类法

主题法与分类法都是揭示文献主题内容的方法,在标引过程中,均需对文献进行主题分析,而且一般都要以预先编制好的、反映主题概念的工具——分类表或主题词表为依据。因而提供系统

8

检索主题的分类法,也可视为广义的主题法。但它们之间在以下几方面存在明显的差异。

1. 主题概念的表达

分类语言的一个显著特点是用码号(如字母或数字)作为文献的标识,标引或检索时都必须使用分类号。主题语言则是直接以自然语言中的语词作为标引和检索的标识。如"铜化合物"这一主题概念在使用《中图法》时,以"O 614. 121"这一分类号来代表,在使用《汉语主题词表》(以下简称《汉表》)时,可以直接用"铜"与"化合物"这两个词组配表达。因而在概念表达的直观性上,分类语言不如主题语言。但由于主题语言在表达主题概念时直接受自然语言语种的影响,而分类语言中的标记符号不受具体语言文字的束缚,不同语种的同一主题可使用相同的分类号来表达,所以在标识的通用性乃至标准化方面,主题语言则不如分类语言。

2. 主题概念的组织

主题法与分类法都要将主题概念组织成可迅速查找的检索工具或检索系统。分类语言主要是按学科体系或逻辑体系组织的,由于分类体系不是显而易见、易于掌握的,因此读者在使用分类检索工具或检索系统时,往往难以确定新主题、细小主题以及复杂主题在体系中的准确位置。主题语言按照语词的字顺来组织主题概念,因而可以直呼其名,依名检索。

3. 主题内在关系的显示

分类语言中主题内在关系主要通过上下位类、同位类以及交替类目、参见类目和类目注释来显示。尤其在体系分类表中,类目之间的等级关系可以通过类目排列的位置、乃至印刷字体的不同而直接明显地展示出来。因而分类法系统的系统性、等级性强,便于进行浏览性检索,并可以根据检索的需要进行扩检和缩检。主题语言中,主题内在关系主要通过建立词间参照系统的方式来显示。此外也通过辅助索引进行分类显示。所以,在主题词表中,相关主题之间的关系难以直接地、一目了然地展示出来,因而在族性检索、尤其是较大范围课题的检索中,不如分类语言。

4. 标引方法

由于分类法与主题法揭示文献内容的角度不同,因而在分析文献主题时的重点也不同。使用分类语言标引时,主题分析的重点是辨别确定文献主题的学科性质,以便进一步确定所属类目。使用主题语言标引时,主题分析的重点是辨明文献主题各构成因素之间的关系,区别论述对象的中心部分和次要部分,以便选定中心主题概念。

分类标引以分类表为工具,一般须通过类目体系层层查找。但在确定所属的知识门类以后,由于分类序列是按类目之间关系确定的,类目设置集中,比较容易判定其归属。主题标引的工具则是各种主题词表,以字顺系统作为主要查找途径。在使用叙词表的情况下,往往必须根据收词情况,对复杂主题概念进行分解转换。由于词表既收单词,又收词组,字顺序列本身又不能显示主题词之间的联系,有时必须反复查找,难度较大。

5. 文献的集中与分散

分类语言,包括体系分类法和体系－组配分类法,均以学科内在联系为基础来组织主题概念,将具有同一学科性质的、研究不同对象的文献聚集在一起。如将有关铜、铝、锡等各种金属的金属性能方面的文献聚集在金属材料类下,而将有关这些金属的焊接方面的文献聚集在金属加工类下。即研究同一对象的文献因其研究的角度属于不同学科而在分类检索系统中被分散在各处。主题语言以事物主题名称的字面形式来组织主题概念,将从不同角度研究同一对象的文献按主题词聚集在一起。例如,无论是从金属学角度研究铜的金属性能,还是从金属加工角度研究铜的焊接,甚至铜的开采、铜的冶炼等等方面的文献都聚集在"铜"这一主题词之下。总之,分类法按学科集中,主题法按事物集中。因此可以说,在分类检索系统中集中于某一类目下的文献,在主题检索系统中往往被分散在不同的主题词下;反之,在主题检索系统中集中于某一主题词之下的文献,在分类检索系统中往往被分散在不同类目之下。

6. 对科学技术发展的适应能力

分类法因受学科体系与标记符号的束缚,增添新主题或改变原有主题位置的难度都比较大,更无法合理安置那些学科关系不明或关系复杂的主题,分类检索系统中所容纳的知识体系也往往落后于科学技术的发展。主题检索系统中的主题标识按字顺排列,增删主题词不会影响整个系统的结构,只需变更个别主题词之间的参照关系,因此可随时根据科学技术的发展与文献实际情况增补新词,删除和调整旧词,使系统中所容纳的主题容易与科技发展保持同步。

7. 组织文献的功能

利用分类法和主题法皆可以建立检索工具或检索系统,但是由于分类法系统性强,分类标记简短、易写、易排,因而可以发挥其系统组织文献的功能,用于分类排架、编制文献通报以及分类统计等。主题法则缺乏这方面的功能。

通过以上主题法与分类法的比较,可以看出,这两种方法在检索语言的原理上是相同的,在语言结构和组织方式以至标引方法上是不同的,二者互有长短、互为补充。这种原理上的相同性,结构上的差异性及功能上的互补性正是分类法与主题法实现一体化的基础。

第二章　主题法的原理

第一节　情报检索中的词汇控制

一、为什么要在情报检索中实施词汇控制

在情报存储与检索中，用户要使用语词表示所需情报的概念，同时标引员又要使用语词来表示文献的主题概念。这种情报检索中的词汇可以直接来自自然语言，也可以采用在自然语言基础上经过控制而产生的人工语言——情报检索语言。既然可以直接采用自然语言，为什么又要对情报检索中的词汇（标引用词、检索用词等）实施控制呢？

自然语言是指人们在科学交流中采用的书面语言或口头语言，是一种意义模糊、不易约束的人类交流思想的符号系统。自然语言用于情报检索显然存在着以下一些缺点：

①词汇的同义现象。一义多词，一个概念用多个语词表达。如果不对同义词、准同义词加以控制，就会降低检全率。

②词汇的多义现象。一词多义，一个语词代表多个概念，具有多种含义，脱离上下文，就很难判断其含义，往往影响检准率。

③词汇的模糊性和不确定性。自然语言可以采用借喻、转义等多种手段表达词汇的含义，往往造成词义含混，难以分辨。

④词汇量巨大，给词汇的存储、加工和检索带来困难。

⑤词间关系不明晰，无法清楚地显示概念之间的关系。

由于存在着这些问题，不采取任何控制手段，单纯用自然语言，很难满足族性检索、特性检索、扩检、缩检等多种检索要求，提高检索的效率；也很难把它们加工成计算机能够处理的形式，用计算机进行管理。

情报存储与检索是一个交流过程，与日常生活中人们用自然语言交流一样，有时存在着语言障碍。如果用户对情报需求的表达(检索用词)和标引员对文献主题概念的表达(标引用词)不能沟通，也同样会因语言障碍造成检索失败。正如图2-1所示，需要用一种受控检索语言对检索和标引所用的词汇进行控制，把用户的语言和标引员的语言统一起来。

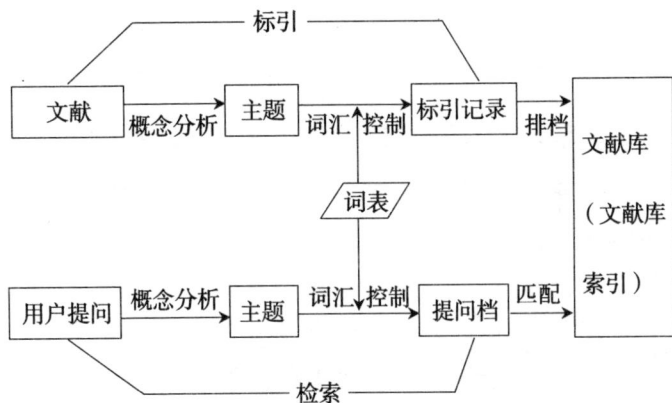

图2-1　词汇控制在标引与检索中的作用

所谓词汇控制，就是一种把自然语言加工成情报检索语言的情报控制过程。它包括两个方面，一是对自然语言的语词进行压缩、优选和规范化处理；二是对自然语言进行结构化处理。二者相比，后者比前者更为重要。为什么要对自然语言进行结构化处理呢？这是因为自然语言缺乏系统结构,无法清楚地显示词汇之间的关系。我们知道,在标引和检索工作中需要识别和选择语词,用作文献主题概念或用户情报需求的标识。正确识别和选择词汇的前提是分辨、了解词汇的含义。自然语言的词典通常采取定义、解释、举例等办法进行释义。至于情报检索的词典,即标题表、叙词表和分类表,一般不采用这些办法(只对少量的词汇下定义、作解释),而是通过识别概念之间的关系,建立起一个与概念体系相对应的具有层次结构的术语体系(即词汇体系)。在这个体系中,词汇之间是相互联系、相互依存、相互制约的。每个词汇的意义不再仅由其名称所决定,而是主要由它在这个体系中的特定位置来决定。例如,"曲艺"这个词在术语体系中有着一个上位概念及若干个下位概念和并列概念(参见图2-2)。从这些词的关系可以判

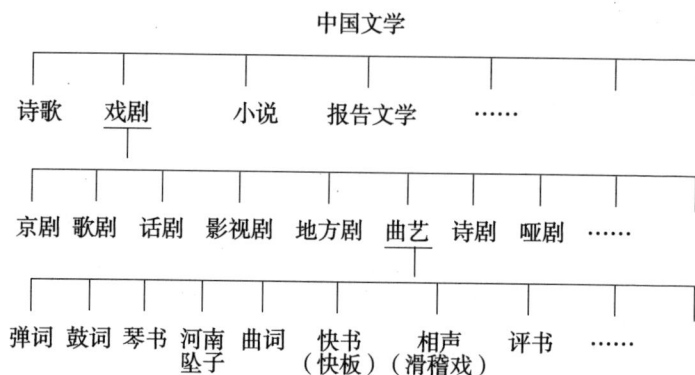

图2-2　"曲艺"这个词在术语体系中的位置

定,"曲艺"是中国戏剧的一种,是弹词、鼓词、琴书、河南坠子、快书、相声、评书等的总称。这种特殊的释义方法与一般词典通常采用的外延定义法或内涵定义法异曲同工。通过这种结构,可以把涵义相关的词组织或连接起来,以便标引员和用户选用最能代表某一特定主题的语词和确定进行有关该主题的全面检索所需要的

14

全部语词。

兰开斯特曾经在《情报检索词汇规范化》(第一版)中指出："情报检索的一切复杂过程总要牵涉到类目——文献的这种或那种分类的处理。"* 从情报学的观点来看，要对文献进行整序，必须先把文献集合划分为大大小小的类目。对这些文献类目命名的结果，就是情报检索所用的标识，即我们这里所说的词汇。这种情报检索所用的词汇可以是号码，也可以是字、词或词组，或者是其它符号。这些词汇的形式虽然相差很多，但是它们对检索系统的性能来说，却影响不大。"重要的是我们把什么作为一个类目(就是怎样限定它的范围)，而不是把它叫做什么。"** 从这个意义上来说，决定检索系统效率的词汇控制主要是对建立的文献类目的规模和结构的控制，当然也包括对文献类目名称形式的选择和规范化处理。

二、词汇控制的原则

在情报检索中词汇控制应当遵循下列原则：

1. 稳定性 随着社会的发展、科学技术的进步，词汇在不断地发生变化。但是，词汇控制的决定一旦作出，就应当尽量保持稳定。这里包括对标引与检索用词、非标引与非检索用词的取舍和选择，不应轻易变动。

2. 正确性 情报检索正式选用的词汇应当科学，表意准确，普遍使用，而且必须符合本国语言的构词法及有关语言、文字方面的规定。

3. 单义性 原则上是一个语词只能表达一个概念，一个概念只能用一个语词表达，但是，要求概念与词一一对应，是不大可能做到的。这里的单义性是指在专业范围内一个词汇应该只表示一

---

* ** 见兰开斯特《情报检索词汇规范化》(1982 年,科学技术文献出版社)。

个概念。只有当两个专业领域相差很远,对词汇的理解可确保无歧义的情况下,才允许有一词多义的现象。

4. **系统性**　情报检索的词汇应有一定的层次结构,能够清晰地反映概念之间的基本关系。它们或者是属种关系、平行并列关系、整体和部分关系,或者是方面关系、因果关系、工具关系或其他相关关系。

5. **简明性**　词汇应当精炼,尽可能简短明了、易读易记、易输易检。标题表、叙词表对词汇的长度都有规定,不得突破。词汇过长,不便使用,不便进行标引用词与检索用词的相符性比较。

6. **成族性(也称可产性)**　选用的词汇应当易于字面成族,即有较强的构词能力。例如"红"可派生出"红光"、"红移"、"红外线"、"红宝石"、"红血球"、"红霉素"、"红汞"、"红叶"、"红肿"、"口红"、"紫红"、"见红"、"套红"等词,但与"红"同义的"朱"和"赤"两字的字面成族能力则差得多。

7. **兼容性**　某一学科或专业的词汇应当尽可能与综合性词表、上属的学科或专业词表、相关或邻近学科或专业的词表、交叉学科的词表兼容。通过词汇的兼容与互换,以增强词汇的适用性。

三、词汇控制的范围

词汇控制的内容很多,其主要范围包括如下几个方面:

1. **词量控制**　为了便于标引及检索,便于词表管理和计算机处理,必须对自然语言的词汇进行压缩和精选。自然语言词汇量巨大,全部直接搬用,势必会使检索工具和检索系统变得极为臃肿、庞大,不易使用。应当把用户不用于查找的词汇、文献中不出现或极少出现的词汇删除或予以合并。通常对词表中的非核心学科的词量进行严格控制,压缩至最低限度。压缩词量的主要方法包括:

16

（1）组配标引法，即把两个或多个表示简单概念的语词组合起来，表示一个复杂概念。也可以说是语义分解法，即把语词按其语义分解为词素（或单一概念），用词素及其组配形式进行标引。例如将"父亲"、"母亲"分解为"男性"、"女性"、"双亲"三个词素，这样词表中有了这些词素，就可以在不收"父亲"、"母亲"等词的情况下标引"父亲"、"母亲"、"男性"、"女性"、"双亲"等多个概念。

（2）选词时多收核心词和组配功能强的词，少收先组复合词（即汉语中的词组）。

（3）采用上位词置代。用一个较宽泛的上位词来代替若干个过于专指的下位概念，例如用"球类运动"取代"篮球"、"排球"、"足球"、"乒乓球"等词，即把"篮球"、"排球"等词视为"球类运动"的同义词，不用于标引。

2. 词类控制　自然语言中词类甚多，像汉语就包括名词、动词、形容词、副词、叹词、介词等多种词类。在主题检索语言中，为了便于标引与检索，必须对词类进行严格的限制。像汉语的叙词表规定，只能采用名词（英语中包括动名词）和名词性词组，以及极少量的形容词。至于其他词类，一般都不得使用（在名词性词组中当然可包含介词、连词或数词等词类）。词类控制将大大削减词表的收词量，达到词量控制的效果。目前在国外自然语言数据库检索时采用的左截词、右截词、左右截词和中截词等方法，实际上是允许采用词素（词的片断）进行标引，也可视为一种特殊的词类控制，也可以大大压缩词量。

3. 词形控制　原则上规定每个概念只应用一个语词代表，但要真正做到"一个概念只有一个单独的称谓、一种字面形式"，却是不大可能的。因此，有必要对字面形式不同、但涵义相同的词（包括同义词、准同义词）进行控制。这里所说的同义词、准同义词是那些词义相同或相近的词。词形控制包括对不同形体、拼写、

17

词序以及单复数形式等方面的选择和规范。同义词和准同义词的控制包括对学名与俗名、系统名与商品名、新名与旧名、全称与简称以及不同译名等的选择。在进行不同词形和同义词的优选和规范化处理的同时，往往还建立单纯参照（又称见参照、用代参照），以指引查找。

4. 词义控制　原则上规定每个词汇只表示一个主题概念，但在检索语言中仍存在着一词多义的现象。自然语言通常根据上下文来辨识多义词或同形异义词的含义。多义词是表示几个有联系的不同意义的词，例如"翻译"一词既可表示一种动作行为，又可表示施事这种动作行为的人（译者）。同形异义词类似多义词，但其表示的多种意义互不相关。例如"六书"一词既可表示汉字的六种构成方式，也可表示汉字书法的六种类型。检索语言精练、简短，时常脱离上下文而单独使用。为了避免语义含混，就需要对多义词或同形异义词进行控制。词义控制的方法除了下文讲述的词间关系控制以外，往往还采用：①在主题词后加限义词，以区分同形异义词；②加含义及范围注释；③附加简明扼要的定义等方法。

5. 词间关系控制　主题检索语言按主题词的字顺进行排序，不可能像分类语言那样通过等级结构清楚地显示主题之间的关系，绝大多数相互关联的词被分散在字顺序列之中。如前所述，词间关系控制的目的在于形成一个术语体系，以便于参照的系统编制，便于揭示词间关系和明确词义，以及便于扩大、缩小或改变检索的范围。词间关系控制分为词族控制、范畴控制、分面分类控制等几种。词族控制是利用概念成族的原理将众多的具有等级从属关系的语词汇集为一个由泛指概念到专指概念组成的等级系统。范畴控制是将众多的具有学科或专业相关性的语词按其所属的学科或范畴划分为一个概念分类系统。分面分类控制是将语词编列为一个分面分类系统。这几种控制的形式是词族索引、范畴索引、分面分类表等，目的皆在于控制词汇之间的等级关系和相关关系。

严格地说,词形控制(包括同义词控制)也是一种词汇之间等同关系的控制。词间关系控制的方法很多,可以分为两大类。一类是运用分类方法,即把分类的因素引入主题法,诸如复分(设副标题)、倒置(即设倒置标题)、截词、建立词族、划分范畴、设置参照和编制辅助索引等,甚至直接引入一个详细的或粗略的分类表。另一类是运用图示方法,即直接绘制同心圆图、箭头图、树型结构图、网状图等图表,直观、清晰地显示词间关系。

6. 专指度控制　所谓词汇的专指度是指主题词与文献主题概念的切合程度,取决于主题词在表达文献主题的深度和精度方面的能力,取决于词汇覆盖学科范围的大小和收词量的多少。它对检索语言的功能有直接影响。一般说来,提高专指度,使概念受到限定,将会提高词汇描述文献的能力,因而会提高检准率,降低检全率。在一部词表中应对其不同部分采取不同的专指度控制。对词表的核心主题或学科,宜提高词汇的专指度;对词表的非核心部分,即边缘学科或相关学科,宜降低专指度,即专指度不宜过高。由于高专指度的词表收词数量大,标引起来难于选词,修订较为频繁,管理费用较高,通常应将专指度控制在一定的水平上,不宜过高。应根据文献数量的多少,用户的情报需求以及词汇使用频度统计,来控制词汇专指度的高低。

提高词汇专指度的主要方法有:①扩大收词的范围和数量,以保证收词的完备性;②设置副标题(或说明语)或增加副标题的级数;③增加词汇组配级数;④延长词族的长度;⑤设置专有名词一览表;⑥允许使用自由词作补充标引;⑦提高词汇的先组度。

降低词汇专指度的主要方法有:①合并同义词和近义词,减少收词量;②降低词汇组配的级数、减少副标题的级数或不设、少设副标题;③采用语义分解,设置组代参照,即将专指概念引向两个或多个宽泛概念的组配形式;如"温度计 Y 温度＋计量＋仪器"。④增加入口词或设置入口词表,把用户由专指概念指向相应的泛指概念;⑤不区分同形异义词;⑥采用上位词置代和聚类技术,即把语词按概念范围分组,用一个较为宽泛的词来代表一组较专指的词或相关的词。例如用"食品"来标引"饮料"、"面包"、"菜谱"、"包办伙食人"、"肉类"、"乳类"、"炉灶"、"餐馆"等一组词。当然要为专指词分别编制指向泛指词的入口词款目。

7. 先组度控制　所谓先组度控制,是指对词汇的先组程度进行控制,即在词表编制过程中对词汇采取先组方式或后组方式的选择,以及对先组词的选定和分解。我们知道,一个复合概念既可以用两个或多个表达简单概念的单一词的组配形式来表示,也可以直接用一个先组词(即复合词)来表示。词汇的先组程度就取决于采用单一词还是复合词(汉语中称作词组)。词表中直接收录的复合词(词组)越多,词汇的先组度和专指度就越高。早期的主题检索语言先组度较高,晚期的主题语言逐渐转向后组,但仍保留一定的先组度。这是因为组配虽有很多优点,但过多地采用后组,不仅会影响标引的速度,而且难于保证标引员与用户采用组配形式的一致性,从而造成漏检和误检。采用先组词则具有专指、比较精确、易保证标引一致性等优点,能够取得较高的检准率。词表中先组度过高也有其缺点:①降低检全率;②词量增加,词表体积臃肿,管理成本提高;③减少检索的途径;④削弱词表包罗主题概念的能力和及时反映新学科、新主题的能力。因此先组度的高低是一个词汇控制中较难确定的问题。控制先组度的主要依据是词汇在专业文献中出现频率的高低。凡是标引频率较高的,经常用以检索的复合词(词组)应予收录;反之则可少收或不收,用其后组形式代替。另外如果两个或两个词组配的结果造成词义含混或词义失真时,也应当直接选用复合词(词组)。降低先组度时要注意增设必要的入口词或组代参照,把用户由专指的复合词(词组)指向相应的宽泛概念或其组配形式。

8. 句法关系控制　词汇之间除了进行上述语义关系的控制以

20

外,在先组式检索工具或检索系统中,通常还对词汇进行句法关系的控制。即按照事先确定的句法关系,把若干词汇组合起来表示某一特定的论题,以避免产生虚假组配和其他语义含混现象。控制的方法主要包括:规定引用次序,添加职能号和关系号,倒置、插入和轮排等等(详见下一节)。

各类词汇控制与情报检索的效率密切相关。词量控制、词形控制、同义词控制及词间关系控制一般会提高检全率;而词义控制、句法控制以及提高先组度和专指度,一般都会提高检准率(参见表2-1)。检全率与检准率在一般情况下呈互逆相关。检全率提高,则检准率降低;检准率提高,则检全率降低。因此在不同的情报检索系统中,必须根据各自的不同情况,采取适当的方式与手段,进行不同程度的控制,以满足特定的需要。

表2-1 词汇控制手段与情报检索效率的关系

词汇控制手段 \ 效果	主要提高检全率	主要提高检准率
压缩词量	✓	
语义分解	✓	
组　配		✓
上位词置代	✓	
词类限定	✓	
截　词	✓	
词形规范	✓	
同义词优选	✓	
同形异义词控制		✓
等级关系控制	✓	
相关关系控制		✓
词间关系图示	✓	
规定引用次序		✓
职能号		✓
连　号		✓

（续表）

效果 词汇控制手段	主要提高检全率	主要提高检准率
关 系 号		✓
倒 置	✓	
插入、轮排	✓	
提高先组度		✓
提高专指度		✓

四、词汇控制的利弊

在情报检索系统中有四种词汇控制的方式：

1. 在标引（即输入）与检索（即输出）阶段均对词汇进行控制。这是一种预先进行控制的方式。这种预先进行控制的词汇表，即常规的标题表和叙词表，也被称为"先控词表"。

2. 在标引阶段对词汇进行控制，但在检索阶段不予控制。即用户检索时可用自然语言进行检索，然后由计算机通过一种与受控词表相联接的自然语言接口方法（如入口词表等），把用户所用语词转换为受控词汇。

3. 在标引与检索阶段均不实施控制，用自然语言输入，用自然语言输出，是一种纯粹的自然语言系统。无论是手工检索，还是计算机检索，不对词汇实施任何控制，情报检索系统事实上是很难成功地运转的。正如张琪玉在《情报语言学基础》一书中指出的，"这种纯自然语言检索，如果说不是不可能的，也将是低水平的。"通常自然语言检索系统的用户都采取一些辅助措施，以弥补词汇控制的缺乏。

4. 在标引阶段不实施任何控制，但在检索阶段实施不严格的控制。这是一种在标引以后进行词汇控制的方式，因而这种词汇被称之为"后控词表"或"自然语言叙词表"。这种词表只用于检索，主要由同义词、准同义词、同根词、语义相关词等组成。这种方式兼有自然语言与常规受控词表的许多优点，为自然语言检索系统所采用。

实际上上述第 1、2 种属于受控语言系统，其中第 1 种最为普遍，第 3、4 种属于自然语言系统，即非控系统，其中第 4 种最为常见，第 3 种几乎不可能运转。现将受控语言系统与自然语言系统的性能作一简要的比较，从中可以看出词汇控制的利弊。

受控语言系统的明显优点是控制同义词和近义词，区分同形异义词，并且把语义相关的词联系起来，因而比自然语言系统更容易检索，容易满足多种检索要求，尤其便于扩检和缩检。另外受控语言词量适当，所占空间或篇幅较小。但是，采用受控语言系统，需要进行复杂的主题分析，使用一个精致的受控词表，因而标引速度慢、费用高。由于"在标引员的有限专业知识与丰富的文献内容之间，在标引的主观随意性和检索的客观要求之间，在死板落后的词表与灵活新颖的文献用语之间，存在着无法克服的矛盾"，*因而受控语言标引的一致性较差，并且对标引员的要求较为严格。在这些方面显然不如自然语言系统。

自然语言系统有以下几个明显的优点：

①可以使检索完全专指。受控语言系统虽然具有专指性，但由于它的词汇经过精选和压缩，不可能使用某一学科领域文献中的全部词汇，所以它的专指性再高也比不上自然语言系统。兰开斯特曾经指出："在任何系统中，表示文献和进行检索使用的语言比文献著者自己使用的语言更为专指，那是不可想象的。"**

②用户使用起来方便。由于使用自然语言（文献著者用词、文摘用词），可以取消主题分析、查找词表及标引等步骤，因而输入的速度比受控语言快得多。随着联机检索系统的发展，越来越

---

* 见王知津"受控标引与非控标引评述"（《情报学报》1983 年 2 卷 2 期）。

** 见兰开斯特《情报检索系统——特性、试验与评价》（1984 年，书目文献出版社）。

多的用户将直接使用这些系统,而不再是仅仅由图书情报工作者使用这些系统。对广大用户来说,他们使用熟悉的自然语言肯定要比使用复杂、生疏的受控词表方便得多。

③费用比受控语言经济。一般说来,自然语言系统与受控语言相比,标引(即输入)的费用低,检索(输出)的费用高。如果自然语言系统采用后控词表辅助检索,检索结果的费用——效果分析表明,自然语言系统则胜过受控语言系统。这是因为维护较为简单的后控词表要比维护常规的受控词表(指先控词表)便宜得多。如果在一个计算机化情报系统中,不仅用计算机检索,而且用计算机辅助期刊(包括文摘、索引刊物)的排版,建立文本的机读记录,并且用机器辅助文摘和索引的编制和生产,那么综合考虑自然语言系统肯定要比受控语言系统经济、合算。

综上所述,我们可以把二者的性能比较如下表所示:

表 2-2　受控语言与自然语言的性能比较

比较次目＼语言	受控语言	自然语言
检全率	高	低
检准率	低	高
扩检、缩检和改变检索范围	易实现	难实现
检索人员负担	轻	重
面向用户能力	差	好
标引和检索的匹配性	好	差
标引速度	慢	快
标引成本	高	低
对标引人员要求	高	低
专指性	差	好
标引一致性	差	好
自动标引	难实现	易实现
词表编制与维护	有	无

24

尽管自然语言系统有着种种优点,但是必须依赖于电子计算机。在我国计算机技术还不普及,机时费较为昂贵,加之汉语的自然语言检索尚有不少技术问题有待解决,因此目前自然语言系统不可能取代受控语言,受控语言检索仍占据主要地位。但是,随着用智力加工文献所需成本的不断上涨,计算机存储费用的不断下跌,以机读形式存取的文本数量的逐渐增多,受控语言的使用将会衰退,自然语言系统将会越来越多。不管今后自然语言系统如何发展(包括自然语言与受控语言混合系统的发展),对词汇的控制将永远不会取消。

第二节　句法控制

一、句法控制的意义

所谓句法控制,就是根据主题标引和检索的需要,通过一定的组词造句的规则,对主题词的组合方式作出规定。

对词汇进行严格的选择和处理,是主题标引和检索的基本条件。但是,要准确、专指地揭示文献主题,仅有词汇是不够的,还必须有相应的词汇组合方法。主题语言对复杂主题的标引,是通过相应语词的组合进行的。例如,"铝的热处理"这一主题,须通过"铝"和"热处理"这两个主题词的组合加以表达。又如,"计算机控制人造卫星"这一主题,则需要通过"计算机"、"控制"、"人造卫星"三个主题词的组合才能确切地标引。主题词通过组配方式表达文献主题时形成的语词组合,称为检索语句。检索语句中主题词之间形成的关系,称为句法关系。句法关系是正确揭示检索语句涵义的基本手段。例如,前一主题中,"铝"是一种实体,表示处理的对象，"热处理"则是对实体"铝"进行处理的手段；后一主题中，"计算机"表示施动者，"人造卫星"表示受动者，"控制"则是一种操作手段。因此，要有效标引文献主题，必须在语义控制的同时，对主题词的组合方法作出规定，进行句法控制。

对主题语言进行严格的句法控制，是正确。一致地标引和检索文献的需要。虽然和自然语言一样，主题语言的句子也是通过语词组合构成的，但由于两者的功能不同，它们的句法也存在着很大差异。主题语言作为一种根据标引和检索需要创制的人工语言，其句法手段更具有规范化、形式化的特征。一般应在吸收语言学研究成果的基础上，结合检索系统的特点进行。

按照乔姆斯基的语言学理论，语言有深层结构和表层结构之分。各民族的语言虽然在表层结构上存在着很大差别，但在深层结构上往往具有相同之点，通常都表现为"施事——动作"、"动作——受事"或"施事——动作——受事"的关系。如现有下述四个语句：

①计算机控制人造卫星摄像系统。

②人造卫星摄像系统由计算机控制。

③被计算机控制的人造卫星摄像系统。

④计算机对人造卫星摄像系统的控制。

上述四个语句表层结构各异，但其深层结构是一致的，在这四个句子中，"计算机"总是施事，"人造卫星摄像系统"总是受事，"控制"总是表示动作。根据这一特点，主题语言就可以将表层结构不同的语句，在深层结构一致的基础上实现转换，使其取得规范和一致，并以此为基础实现句法控制。

语词组合的关系意义是由一定的外部形式加以表达的。在自然语言中，其手段包括词序、虚词等数种形式。主题语言的句法控制，则是在一定组配方式的基础上，通过相应句法措施实现的，主要包括引用次序、辅助符号以及轮排三种基本形式。这些外部形式是主题语言句法研究的重要内容。

二、引用次序

引用次序,亦称组配次序,是指对复合主题进行标引和检索时,各个主题因素的组合或排列的次序。在分类法中,引用次序是指类目划分标准或不同组面被引用的先后顺序;在主题法中,引用次序则是指字顺标题中各个主题因素的排列次序。它决定主题检索工具中主题款目的排检位置,是先组式主题语言进行句法控制的重要手段。

确定明确的引用次序具有下列作用:

其一,明确的引用次序有助于保证主题标引的一致性。在先组式检索工具中,对同时涉及两个或多个概念的复杂主题的标引,通常须将它们按一定次序排列成词串。由于复杂主题中各个主题因素的组合存在着多种排列形式,容易造成分歧。采用确定的引用次序,就可以使得复杂主题标引时,对语词的组合次序有规律可循,不管在自然语言中该主题怎样表达,总是使用同一方式加以处理,不会因为语词组合次序的不同而造成文献的分散。

其二,明确的引用次序有助于提高主题标引的适用性。引用次序决定着主题因素在标题中的次序以及检索款目的排列位置,直接关系到检索效果。采用统一的引用次序,可以根据用户的检索思路组织检索系统,为复杂主题的查找提供方便;同时也有利于用户掌握查找规律,增加检索的预见性。例如,在采用统一引用次序的情况下,如用户知道"铝制飞机"的标题为"飞机——铝",就可以据此确定"水泥桥梁"的查找次序应为"桥梁——水泥"。

其三,明确的引用次序有助于避免出现错误的组配关系,提高标引的准确性。在标引涉及到多个主题因素的复杂主题时,如果没有明确的引用次序,有可能造成主题词之间的错误联系,给用户检索带来困难。使用确定的引用次序,则可以根据组配中可能出现的情况预先作出相应规定,避免出现错误组配。

由于引用次序在标引和检索中的重要作用,图书情报界对引用次序的研究十分重视。自 1876 年克特在《字典式目录条例》中首次论及引用次序问题以来,100 多年来,随着科学技术迅速发展,文献主题日益深化和检索手段不断改进,各国学者对引用次序进行了广泛的研究,提出了众多的引用次序方案。其中最著名、最具有代表性的是柯茨(Coates,E. J.)等为代表的显著性引用次序,阮冈纳赞、维克利(Vickery,B. C.)等人提出的范畴职能引用次序,以及随着标引和检索手段改进而出现的上下文从属引用次序。与此同时,我国学者根据汉语主题标引特点,对中文引用次序也进行了有益的探索。

1. 显著性引用次序

显著性引用次序是指根据主题概念对用户心理映像的显著程度确定的次序。这是一种在长期主题标引实践中逐步发展起来的引用次序类型。

美国图书馆学家克特早在 1876 年出版的《字典式目录条例》中就提出,采用自然语言中的通用术语作为标题唯一来源,同时规定当自然语言次序中第一个语词不重要时,应当将更显著的语词放在最前面。这可以看成是对引用次序问题最早的探索和规定。但是,由于当时复杂主题标引问题还不很突出,因此克特对显著性引用次序的认识总体上仍是模糊的,既没有对显著性的含义作出明确说明,更没有把它发展成一个完整的引用次序。

克特之后,英国图书馆学家凯塞(Kaiser,J.)进一步对显著性引用次序进行了探索。在 1911 年出版的《系统标引》一书中,凯塞以商业、技术文献标引实践为基础,将所有复合主题的成分都分成实体和过程两大类,提出了"实体——过程"这一引用公式。按照这一引用次序,"金属热处理"和"塑料挤压成型"这两个复合主题可以分别标引为:

金属——热处理

塑料——挤压成型

凯塞通过对主题因素的概略划分，首次提出了一个明确的引用次序。虽然由于当时文献状况的局限，这一公式过于简略，但对以后引用次序的研究具有深远的影响。

对显著性引用次序研究贡献最大的则是英国图书馆学家柯茨。柯茨从用户心理出发对引用次序问题进行了研究，认为凯塞"实体——过程"的公式具有心理学依据，因为人们总是联系某一活动的事物，回忆某一活动，很难脱离具体事物去想象某一抽象的活动。例如，人们可以看到对一块钢或铝进行热处理，看到它发红、变形，但无法看到脱离具体对象的抽象的热处理。因此柯茨认为将实体放在过程之前是符合用户心理和查找习惯的，据此，建立起第一级引用次序，即"事物——活动"。同时，由于事物和制造它的材料相比，事物更为显著，柯茨又进一步确定了"事物——材料——活动"这第二级引用次序。依据这一方法，柯茨把引用公式最后发展为：事物——部件——材料——活动——施动者。按照这一引用次序，可以将现代文献中涉及到多种因素的复杂主题以一致的方式进行专指标引。例如，对上文提到的"计算机对人造卫星摄像系统控制"这一主题，就可以按上述引用次序标引为：

人造卫星——摄像系统——控制——计算机

（事物）　　　（部件）　（活动）（施动者）

这一标题不同于自然语言，层次分明、关系明确，并具有充分的专指度。此外，标题中最前列出的语词是查找该文献的用户最先可能考虑到的。

为了使这一公式适合于各种主题关系，柯茨还在《主题目录：标题和结构》一书中根据这一引用次序，规定了20种不同词间关系的先后次序，将这一公式具体化；同时对于地区和主题的引用，也区分情况提出了明确处理办法。柯茨的引用次序广泛吸收了前人研究成果,并成功应用于他主编的《英国工艺索引》(现改名为《近期工艺索引》),在主题标引实践中具有广泛的影响。当然这一引用次序也有其自身的不足:由于心理映象是因人而异的,以心理映象为标准可能造成标引和检索的不一致;此外,柯茨的公式主要适用于自然科学和技术领域,用于社会科学和人文科学则问题较多。

2. 范畴职能引用次序

范畴职能引用次序是指将各种主题概念划分为范畴,并按范畴的性质、职能确定组配顺序。

范畴是反映客观事物本质联系的思维形式。划分范畴是人们认识客观事物的一种基本方法,也是检索语言研究中认识文献主题规律的一种基本手段。各国图书馆学家根据文献主题特征,从主题范畴角度进行了广泛的研究,提出众多范畴体系,并在此基础上建立起相应的引用次序。其中最著名、最具代表性的是印度图书馆学家阮冈纳赞的范畴分面公式和英国分类法研究小组维克利提出的标准引用次序。

阮冈纳赞依据各学科领域的主题特征,将所有文献主题因素按其性质概括为本体、物质、动力、空间、时间五大基本范畴。其中,本体指事物本身,物质指构成事物的材料或成分,动力指对事物的行为和操作,空间指事物所在地点,时间则为事物发生和存在的时间。阮冈纳赞认为,这五个范畴的引用,应依据具体性递减的次序。他按照这五个范畴的英文首字母,确定了 PMEST 这一引用公式,即在一文献同时涉及不同范畴主题特征时,依次按本体、物质、动力、空间、时间的次序加以引用。例:"1980 年上海制造的羊毛手套"这一主题,可依据这一公式将其主题因素排列如下:

手套——羊毛——制造——上海——1980

P(本体)M(材料)E(动力)S(空间)T(时间)

为了适合各种文献主题的标引,阮冈纳赞还进一步提出了层和轮的概念。同一范畴中,如主题特征不止一个,则可分析出第二层本体、第三层本体、第二层物质、第三层物质,用 P_2、P_3、M_2、M_3 表示。如动力后再出现新的本体、物质或动力,则称为第二轮本体、第二轮物质、第二轮动力,用 2P、2M、2E 表示。采用这一方法就可以对复杂的文献主题进行井然有序、详尽切的标引。例如,"高碳钢合金车刀对直升飞机起落架的加工"这一主题,可标引为:

直升飞机——起落架——加工——合金车刀——高碳钢
P_1 P_2 E   2P   2M

通过这一方式,阮冈纳赞建立起系统而又完备的引用次序,并以此为基础在《冒号分类法》中为各学科(专业)规定了具体的引用次序。

维克利的标准引用次序则是从理论原则和范畴设置两个方面对阮冈纳赞引用次序的改进。

在理论原则上,维克利认为阮冈纳赞提出的具体性原则比较抽象、不易掌握,提出了目的性原则。他认为,"任何技术部门中,最终产品都是该主题领域的目的,也是用户查找的主要对象,应当以它们为首要范畴。""任何两个范畴中,如通过分析发现 A 范畴是活动对象或是 B 范畴要达到的目的,那么,我们就认为 A 范畴在组织文献方面最为重要,从而将其置于组配次序的前头。"*

在范畴划分和引用次序的确定上,维克利则比阮冈纳赞更为具体。维克利认为,在科学技术领域中,物质是核心范畴。某一物质的部分、成分和性质都依赖于该物质,操作、工具的目的也都是为了对物质对象产生影响。据此,可以根据目的性原则提出两条组配链:

①物质——部分——成分——性质——测度

---

* 见维克利"分面分类法"(《宁夏图书馆通讯》,1984 年 5 期)。

②物质——行为、操作或过程——施动者或工具

在此基础上,维克利最后提出了下述引用次序:

物质(产品)——种类——部分——成分——性质——过
程——操作——施动者或工具

这一引用次序实质上是对阮冈纳赞引用公式的具体化和展开,被称为标准引用次序,在国外具有广泛的影响。但是,维克利不赞成机械照搬这一引用次序,认为应当结合各个具体主题领域的情况加以应用。

范畴职能引用次序最初是在分面分类法基础上逐步发展起来的。随着分类主题一体化的发展,现在上述成果已在词表编制及标引实践中得到普遍的重视和运用。

3. 上下文从属引用次序

上下文从属引用次序是一种接近自然语言句法手段和语序的引用次序。这一引用次序是随着索引编制自动化的发展逐步建立起来的。

前面两种引用次序尽管有利于句法的规范,但这些句法形式毕竟有较大人为性,不如自然语序更为人们习惯。60 年代以后,随着计算机在索引编制中的使用,逐渐改变了对引用次序的传统要求。由于机编索引速度快、效率高,便于采用轮排从不同主题因素角度揭示同一文献,主题标引句式的重点逐步转变为如何根据读者阅读习惯确定检索语句,产生了一种接近自然语句特征的引用次序。在 60 年代各种关键词索引的基础上,近 30 年国外出现的人机结合编制的索引,如英国林奇(Lynch, M.)等研制的挂接主题索引,奥斯汀(Austin, D.)的保留上下文索引以及克雷文(Craven, T. C.)的嵌套短语索引等,都是根据检索者对自然语序的习惯,在上下文从属释义的基础上编制的,其中尤以奥斯汀研制的保留上下文索引最具代表性。

保留上下文索引(PREserved Context Indexing System,简称

PRECIS)是奥斯汀 60 年代末创制的一种由标引员拟定标引语句，由计算机生成索引款目的机编索引系统。其引用次序的基本特点是：放弃将最显著的语词置于款目首位的传统做法，依据上下文从属原则拟定标引语句。所谓上下文从属原则，亦称语境原则，是指依据复合主题中各个主题因素的关系，按从宽到窄的次序予以排列，即将主题因素排列成 A > B > C > D 这样一个由宽渐窄的序列。在整个语句中，前一个术语将后一个术语置于比较广阔的语境之中，使其按便于理解的次序加以组织。

为了保证主题标引结果能正确显示上下文从属原则，奥斯汀精心设计了一个职能号表。这一职能号表是上下文从属原则的具体体现。例如，"英国煤矿工人肺癌 X 射线治疗"这一主题，可利用职号标引为：

(0)英国　　　(被分析的环境)

(1)煤矿业　　(关键系统)

(P_1)工人　　(关键系统的部分)

(P_2)肺癌　　(关键系统的部分的部分)

(2)治疗　　　(动作)

(3)X 射线　　(行动者)

这些职能号不仅有规范标引次序的作用，而且可以在计算机辅助下按"英国 > 煤矿业 > 工人 > 肺癌 > 治疗 > X 射线"这一基本句式，生成轮排索引款目，并对介词使用、复合概念的处理、必要时词序调整等进行控制。这样生成的索引款目接近于自然语言，并能保持文献主题的原意(详见第七章第四节)。

4. 中文引用次序

主题语言的引用次序是和相应语种文献标引和检索的特点相联系的。因此，中文文献标引的引用次序，应当根据汉语文献标引的特点和需要加以总结。和国外相比，我国对主题引用次序的研究一直比较薄弱。直到最近十年，随着主题法研究的逐步开展，这一问题才逐渐引起人们的重视,开始提出一些中文引用次序的方案。其中较典型的是刘湘生的主题分面组配公式和张琪玉对文献主题构成因素及其层次的分析研究。

刘湘生提出的主题组配公式,是目前国内主题标引中影响较大的引用次序。1981 年,根据《汉语主题词表》主题词的基本类型,刘湘生在《关于主题分面公式》一文中把"全部主题词归纳成五个基本方面,每个方面即为一种类型的主题因素",即主体因素、通用因素、位置因素、时间因素、文献类型因素。其中后三种因素分别为地区、时间、文献类型概念;通用因素指只起限制修饰作用的一般概念,如方法、计划等;主体因素则指词表中具有独立检索意义的主题词。他认为在这五种因素中,主体因素是主题结构中的关键,其他因素只是辅助性因素,提出五种因素的代号及引用次序为:A 主体因素、B 通用因素、C 位置因素、D 时间因素、E 文献类型因素。

此后,根据这一公式主体因素范围过宽,为解决一主题同时出现几个主体因素时的排序问题,作者又对主体因素进行细分,并规定组配次序如下[*]:

组配词序	1	2	3	4	5
代码符号	A_1	A_2	A_3	A_4	A_5
主体因素的再区分	对象(学科、事物、问题)	方面(材料、成分、性质、过程、状态、特征、作用)	方法	结果(后改为过程)	条件

这样就把原引用次序进一步展开为:

$$A(A_1 \text{——} A_2 \text{——} A_3 \text{——} A_4 \text{——} A_5) \text{——} B \text{——} C \text{——} D \text{——} E$$

---

[*] 见《中文图书主题标引宣传手册》(北京图书馆图书馆学研究部,1985 年 12 月)。

刘湘生的组配公式曾被写入国家标准《文献主题标引规则》（GB 3860 - 83），是我国主题标引工作中第一个比较完整的引用次序。其主要特点是范畴划分概括，便于掌握。但也存在着一些问题。例如，他认为主体面中五个层次体现了各个层次之间的相互关系，但对揭示关系依据的原则未作说明；对主体面的划分不够充分，对其中的次序未能排定；对通用因素和主体因素之间可能出现的关系也未能进行必要的分析和给予合理的解决。

除刘湘生的组配公式外，国内对文献主题引用次序讨论中影响最大的是张琪玉对文献主题构成及其层次的分析研究。作者虽然没有专门研究引用次序，但他对主题层次结构的分析却为引用次序的进一步研究和完善提供了依据和方法。张琪玉对主题因素及其构成层次的归纳见图2 - 3。

张琪玉对主题结构的划分有如下三个特点：一是完备，不仅包括事物结构，而且包括学科结构；二是详尽，基本上包括了各种可能出现的主题层次、因素及关系类型；三是有序，根据主题因素之间关系初步建立起明确的逻辑顺序，并利用数字和字母，控制其次序和职能，为建立科学合理的引用次序提供了良好的基础。如能在此基础上提出一个简明、适合汉语特点的引用次序，将是十分理想的。

此外，近年来我国学者在学习国外最新引用次序成果，建立适合我国需要的上下文从属引用次序方面，也取得不少进展。其中比较突出的如，北京大学等单位对 PRECIS 在汉语中使用的可行性和应用研究，现已取得较大突破。根据汉语特点进行了一些必要的改进后，目前已将 PRECIS 的引用次序成功地应用于汉语文献的机器辅助标引。这是中文主题标引引用次序研究的一个重要进展。

以上情况充分说明，近年来，我国对引用次序的研究已经起步，并已取得了一定成效。但要建立比较完善、适合汉语特点的中

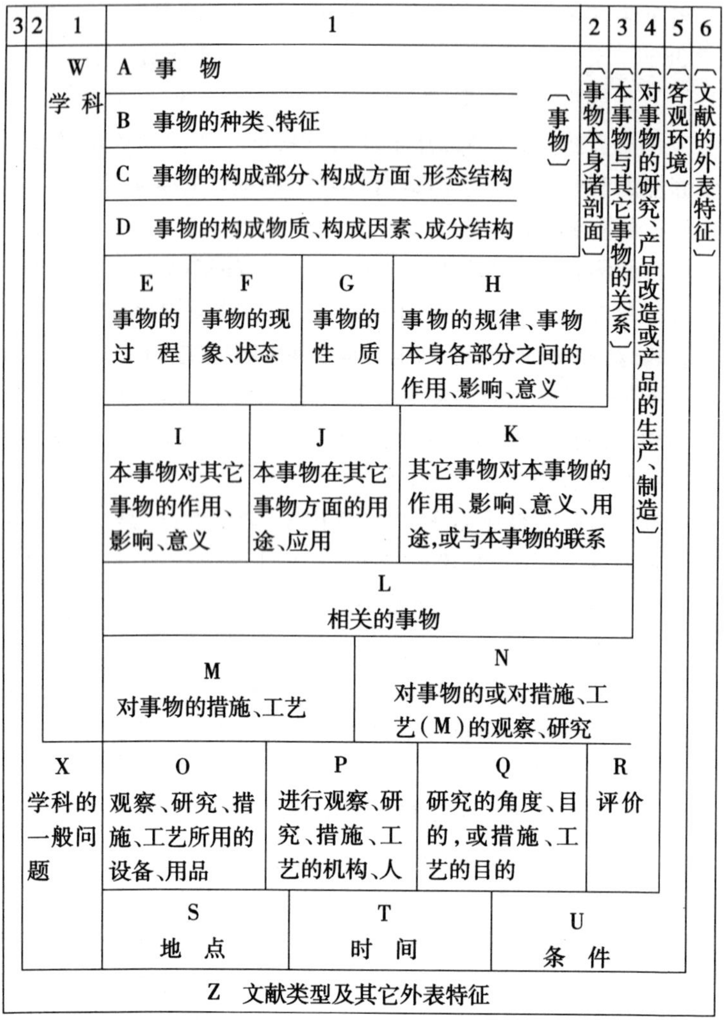

3	2	1	1	2	3	4	5	6
		W 学科	**A 事 物**					
			B 事物的种类、特征					
			C 事物的构成部分、构成方面、形态结构					
			D 事物的构成物质、构成因素、成分结构					
			E 事物的 过 程 / **F** 事物的现 象、状态 / **G** 事物的 性 质 / **H** 事物的规律、事物 本身各部分之间的 作用、影响、意义					
			I 本事物对其它 事物的作用、 影响、意义 / **J** 本事物在其它 事物方面的用 途、应用 / **K** 其它事物对本事物的 作用、影响、意义、用 途,或与本事物的联系					
			L 相关的事物					
			M 对事物的措施、工艺 / **N** 对事物的或对措施、工 艺(**M**)的观察、研究					
		X 学科的 一般问 题	**O** 观察、研究、措 施、工艺所用的 设备、用品 / **P** 进行观察、研 究、措施、工 艺的机构、人 / **Q** 研究的角度、目 的,或措施、工 艺的目的 / **R** 评价					
			S 地 点 / **T** 时 间 / **U** 条 件					
		Z 文献类型及其它外表特征						

其中各列顶部的标注为:
3 2 1 — 1 — 2〔事物本身诸剖面〕 3〔本事物与其它事物的关系〕 4〔对事物的研究、产品改造或产品的生产、制造〕 5〔客观环境〕 6〔文献的外表特征〕；第1列标注〔事物〕

图2-3 主题因素及层次图*

---

*引自张琪玉"文献主题构成因素及其层次"(《图书情报知识》1985
年1期)。

文引用次序,还有待进一步努力。

三、控制符号

主题语言的控制符号,是主题语言根据句法控制需要设计的一整套辅助符号。它是主题语言揭示主题词之间关系意义,进行有效检索的重要句法手段。

在自然语言中,语词之间的句法结构往往通过一些专门表示句法关系的虚词,如介词、连词等加以控制。主题语言作为一种人工语言,虽然在某些句型中没有完全排除对少数虚词的使用,但一般情况下是通过采用人为规定的控制符号来显示其句法意义的。和虚词相比,控制符号更具有人为性,含义更为专门,用法也具有较强的针对性。

控制符号就其性质而言,可广泛用于各种类型的检索系统,但在后组式检索系统中,尤其是在计算机检索系统中使用较为普遍。下面主要介绍联系符号、职能符号以及加权三种。

1. 联系符号

联系符号,亦称联号,是一种用以揭示同一文献中不同主题概念之间联系强度的专用符号。它是后组式检索系统中用于防止主题词之间错误组配的重要句法手段。

联号主要用于揭示多主题文献中同一主题不同语词之间的联系。例如,在按后组方式标引并列主题文献"铝的焊接和铜的清洗"时,如简单采用"铝"、"焊接"、"铜"、"清洗"等主题词标引,检索时,由于上述主题词下均有相同文献号,根据主题词之间的逻辑关系,该文献除了可以从"铝——焊接"、"铜——清洗"的角度检出外,还可以从"铜——焊接"、"铝——清洗"的角度检出。后者反映的是该文献没有论述的内容,属于虚假组配。使用联号,就可以避免出现上述问题。

使用联号通常是在主题词后标上相应符号,一般为数字或字母。具有相同联号的主题词之间可以进行组配,联号不同则加以排除。仍以"铝的焊接和铜的清洗"为例,如其文献号为1024,以数字号码1、2为联符,则该文献可标引为:

主题词	文献号	联符
铜	1024	1
清洗	1024	1
铝	1024	2
焊接	1024	2

采用这一方式,就可以根据联号是否相同,将有关叙词联系在一起,排除主题词之间虚假组配的可能。

联号使用时,对某些几个主题共同使用的主题词,可以使用重复标号法,即同时标上几个联号,如某主题词为各主题通用,还可以使用通用联号,一般可用"0"表示。假如现有一文献研究铝、铁、钢的密度和抗拉性,同时还论述铁、钢的硬度,铝、钢的脆性,为避免出现虚假组配,可使用联号将该文献标引如下:

铝	1			或	1		
铁		2				2	
钢			3				3
密度	1	2	3	0			
抗拉性	1	2	3	0			
硬度		2	3			2	3
脆性	1		3		1		3

利用这些联号,可以建立起主题词之间的联系,将参加组配的主题词划分为下列三组:

1 铝	2 铁	3 钢
密度	密度	密度
抗拉性	抗拉性	抗拉性
脆性	硬度	硬度
		脆性

这样就可以避免没有组配关系的主题词之间出现虚假组配现象。

联号也可以用以揭示同一主题的不同主题词之间的联系。例如,在采用后组方式标引"合金车刀对钛金属管加工"这一文献时,如不加联符,也有可能出现合金和金属管的虚假联系,造成误检。在这种情况下,联号的作用主要用于揭示主题词之间的联系强度,和不同主题间的联结性质上有差异,在符号上也应有所区别。例如,在以数字区分不同主题之间联结的情况下,可用字母a、b 等表示一主题中不同主题因素之间的联系强度,在这一情况下,上述主题可标引为:

合金	a
车刀	a
铝	b
金属管	b

这一标识的组配次序为,先进行具有相同联号的主题词之间的组配,然后再将两者组配。

联号有助于排除主题词之间误组的可能,提高检准率,但同时也会增加标引和检索的成本和复杂性。因此,即使在采用联号的系统中,也应根据需要有选择地使用。单主题文献一般不使用联号,多主题文献也只在可能出现错误组配的情况下才加以使用。

2. 职能符号

职能符号,亦称职号,是一种表示主题词在组配中的句法职能的辅助符号。它是主题语言用来明确主题词的关系意义,以便正确进行组配的重要措施,因此被认为是一种真正的句法手段。

一个语词在检索语句中,除了它本身的含义,还同时获得一定的关系意义。同一个语词在不同检索语句中的关系意义并不是完全相同的。例如:"万用表"这一主题词,在"万用表检测"这一主题中,表示施动者,而在"检测万用表"这一主题中,则是动作对象。又如:在"老师评价学生"这一主题中,主题词"老师"是施动者,"学生"为动作对象,而在"学生评价老师"这一主题中,主题词"老师"为动作对象,"学生"为施动者。如果检索系统对主题词的句法职能不进行必要揭示,在使用相应主题词检索时,必然会引起误检,影响检索效果。例如,在前一例中,使用"万用表"和"检测"两个主题词,就会同时检出"万用表检测"和"检测万用表"两种不同含义的文献。职能符号的作用,就在于指明主题词的职能,避免类似的错误句法关系。

使用职能符号一般应根据主题语言的组配特点和需要,预先确定相应句法范畴和职能号表。例如,可以根据揭示检索语句深层结构的需要,规定动作对象、部分、性质、操作、施动者等范畴,确定职能号码如下:

符　　号	职　　能
A	动作对象
B	部　　分
C	性　　质
D	操　　作
E	施　动　者

按照上述职能表,前面提到的主题可作如下标引:

　　　万用表检测　　　标引为:万用表—E;检测—D

　　　检测万用表　　　标引为:万用表—A;检测—D

　　　老师评价学生　　标引为:老师—E;学生—A;评价—D

　　　学生评价老师　　标引为:老师—A;学生—E;评价—D

40

这样就可以在检索时避免出现误检。著名的 PRECIS 的职号表就是一个典型的职号系统,本书将在第七章详细介绍。

除使用辅助符号作职号外,主题语言也可以用副标题代替职号。如美国国家医学图书馆在《医学索引》中,将可以起职号作用的副标题,如:"护理"、"药物治疗"、"反作用"、"分析"、"治疗"、"器械"、"化学作用引起的"等单独编成一表。标引时,利用副标题的引入揭示主题词之间的句法关系。例如,"糖尿病治疗中氨磺酰的治疗作用"这一文献,就可标引为:"糖尿病/药物治疗"和"氨磺酰/治疗作用"。通过"药物治疗"和"治疗作用"这两个副标题的使用,明确"糖尿病"、"氨磺酰"这两个主题词的句法含义,象职号一样起到揭示主题词句法职能的作用。

和使用联号相同,采用职号有助于减少误检,提高检准率,但同时也会增加标引和检索的难度。因为标引人员和用户在标引或提问过程中,由于着眼点不同,在职号使用上都有可能出现不一致,从而影响检全率。职号较多使用于一些特殊的学科领域,如化学、核工业、医学等专业部门。

3. 加权

加权是按照主题词在一文献或检索程序中的重要性,采用赋予一定权值的方式来确定其标引或检索价值的方法,是一种可以在充分揭示文献主题的同时,剔除那些与文献中心主题关系不大、论述较为肤浅的资料的造句手段。

一般的主题标引使用的是一种简单的二元判定,即根据文献内容确定是否标引某一主题词。但采用这一方法,如标引较浅,只揭示文献中心主题,则容易影响检全率;如标引较深,在揭示中心主题的同时也充分揭示各次要内容,则必然影响检准率。通过加权标引和加权检索,就可以避免上述问题。

所谓加权标引,是根据各个主题因素在文献中的重要程度,在标主题词的同时赋予相应权值。加权标引通常应预先规定取值方法,标引时按照文献论述程度确定权值,将其加在主题词之后。假设一检索系统规定主要论题取权值3,次要论题取权值2,一般论述取权值1。现有一文献,主要论述如何应用地球化学方法勘探铀矿,以一定篇幅介绍通过地下水、地表水进行化学定性分析方法,并简要论及矿床、探矿成本等一般知识,按上述加权规定,该文献可加权标引如下:

铀矿　3	定性化学分析　2
地球化学勘探　3	矿床　1
地下水　2	成本　1
地表水　2	

上述标引结果不仅揭示了文献主题,也反映了它们在文献中的重要程度,为加权检索提供了可能。

加权检索是指在加权标引的基础上,结合主题词的权值进行查找。例如在上面的检索系统中,如我们只需检出中心主题为地球化学勘探的资料,可以只查找该主题词后权值为3的文献,以免检出那些内容相关,但未作详细论述的文献。但如检索者对与该内容有关的所有主题均有兴趣,则可不考虑权值,查出用该词标引的全部文献。

加权检索还可以通过权值计算,使用阈值(或门坎值)的策略进行查找。例如,在同一个检索系统中,如需检索比较详细论述"铀矿定性化学分析"的文献时,可确定阈值为5,这样,只有这两个主题词的权值分别为2和3时才能检出,不作为重点论述铀矿定性化学分析的文献,如"铀矿"权值为1、"化学定性分析"权值为3的文献,被排除在外。若需提高检全率,则可降低阈值,例如将阈值降低到4或3,上述文献就可以检出。利用这一方法,还可以按阈值的高低依次分级输出有关文献。例如在查找四个主题词组配的文献时,可分别采用不同阈值12、11、10及9,依次输出,读者可以首先选择阈值较大的文献。

最简单的加权法是二级加权。如国外一些检索系统用星号"＊"标示文献中主要内容的主题词,供印刷型索引使用,其他词只用作回溯检索。复杂的主题检索工具中,也可以根据需要采用更精确的权值,如马龙等人曾设计了一种八个等级的加权法。但对权值区分过分精确会增加标引难度,因此不宜划分太细。

加权作为一种句法手段,更适应于机检。

四、句式变换——轮排

所谓轮排,是将检索语句中每一个有检索意义的语词轮流在排检位置上出现,并对其他主题词作出相应编辑处理的方法。

在先组式检索系统中,引用次序和控制符号有助于以一致、明确的方式揭示文献主题,但句子的单一性也会反过来影响检索效果。检索语句的排检次序首先是由句中的第一个语词决定的。在采用确定引用次序的情况下,任何由多个主题因素构成的复合主题都只能有一个检索入口。如果我们确定的引用次序不符合读者检索习惯,就会给检索带来困难。例如,"铝的热处理"在按"铝——热处理"的次序标引的情况下,该款目必须从"铝"的角度着手才能检出。但在实际检索过程中,各类读者由于着眼点不同,其检索思路也各不相同,不可能找到一种使所有读者都满意的引用次序。采用句式变换,即轮排,就可以通过对语词位置的调换,使每一个具有检索意义的语词都有机会成为检索入口,从而可以从不同角度检出该内容的全部文献。

主题词轮排的形式是和主题标识的特点、检索系统的操作方式相联系的。一般来说,二元标识只有一种不同排列形式,但三元以上标识的句式变换则比较复杂,存在着选优的问题。通常应满足下述三个基本要求:其一,轮排必须能提供尽可能多的检索点,方便用户从不同主题因素角度检索同一文献,提高检全率。其二,轮排标题应在改变标题表层结构的同时保持原有的深层结构,正确表达文献主题内容。其三,应在提供尽可能多的检索入口的同时注意减少轮排数量,缩小索引篇幅,使轮排不仅有效,而且经济。轮排技术主要运用在计算机辅助编制的索引之中。

主题词轮排有多种方法,主要包括:

①简单轮排 即依次将主题词放在主题款目的标目位置,每次只能放置一个主题词,不与其他主题词发生联系。普通的主题目录的单级标题,就是采用简单轮排的方法。

②词对轮排 每次轮排除了抽取一个主题词作为标目以外,还增加一个限定主题词的词,使标目较为专指。每次抽取两词参加轮排,一主一副。象《科学引文索引》的轮排主题索引就是采用了词对轮排法。

③转动轮排 这是一种有多个主题词参加、能够保持主题词原有句法关系的轮排。往往在一个主要主题词的左方和右方各保留一些主题词作为说明语。象题内关键词索引就是采用了转动轮排法。

④结构轮排 这是一种保留标引语句中的句法结构或关系结构的轮排方法,编制起来较为复杂,但生成的款目易读性最好。象保留上下文索引系统的换轨轮排法、链式索引的轮排法,都属于这一类。

第三章 标题语言

第一节 标题法的发展及原理

一、标题法的由来及发展

标题法或者主题标引的历史,在我国最早可以上溯到古代的类书。早期古代的类书按照分类体系组织、编排文献资料。由于类书卷帙浩繁,分类详细,多达数百上千类,文人学士难以查阅。唐代著名学者颜真卿编纂的《韵海镜原》,改分类编排为按照音韵编排,首创类书的新体例,为类书的检索提供了方便。此后明代的《永乐大典》、《佩文韵府》等类书都采用了这种"用韵以统字,用字以系事"的编纂方法。"用韵以统字"可以说是按音韵的次序排列字、词;"用字以系事"可以说是用字、词表达文献所论述的事物。这种做法与现代标题法十分相似。随着古代科举制度的消亡,这种编纂类书的古代主题标引技术也被湮没失传。我国近代图书馆的主题编目技术则是 20 世纪初由西方传入的。从 30 年代到 50 年代,我国虽有三四部中文标题表问世,但是它们都未得到实际应用。当时只有国外的一二部标题表在北京图书馆、北京大学图书馆等少数大型图书馆中用以编制西文标题目录。在叙词表采用之前,标题法在我国各类图书馆中几乎没有得到应用。

在国外,标题法的早期发展与索引的编制,尤其是《圣经索引》的编制,有着密切的关系。图书馆目录技术的演变对标题法也产生了直接的影响。早在 1856 年英国克里斯塔德罗(Crestadoro, Andrea)的《图书馆编目技术》一书中,就包含了标题法的概念。书中介绍了"主词书名款目"的编制方法,即从书名中直接抽取主词(Catchword,即关键词)作为书名款目的标目。后来编目员发现书名中的主词往往不能完全概括图书的真正内容,就从图书正文中选取表达图书内容的词作为附加款目。这样就由主词书名款目过渡到标题款目。克特总结为"图书应当在最能表达其主题的标题下著录,而不管此标题是否出现在书名之中"(见《字典式目录条例》)。

除了上述主词书名款目外,字顺分类目录可以说是标题法或标题目录的另一个起源。18 世纪末出现的字顺分类目录把字顺排列的方法引入了严格按照体系排列的分类目录,即把整个目录粗略划分为三、四级,每一级均按其类名的字顺排列。这种目录既丧失系统性,又缺乏直接性,在西方行时不久就被淘汰了。后来,欧美不少图书馆便把这种目录中的类目体系打乱,所有类目不分级别统一按其类名的字顺排成一个单一的序列。这样就完成了由字顺——分类序列向纯字顺序列的过渡,形成了标题法按标题字顺排检的原则,随之就产生了字顺标题目录(或称字顺主题目录)。以后,不少西方图书馆将标题款目与著者款目、书名款目混排在一起,于是出现了字典式目录。1876 年克特总结了一二百年来编制标题目录或索引的经验,写成了著名的《字典式目录条例》,奠定了标题法的基础。1895 年美国图书馆协会根据克特的思想编制、出版了世界上第一部大型标题表《字典式目录中使用的标题表》,亦称为《美国图协标题表》。1909—1914 年美国国会图书馆以《美国图协标题表》和本馆的标引实践为基础,出版了《美国国会图书馆标题表》。此后该标题表定期全面修订,现已出到第 12 版,成为世界上最著名的标题表。在它的影响下,50 年代已出现了几百部专业性标题表,其中包括较为著名的《西尔斯标题表》、《工程标题表》、《医学标题表》、《日本国会图书馆件名标目表》等。与此同时,阮冈纳赞、佩蒂(Pettee,J.)及柯茨分别出版了《字典式目录条例》(1945 年)、《标题:历史和理论》(1946 年)、《主题目录:标目和结构》(1960 年)三本专著,进一步完善了标题法的理论。1978 年美国图书馆学家陈露梅(Chan,Lois Mai)出版的《美国国会图书馆标题表:原理和应用》则是对标题法理论和实践的全面总结。20 世纪 50 年代、60 年代又在标题法的基础上陆续发展出元词法、关键词法和叙词法,详见以下几章。

二、标题法的词汇控制

什么叫标题? 在英文中标题(Subject headings)是主题标目的简称。以一书的内容主题作为该书著录的标目,这就是标题名称的由来。确切地说,标题(或称标题词)是将通用语文中事物现成的“名”,经过词汇控制而形成的一种文献主题标识。众多标题汇集起来形成的主题标识系统,就是标题语言。标题具有如下几种涵义:①标题是指主题标识所用的具体字面形式,是事物概念的体现;②标题是以通用语言(即自然语言)为基础的;③标题是“现成的”,不必像其他情报检索语言那样需要经过概念分解或字面分解,可以直呼其名,依名查检;④标题是经过人为控制的先组定组式检索语言。

标题语言与其他检索语言一样,其主要原理在于词汇控制。早在 60 年代我国著名情报学家丁柯总结了标题语言词汇控制的主要原则*,现分述如下。

1.定型名词准则。世界上一切事物,无论是抽象的,还是具体

---

* 关于标题的控制原则,系根据丁柯“汉文标题法的初步探讨”、“编制汉文字顺标题索引的原则意见”(刊登于 1963 年《科技情报工作》)等编写。

的,凡具有检索意义者,其"名"在原则上皆可用作标题,以表达文献所论及的事物概念。但是用作标题的"名"还必须符合检索的要求,即"名"的字面形式与大多数检索者的检索习惯、检索用词相一致。像"半导体收音机"、"十二指肠溃疡",就是大家通用的事物的"名",符合检索的要求。但是像"收音机时钟"或"时钟收音机"就尚未定型,人们可能用"收音机"作为检索的"出发点",也可能用"时钟"或"钟"作为检索的出发点。由于这些不很定型的"名"不能提供明确的检索途径,不能随便使用。因此标题的形式必须按照"名"的定型程度而决定,通常分为定型、半定型和不定型三类。这三者并无明确的界限,主要取决于专业习惯。

①定型名词可以直接用作标题。这里所说的"定型",是指标题的某种字面形式在专业领域已趋于一致,渐渐固定下来,而且符合大多数检索者的查找习惯。单词(包括单一词和合成词)、专有名词(如人名、地名、书名、机构团体名、物品名等)和一些通用的词组,通常定型程度较高,宜采取正写的形式。像"收音机"、"半导体"、"时钟"、"溃疡"以至"半导体收音机"、"十二指肠溃疡"等都是定型名词。

②半定型名词用作标题应视具体的情况采取正写或逆写(即倒置)的形式。半定型名词多为不十分通用的词组。例如,"计时落地电扇",也可采取倒置形式"电扇,计时落地"。又如"预燃室式柴油机"可正写,也可倒置为"柴油机,预燃室式"。这两种情况,标引时需二者择一。

③不定型名词,大多由定型名词与短语构成。用作标题时一般应取倒置的形式或稍加改造使之成为易于检索的标题形式。例如"刻痕硬度"这一由短语("以刻痕表示的")和名词("硬度")组成的不定型名词,可取倒置标题,"硬度,以刻痕表示的"。如专业领域中通用,也可直接以"刻痕硬度"为标题。又如"弹——塑性形变",不可直接搬用,因为它很难与以"弹性"一词起始的标题排

48

在一起(中间可能插入"弹道"、"弹筒"、"弹药"等词),需要把它改造为"弹性——塑性形变"。又如,"家长与教师的关系"用作标题时可改造为"家长——关系——教师"或者"教师——关系——家长"这样易于排检的标题形式。

2. 特称准则。即专指性原则,是指标题应直接、确切地代表文献的主题。早在《字典式目录条例》中,克特就规定:"一个主题要标引在尽可能专指的标题之下。"

①选用最确切的语词作为文献的标题。一本关于企鹅的书,既不能将其标引在"鸟类"之下,也不能将其标引在"水禽"或"脊椎动物"之下。根据特称准则,必须将这本书放在直接确切表达其内容的标题"企鹅"之下。如果将此书列入"鸟类"或"水禽"之下,用户就要经过一番筛选,才能找到所需的有关企鹅的资料。

②不能同时采用专指词和泛指词(即专指词的上位概念)作为一本书的标题。像上例在选定专指标题"企鹅"之后,不能再将"鸟类"、"水禽"等词用作此书的标题。更不能采用分类形式的标题,例如"脊椎动物——鸟类——水禽——企鹅"或"鸟类——水禽——企鹅",这样将损失标题语言的直接性。

③应根据图书馆的性质、藏书及用户的具体情况来选定标题的专指度。标题的专指性是相对的。因此要灵活地执行特称准则,根据图书馆及文献类集的情况选用尽可能专指的词。克特曾经规定,只有当实际上不存在描述一个特定主题的专指标题时,才可以使用较为泛指的标题。克特举例说,"植物中液体的运行"这一主题,应标引在"植物学(生理)"之下。* 这种情况除了采用上述上位标引的做法外,现代标题法也允许采取组配标引,必要时也可增词标引,即根据标题法的原则,以有关标题为范例,增设新的标题。

---

* 见兰开斯特《情报检索词汇规范化》第4章。

④当同一标题的字面形式在不同专业、不同场合具有不同意义时,应在这些多义词或同形异义词之后加上简短的注释以表明其相关性。例如:

运动(哲学)

运动(物理)

运动(体育)

这些置于括号中的注释与标题下有时出现的注释不同,前者是标题的一个组成部分,标引时不可省略;后者标引时不必附上。

3.单一性准则。为了做到每一个概念只能用一个语词表达,对于任何不同字面形式表示的同一主题,均只采用其中一种形式作为标题,而由其他不用作标题的字面形式做参照指向标题。在选择标题形式时除了遵守定型名词准则外,还要注意标题的通用性,尽量选用流行的或专业通用的语词。

根据单一性准则,应对同义词、近义词、半定型名词的正写与倒置形式、缩写与全称、简体与繁体、单数与复数形式等进行选择,并在它们之间建立下列参照:

①从不用作标题的同义词、近义词或反义词指向标题,例如:"土豆 见 马铃薯"、"格言 见 谚语"、"戒酒 见 酗酒"。

②从旧译名指向通用的新译名,例如:"家庭计划 见 计划生育"、"莱塞 见 激光"。

③从倒置形式指向正写标题,或从正写标题指向倒置形式。例如:"电扇,计时落地 见 计时落地电扇"或者"计时落地电扇 见 电扇,计时落地"。

④从简称指向全称,例如:"文联 见 中华全国文学艺术联合会"。有时简称比全称更通用,则以简称为标题,但需从全称编制参照指向通用的简称,例如,"获得性免疫缺陷综合症 见 爱滋病"。

⑤从复合标题的第二部分指向复合标题,例如;"儿童与电视

见 电视与儿童"。

⑥从不同的书写形式指向正式采用的书写形式,从繁体指向简体,例如:"γ射线 见 伽马射线"、"家俱 见 家具"。

⑦英语词汇单、复数形式差异较大、排不到一起时,应当从单数指向复数,例如:"Mouse See Mice"。

4.多族性准则。即用多种方法显示概念的多向成族关系(即多重等级关系),以满足族性检索和多途径检索的要求。当标题按字顺排列时,有些标题因首词相同,例如,"情报检索"、"情报检索工具"、"情报检索系统"、"情报检索效率"、"情报检索语言"、"情报检索自动化"等,会形成字面成族的情况。但是,这种情况在标题表中出现的几率较低。除了这种方式,标题表还可采用倒置标题的方式。象如下几个倒置标题,在字顺序列中就可以汇集成一族。

图书馆
图书馆,儿童
图书馆,高等学校
图书馆,公共
图书馆,工会
图书馆,国家

但是,这种方式只能从一种角度按字面形式将有关概念汇集,像上例中的"国家图书馆"倒置后就不能再与"国家博物馆"、"国家档案馆"、"国家体育馆"等标题汇集成族。更不能按其涵义将上述标题与"情报所"、"文献中心"、"档案馆"等标题在"文化设施"下汇集成族。严格地说,最后这种情况才是真正的概念成族。

①当表示上位概念的标题与表示下位概念的标题因字面形式不同而不能在字顺序列中汇集时,两者间用参见参照相互联系,由上位标题参见至下位标题。例如:

文化设施

参见　　图书馆
　　　　档案馆
　　　　博物馆
　　　　体育馆
　　　　……

图书馆
　　　参见　　儿童图书馆
　　　　　　　高等学校图书馆
　　　　　　　公共图书馆
　　　　　　　工会图书馆
　　　　　　　……

高等学校图书馆
　　　参见　　大学图书馆
　　　　　　　学院图书馆
　　　　　　　……

　　这种联系仅限于相差一级的标题之间。像上例就不能编制"文化设施　参见　高等学校图书馆"、"文化设施　参见　儿童图书馆"等越级参照。通过这样连续设置多个参照，就可以把各种文化设施、各种图书馆……整整一个词族的概念汇集在一起。

　　②标题语言允许利用参见参照显示多向成族，即可以从不同角度与两个或多个概念汇集成不同的词族。例如在下列参照中就表达了"教育社会心理学"与"教育社会学"、"教育心理学"、"社会心理学"三个概念之间的多重等级关系。

教育心理学
　　　参见　教育社会心理学
　　　　　　学习心理学
　　　　　　德育心理学
教育社会学

参见 教育社会心理学

儿童教育社会学

社会心理学

参见 教育社会心理学

婚姻心理学

老年心理学

③为了加强同族标题之间的联系,在词族内具有相关关系的标题之间建立参见参照。例如:

文摘

参见 题录

提要

5.论旨从属准则。即副标题仅用以表示标题所代表概念的论旨从属(Topic subordination)关系,而不用以表示由其派生的任何特称。

①本准则规定,副标题(或称复分标题)只用以表示主标题的某一方面或某一问题,二者之间用短杠相联系。事物居前,方面或问题作为副标题居后。这样副标题可以集中有关某一事物概念各个方面或问题的文献,从而提高标题的专指度,并解决某些标题下集中文献过多的现象。例如:

图书馆

——编目

——分类

——流通

——参考咨询

而不能采用如下标题形式:

图书馆

——儿童图书馆

——高等学校图书馆

——工会图书馆

　　　——公共图书馆

因为"儿童图书馆"、"高等学校图书馆"等并非"图书馆"的一个方面,而是"图书馆"的特称。这种事物——事物标题虽具有族性检索的功能,但缺乏直接性,不宜采用。必要时可写成倒置标题,例如:"图书馆,高等学校"、"图书馆,工会"、"图书馆,公共"等等。

　　②现代标题法允许对标题进行国家、时代或体裁等的复分,即以国家、时代、体裁等特征作为副标题。例如:

　　图书馆

　　　——美国

　　　——苏联

　　　——英国

　　　——法国

　　图书馆

　　　——古代

　　　——中世纪

　　　——近代

　　　——现代

　　图书馆

　　　——辞典

　　　——年鉴

　　　——手册

　　　——统计

　　　——指南

　　③副标题所表示的概念本身的某一方面或某一问题,可以再用次副标题表示。如图书馆的副标题"编目"本身的若干方面(诸如"集中化"、"自动化"等),可以写成如下标题——副标题——次

54

副标题的形式。

图书馆

——编目——集中化

——编目——自动化

——编目——条例

——编目——手册

但是,副标题的级别不宜过多,否则会形成多级分类,不便于检索。

④主标题＋副标题的形式,必要时可用倒置标题代替,例如,"期刊——编目"可以写成"编目,期刊的"。同理,副标题也可以采用倒置标题的形式。例如:

图书馆

——编目,期刊的

——编目,报纸的

——编目,地图的

这样可将各种文献的编目集中起来。

⑤可以为一系列通用的副标题(有时还包括次副标题)单独编列一个副标题一览表(即复分标题一览表),附于标题表之后。这样就不必在标题表的每个有关的主标题下逐一重复列出有关的副标题。像文献类型复分标题一览表就包括辞典、手册、年鉴、名录、书目、索引、百科全书等文献形式,像机械复分标题一览表就包括理论、设计、计算、试验、制造、安装、维修、运行……等各个方面。这样的复分标题一览表能够把相关的副标题集中起来,帮助标引员记忆、联想,选择所需用的副标题,减少脑力劳动,节省标引时间。有一批这样的副标题一览表,就相当于确立了一个分面组配公式,使主题分析与标引工作模式化,从而提高标引的质量与效率。

⑥主标题加副标题的形式除了可表现事物概念的方面关系以外,还可以表现事物与事物之间的比较、应用、工具、影响、作用、差

异等诸种关系。例如"激光在眼科手术中的应用"可标引为"眼科手术——激光应用"或"激光——应用——眼科手术"。又如"分类法与主题法的比较"可标引为"分类法——比较——主题法"或"主题法——比较——分类法"。

三、标题的形式

标题语言是一种根据情报检索的需要,在自然语言基础上加工而成的人工语言,因而标题语言可以说是自然语言和人工语言的混合体。其中一类词汇直接来自自然语言,如单一名词、形容词词组、介词词组、连词词组等,但不得使用动词、副词、叹词、冠词等词类;另一类词汇是人工语言,如带限定词的标题、复分标题以及倒置标题。这些标题形式是专门设计的,在日常生活中不予采用。

无论是汉语还是英语,根据语法、标题形式可以分为单词和词组(或短语)两大类,但是句子不能用作标题。词组标题可以分成:①形容词+名词的词组;②名词+名词的词组;③包含介词的词组;④包含连词的词组。词组标题按其词序可以分为正写词组标题与倒置词组标题。标题按其构成还可以分为带括号限定词的标题和带复分标题的标题。当然还有其他混合形式。现举例如下:

　　Chemistry(化学——单词标题)

　　Rural church(乡村教堂——形容词词组标题)

　　Teacher of gifted children(天才儿童的教师——介词词组标题)

　　Television and children(电视与儿童——连词词组标题)

　　Dunkerque(France),Battle of,1940(敦克尔战役,1940,倒置标题)

　　Cookery(Frozen food)(冷冻食品的烹调——带限定词的标题)

　　Church and state—France—History—20th century(教堂和

政府——法国——历史——20世纪,复分标题)

在各类标题形式中,通常采用下列四种符号:①逗号,用来表示倒置标题。②圆括号,用来放置修饰标题的限定词。③短杠,用来表示复分标题。④小圆点(英语中的句号),只用于英语标题中表示团体或机构,例如,United States. Air Force(美国空军)。

主题(概念)往往可以用多种标题形式表达,诸如"十二指肠溃疡"这一概念,可以标引为:

十二指肠溃疡	(正写标题)
十二指肠——溃疡	(复分标题)
溃疡,十二指肠	(倒置标题)
肠溃疡,十二指肠	(倒置标题)
溃疡(十二指肠)	(带限定词的标题)

到底哪一种标题形式正确呢,这是标题语言词汇控制中最难解决的问题。这一问题解决不好,同一类标题在标题表中就会采用不同的标题形式,给用户检索带来困难。现以《美国国会图书馆标题表》(简称 LCSH)为例说明标题形式的选择。

1. 名词与词组之间的选择。同一个事物或概念,有时可用一个名词或者用一个名词词组来表示。克特曾建议尽量采用名词而不用词组。例如,用"伦理学"(Ethics)不用"道德哲学"(Moral philosophy),用"卫生"(Hygience)不用"保健科学"(Sanitary science)。但是,这样做有时也有困难,读者往往难以知道与词组标题等价的单词标题。

2. 不同字面形式词组标题之间的选择。像"死刑"这个概念,在英语中至少可用"Capital punishment"、"Death penalty"、"Penalty of death"三种形式表达。克特认为很难拟定明确的规则,以确保选择标题形式的一致性。一般应当选择最通行、用户最习惯的标题形式,但困难往往在于没有众所接受的一致的习惯用法。

3. 词组标题与复分标题之间的选择。像"船舶的稳定性"这一概念可能有以下三种标题形式：

Stability of Ships　　　（介词词组标题）

Ship's Stability　　　　（形容词词组标题）

Ships—Stability　　　　（复分标题）

以往在 LCSH 中这三种形式都可能选作标题。近年来 LCSH 倾向于采用复分标题的形式。例如"温室气候"这一概念宜用"Greenhouse—Climate"，而不用"Greenhouse climate"，这样便于把有关某一主题的各个方面集中起来。

4. 名词的单、复数形式之间的选择。通常表示某一具体事物或某一类人可以用名词的复数形式，如 Airplanes（飞机）、Teachers（教师）、Churches（教堂）；抽象事物可以用单数形式表示，如 Success（成功）、Humanism（人道主义）。但也有不少例外，象 Peach（桃）、Pear（梨）均用单数表示果实和果树。有时一个名词的单、复数同时用作标题，分别表示不同的主题。通常用单数表示概念或抽象的观念，而复数则表示具体的事物，例如 Essay（单数）表示散文这种文学体裁；而 Essays（复数）表示文集或散文集。近年来 LCSH 改变了这种做法，不再作这样的区分，例如在艺术领域中用单数同时表示活动和物体，例如，Watercolor painting 一词同时表示"水彩画"的艺术形式和艺术作品。必要时可用加限定词的办法区分，例如：

Biography（as a literary form）表示传记体裁

Biography（for collective biographies）表示传记作品

5. 连词词组标题形式的选定。连词词组是用连接词（and）把两个或多个名词连接起来的词组，有时结尾还带上"etc."（等）字。连词词组标题分为两类，一类表示事物或概念之间的因果、作用或影响关系，如 Television and Children（电视与儿童）、Religion and international affairs（宗教与国际事务）等；另一类不表示事物之间的关系，而是表示两个关系密切的或含义相反的主题经常在书中同时被论及,如 Hotels、taverns,etc. (饭店、小酒馆等)、Open and closed shelves(开架与闭架)、Children's encyclopedias and dictionaries(儿童百科全书与字典)等。最近 LCSH 决定不再建立后一类连词词组标题,而是把它们分拆为两个或多个单独的标题,如"Textile industry and fabrics"(纺织业和纺织纤维),现分别标为"Textile industry"及"Textile fabrics"两个标题。

6. 介词词组标题形式的选定。介词词组是用介词把两个或多个名词连接起来的词组。有时表达某一单独的概念,如 Children as musians(儿童音乐家)、Transplantation of organs, tissues, etc. (器官、组织的移植)。有时表达两个主题之间的关系,如 Communication in birth control(计划生育宣传)、Federal aids to community development(联邦对社区发展的资助)。最近美国国会图书馆倾向于对那些包含方面关系的主题(包括地点或行动)采用复分标题,以便把事物不同方面集中在一起。例如,Church and states in Wales 宜采用"Church and states—Wales"(教堂与国家——威尔士)这样的标题形式。上述"计划生育宣传"一例,宜标成 Birth control—Communication(计划生育——宣传)。但一些习惯的介词短语仍不可改成复分标题,例如:"Horse in art"(艺术中的马),不可标成"Horse—Art"(马——艺术)。

7. 限定词标题形式的选定。为了区分同形异义词,可以采用带限定词的标题,如 Olympic Games(Winter)(冬季奥运会)、Lead(Metal)(铅)、Lead(Electricity)(导线)。有时限定词被用来表示某一概念的专门用途和应用范围,如 Light and darkness(in religion,folk‐lore, etc.)(宗教民间传说中的光明与黑暗)Cookery(Frozen foods)(冷冻食品的烹饪)、Photography(in scientific application)(科学摄影)。现在 LCSH 已决定带限定词的标题只用于区分同形异义词,取消上述用法。可以将它们改为带 in 的介词短语标题或复分标题,例如上述几例应当改为:

Light and darkness in religion, folk – lore, etc.

Frozen foods—Cookery

Photography—Scientific applications

8. 倒置标题的选定。单词标题仅有一个名词，不存在入口词的问题。而双词或多词标题就有一个选定入口词的问题。按照标题法专指款目原则和通用原则，应当采用自然词序，即选用正写标题，如 Life insurance（人生保险）、Theory of kwowledge（知识的理论）。但是，实际上在 LCSH 中，为了集中某一主题往往使用倒置标题，如上述二例被写成：

Insurance, Life（保险, 生命的）

Knowledge, Theory of（知识, 理论）

但并不是所有的形容词词组都必须采用倒置标题。事实上，很多主题编目专家，从克特到柯茨都研究过这一问题，都未能规定何时采用正写形式，何时采用倒置形式。柯茨曾对 20 种复杂主题的词序进行过深入研究，并拟定过一个关系一览表，从而提出了著名的显著性引用次序。我们可以参照这一引用次序，决定复合标题（包括形容词词组及介词词组标题）的形式。例如：

Planning of village 事物/行动 Village, Planning（乡村, 计划）

Casting of aluminium 材料/行动 Aluminium, Casting（铝, 浇铸）

Wheel of bicycle 事物/部件 Bicycle, Wheel（自行车, 轮）

Fire caused by lightning 行动 1/行动 2 Fire, Lightning（火灾, 闪电）

第二节　标题表

一、标题表的性质和结构

按照标题法的原则控制词汇,其结果就是标题语言,或称标题词语言。标题语言的主体是它的词汇表——标题表。标题表是众多标题的总汇,也可以说是标题语言的词典。标题表是主题标引和检索的依据,其主要作用是:

①对标题进行控制和登录,并不断地予以更新;

②显示标题之间的各种关系;

③提供主题标引和检索的方法指示;

④供用户和标引员查词和选词,并依据它组织检索工具和检索系统。

一般说来,标题表可以分为以下三大组成部分:

1.主表。或称字顺主表,是标题表的主体部分,按照标题和非标题的字顺排列。标题是在词汇控制过程中被选中的词,或称正式标题,可以用来直接标引和检索文献。非标题是在词汇控制过程中落选的词,不能用于标引。非标题包括被标题替代或归并的同义词、准同义词、近义词及其不同的字面形式。有时还包括一些过于专指的词。非标题也被收入标题表,其目的是提供检索的入口,把用户由非标题指向标题,因此也称为入口词。

主表由众多的标题词款目组成。标题表中对一个标题或非标题的完整记录,称为一条标题词款目。这种词款目包括:

①标题。它居于词款目的起始处、决定词款目在标题表中的排检位置。标题(如有副标题,也可称为主标题)可以取正写的形式,也可以取逆写的形式(即倒置标题)。论旨标题、时代标题、形

式标题通常不用作主标题。

②标识。往往是标题对应的分类号或标题词款目的编号(字顺序号)。通过标题后的分类号可加强标题目录与分类目录的联系,甚至可以充当分类表的字顺索引。字顺序号用于标题表的管理。

③注释。通常包括含义范围注释、编目注释、标引方法注释或历史注释(说明标题演变的情况)等,是用户和标引者了解标题的含义及其标引、检索方法的不可缺少的内容。

④参照。包括与标题等价的非标题以及有关的下位标题、上位标题、相关标题以及其他方法指示,用以揭示标题与标题之间的联系,以便用户查词选词。

⑤副标题。有些主标题后带有副标题,可以看成是对主标题涵义的限定和对主标题下著录文献的划分。通常分为论旨复分标题、地名复分标题,时代复分标题和形式复分标题。

副标题后可以带相应的分类号、注释和各种参照,还可以设置次副标题。

2. 副表。副表是标题表的重要组成部分,也是标引与检索的依据。通常由各种复分标题一览表组成。有的还附有分类标题表、增补标题一览表等。复分标题一览表与分类法的附表的作用大致相同,可与主表中的主标题配合使用。分类标题表是把主表中的标题按照某一分类体系予以排列,在某一分类号下列出相关的标题。它便于用户从学科体系出发,查词选词,也便于标引员管理标题表。

3. 编制使用说明。通常是标题表的导言部分,往往包括标题表的编制过程、编制体例、收词选词标准、词款目著录规则及排列方法、标引规则、所用符号的意义等等。有时在标题表的导言部分还包括一些重要的复分标题一览表等重要资料。这一部分是进行标引与检索的向导,使用标题表以前必须仔细阅读。

标题表虽然是主题标引的依据,但是不能说没有标题表就不能编制标题目录(或索引)。主题标引的历史表明,事实上是先有标题目录,而后才产生标题表的。最早编制标题目录的人是没有现成的标题表可以依据的。

没有标题表,可以参考各种词典、教科书、图书分类法及文摘刊物的主题索引等,一边进行主题标引,一边积累标引用词和有关的参照,并加以系统整理。通过不断使用、增补和修改,可以逐步形成一种适用的标题表。由于现在已经出版了数以千计的标题表和叙词表,一般不必采用这种积累成表的做法。现在可以通过参考有关的分类表(包括分类表的字顺索引)、标题表、叙词表及其他资料,通过总体设计、拟定编制规则、收词选词、词汇控制、试标引、修改定稿等步骤,分别完成标题表主表和副表的编制。

除了标题表以外,标题标引规则也是主题标引的重要依据。标题表只是为标引工作提供了所需要的标题,但是,究竟如何使用这些标题去表达各类文献主题及用户的情报需求,则需要一套严密的标引规则,以保证标引的质量。有些标题表编有详细的手册,说明各种不同学科、不同类型文献的标引规则以及各类标题的使用方法,是使用标题表必备的工具。使用标题表的图书馆或情报机构,也可结合本单位的具体情况,拟定本馆的标引细则。

二、《美国国会图书馆标题表》结构剖析

美国国会图书馆以本馆的字典式目录为基础,于1909—1914年编制、出版了两卷本的《美国国会图书馆字典式目录使用的标题表》。此后该标题表定期修订,1975年出版了第8版,改名为《美国国会图书馆标题表》(Library of Congress Subject Headings,简称LCSH)。最新一版是1991年第14版,共三卷。该标题表是目前美国以至全世界使用最为广泛的标题表。

LCSH与其他标题表一样,由导言、字顺主表和附录三部分组成。第 8 版及第 8 版以前,导言中包括示范标题一览表、通用复分标题一览表、地名复分标题一览表等附表。现已将这些复分标题一览表移入美国国会图书馆出版的《主题编目手册(标题部分)》(Subject Cataloging Manual：Subject Headings,以下简称《手册》),第 11 版的导言只收录了示范标题一览表及自由浮动短语标题一览表。现在 LCSH 的附录只包括一个儿童读物标题表,改名为《提要卡片计划标题表》。LCSH 未附分类标题表,但 1972 年美国威廉斯(Williams,J. G.)等曾单独编辑出版《分类的美国国会图书馆标题表》一书,具有同样的功能。

LCSH 主表的款目由以下几部分组成：

①标题和非标题　正式标题用黑体字,非标题用一般字体。非标题款目著录极为简单,只有指向正式标题的单纯参照。标题形式分为单词标题、复词标题和多词标题三种。一般标题用正写形式,凡带有语种、民族或种族形容词的标题可取逆写形式。各种地理特征名词通常逆写,如 Lake Erie(伊利湖),以 Erie,lake 为标题。带有介词或连词的短语也可用作标题,或正写,或逆写,例如,Bolts and nuts(螺栓和螺母),Plants,Effect of the moon on(植物,月球的影响)。

②分类号　大约有 40% 的标题后印有相应的美国国会图书馆分类法分类号。有时一个标题可分入一个以上的类,则印出一个以上相应的分类号,并用简洁的文字指明其所属的学科。这里的分类号未经与最新版的分类法核对,不可以用于分类标引。例如：

Marriage（HQ503 – 1057；Enthnology,GN480；Folk – lore,GR465）

③注释　说明一个标题在国会图书馆字典式目录中使用的范围,说明它与其他相关标题的界限或说明它有几种涵义,哪一种用于本标题。第 11 版共有 3000 多条注释。

④参照 1986 年前 LCSH 有四种参照,使用的符号如下:

See 见(表示标题)

SA(See also)参见(表示下位标题)

X(See from)见自(表示非标题)

XX(See also from)参见自(表示上位标题或相关标题)

后两种参照是为编目员而设立的,不用于图书馆目录。如在"Agricultural machinery"一词下收录了材料,那就要根据标题表所提供的见自参照和参见自参照,编制以下参照,例如:

Agriculture—Equipment and supplies

　　See Agricultural machinery

Crop—Machinery

　　See Agricultural machinery

Farm equipment

　　See also Agricultural machinery

Farm supplies industry

　　See also Agricultural machinery

(参看图 3 - 1 LCSH 第 10 版有关 Agricultural machinery 的款目)

⑤副标题 副标题往往用破折号表示,有时副标题后还可进行复分,这就是次副标题,用两个连续的破折号表示。例如:

London

　—History(DA675 - 689)

　—To 1500

　—16th century

　—17th century

```
Agricultural machinery(Indirect)(S671 - 760)
        SA   Agricultural engineering
             Agricultural implements
             Farm equipment
             Machine—Tractor stations
             ……

             subdivision Machinery under names of crops,
             e. g. Corn - Machinery
        X    Agriculture—Equipment and supplies
             Crops—Machinery
             Farm machinery
        XX   Farm equipment
             Farm supplies industry
             Implements, utensils, etc.
             Machine—Tractor stations
             Tools
             Example under Machinery
             —Cost of operation
             —Dynamics
             ……
```

图 3 - 1　LCSH 1985 年第 10 版旧款目格式

副标题及次副标题往往是地名复分标题、时代复分标题或形式复分标题等。一般不宜超过三级，太多了会形成分类，使字顺标题目录变成字顺分类目录，丧失直接性，反而不利于检索。在副标题下有时也设有参照，指向有关标题。副标题不能单独使用，必须连同主标题一起使用，如上例应当读作"伦敦——历史"、"伦敦——历史——1500 年以前"、"伦敦——历史——16 世纪"、"伦敦——历史——17 世纪"。

从 1986 年 12 月 LCSH 缩微平片版以及 1988 年 LCSH 第 11 版(印刷版)开始,采用了一种新的款目格式(参看图 3 - 2)。新格式改变了以往所用的参照符号,由下列符号组成:

表 3 - 1 《美国国会图书馆标题表》新款目格式所用参照符号

新格式所用符号	英文涵义	中文涵义	相当于 LCSH 的符号	相当于《汉语主题词表》的符号
USE	Use	用(标题)	See	Y
UF	Used for	代(非标题)	X	D
BT	Broader terms	属(上位标题)	XX	S
RT	Related terms	属参(相关标题)	XX SA	C
SA	See also	参 见	SA	
NT	Narrower terms	分(下位标题)	SA	F

新的参照符号中的"SA"是表示说明参照,往往是指示一系列下位标题,或是指示某种查找下位标题或相关标题的方法。新参照符号中,除 SA 外,其他各项均与叙词表相同,由此可见,LCSH 也正在朝着叙词表的方向演变。除上述符号外,新格式还有些改动,诸如在标题后面增加了主题规范记录控制号(以 Sh 开头的数字编号),用"May Subd Geog"这个短语代替以往表示可进行地理复分的"Indirect"。总之,新格式使词间关系的显示变得更加清楚,明确区分了等级关系(用 BT、NT)和相关关系(用 RT)。另外,所用的符号通用、醒目、易记。这些符号全部可用于计算机检索,但无需全部用于图书馆卡片目录,目录中的参照可仍用原来的符号,即只保留见参照、参见参照和说明参照。

三、《美国国会图书馆标题表》简评

LCSH 自 1909 年初版问世至今已有 80 多年,现已成为世界上规模最大、流行最广、用户最多的一部标题表。词表第 8 版为

Agricultural machinery（May Subd Geog）（S671-670）
UF Agriculture—Equipment and supplies ————→ Agriculture—Equipment and supplies
    Crops—Machinery   see Agricultural machinery
    Farm machinery
BT Farm supplies industry
    Implements, utensils, etc.
    Tools ————————————————→ Tools
                                                        see also Agricultural machinery
RT Farm equipment ——————————————→ Farm equipment
    Machine—Tractor stations   see also Agricultural machinery
SA subdivision Machinery under names of crops, ——→ Agricultural machinery
    e. g. Corn—Machinery   see also Subdivision Machinery under
NT Agricultural engineering   names of crops e. g. Corn—Machinery
    Agricultural implements ————————————→ Agricultural machinery
    ……   see also Agricultural implements

图3-2 LCSH第11版新款目格式及其生成的对应参照

2026 页,第 9 版为 2591 页,第 10 版为 3543 页,第 11 版为 4164 页,篇幅迅速增长,用户不断增加。这部庞大的标题表之所以能在世界上许多国家广泛流行,主要有下列一些原因:

1. 美国国会图书馆所处的地位及其发行的印刷卡片、机读目录和西文图书上的在版编目数据上都标有 LCSH 的标题,大大扩大了 LCSH 在美国及世界许多国家的影响。这是它得天独厚的地方。在美国、加拿大和其他英语国家,大型图书馆,包括大型公共图书馆及高等院校图书馆等,一般都采用此表。

2. 它较好地体现了克特关于标题法的理论,确立了主题法的一些基本原则,诸如用经过控制的语词作为文献主题的标识,用参照系统显示并加强主题之间的相互联系,用字顺序列来提供主题检索途径等。后来的主题法(包括标题法、叙词法等检索语言),不管是先组式还是后组式,都在不同程度上接受和发展了这些原则。因此,LCSH 是主题编目发展史上的一个重要的里程碑。

3. 它是以美国国会图书馆藏书的实际需要为基础而编制的,因此有着相当充足的文献保证。无论是标题的选择和确立、复分标题及参照的编制和运用,都比较符合图书馆藏书的实际。正如 LCSH 第六版主编安格尔(Angell, R. S.)在该版导言中所指出的,该表随着图书馆藏书的增长、语义的变化和标题工作理论的发展而不断发展,"它不是理论完善的体现,而是标题实践的准确反映"。

4. 它有着很强的实用性,是一个有实用价值的工具。LCSH 的实用性体现在:①学科面广泛,几乎涉及了各个学科领域。②标题详细,第 11 版标题数量已达 162750 个,比较适合用户的要求。③明确规定了标题复分的方法,设置了大量的副标题、次副标题以及自由浮动复分标题。标题形式固定,便于手工标引和检索。④参照众多,便于使用。据抽样估算,在 LCSH 第 7 版中,设有参照的标题占总标题数的 79.9%,每个标题平均有 1.032 个参照(其中只包括单纯参照和相关参照,不包括一般参照)*。据第11版统计,标题总数为162750,非标题总数为133200,两者之比为82%,可见入口词众多,为检索提供了方便。⑤除了印刷版以外,还有缩微版(季度更新)和机读版(每周更新),可供用户选用。

5.它有着专门的管理机构——美国国会图书馆编目部。它负责日常修订,定期(按周、季度、年度)出版增补公报,平均每年增加约8000标题,并每隔几年进行一次全面的修订,出版一个新的版本。频繁的修订虽为标引工作带来了一些麻烦,却保证了它"香火"不断,久盛不衰,未被时代的发展所淘汰。此外美国国会图书馆编目部1986年后出版了十分详细的LCSH《手册》及《名称标准档》(缩微累积版)。这些辅助性工具的出版也为LCSH的管理和使用提供了方便。

总之,LCSH是一种能够适应标引工作需要,便于实际应用的工具,所以它被不同政治制度、不同意识形态、不同民族的国家广泛采用。但是,必须指出,它也存在着如下一些问题:

第一,这部标题表的根本性错误在于编者的指导思想。标题的选择和命名,参照的设立,不少都是从资产阶级的立场观点出发,虽然经过许多次的修改,但它以美国为中心,以资本主义制度为中心的思想体系仍然没有改变。这些都是我们使用此表需要特别注意的。例如,在LCSH第9版1979年增补公报中"义和团运动"被标引为:

China—History—Boxer Rebellion,1899–1901

这里把义和团农民起义称之为"拳匪叛乱"。如果采用LCSH,对LCSH的标题,特别是社会科学方面的标题,在使用前要进行严格审查,发现问题要进行修改。例如LCSH把太平天国、捻军称作"太平叛乱"(Taiping Rebellion)、"捻匪"(Nian Bandits),把发展中

---

* 见兰开斯特《情报检索词汇规范化》。

国家称作"不发达地区"（Underdeveloped area）等。我们应把这些标题相应地修订为"Taiping Revolution"、"Nian Uprising"、"Developing Countries"。对原表中一些具有种族歧视，或有政治性错误的标题等，必须严格审查，逐一修订或删除。

第二，标题形式前后不一致。由于 LCSH"不是理论完善的体现"，不注意吸收标题工作中新的理论和技术，未能及时对旧标题进行修改。长期以来一直沿袭传统的、与实际进展产生种种矛盾的克特的理论，加之该表又是美国国会图书馆主题编目工作的反映，所以标题工作中产生的许多不一致的地方就反映在 LCSH 之中。在标题的字面形式上，同类标题时而用倒置，时而用正写；时而用名词型，时而用形容词型；单、复数运用随便，前后矛盾，用法混乱。请看以下表中诸例：

概念	LCSH 标题形式	标题类型
海军图书馆	Library, Naval	倒置标题
陆军图书馆	Military Libraries	正写标题
基督教图书馆	Library, Catholic	倒置标题
犹太教图书馆	Jewish libraries	正写标题
药物学校图书馆	Library, Pharmacy school	倒置标题
保育学校图书馆	Nursing school libraries	正写标题
图书馆行政	Library administration	短语标题
图书馆采购	Acquisition（libraries）	带限定词的标题
电影编目	Cataloging of moving—Pictures	介词短语标题
电影分类	Classification—moving—Pictures	主标题加副标题

最典型的例子是以下几个复合主题，其处理方法各不相同，详见下表。在 LCSH 中，这样的例子还有不少。仅此数例，可以想见由于

标题形式的不规范,将给标引和检索带来多少麻烦。当然,通过 LCSH 设置的参照,最终仍可以找到所需资料,但辗转查找,毕竟损失了主题检索的重要特性——直接性。

复合主题名称	处理方法
Geographical location codes(地理位置编号)	Geographical location codes(正写标题)
Geographical models(地理模型)	Geography—mathematical models(主副标题)
Geographical names(地名)	Names,Geographical(倒置标题)
Geographical pathology(地理病理学)	Medical geography(正写标题)
Geographical photography(地理摄影学)	Photography in geography(介词短语标题)

第三,参照的编制显得混乱。它既无周密的计划,又无严格的规定和依据(现在有些词表参照系统的编制以某种图书分类表为基础,可避免或减少人为性和任意性),这样的参照系统显得杂乱无章,不能形成一个完善的,隐蔽的分类体系,指引读者进行族性检索。例如:

Insects,Fossil See also Trips,Fossil

但不编 Insects See also Trips

Weevils See also Beetle

Beetle See also Sugarcane beetle

但不做 Beetle See also Sugarcane weevil

加之从标题表款目格式向叙词表格式的机械转换,不符合关于叙词表编制的国际标准的地方俯拾皆是,更加剧了这种混乱。

72

例如:

Feminism and the art
  BT Arts
Communication in science
  BT Science
Plant, Effect of wind on
  BT Winds
Agricultural machinery
  NT Agricultural engineering
Sewage disposal
  NT Septic tanks
Physical diagnosis
  NT Body temperature

第四,缺乏专指性和灵活性。由于 LCSH 属于先组式检索语言,除了部分自由浮动复分标题以外,其他的标题形式在标题表中都是固定的,主标题与副标题的搭配也是固定不变的,即使是自由浮动复分标题也是如此。关于它们与主标题的搭配,LCSH 也作了极为严格、烦琐的规定。通用复分标题的使用说明(见第 8 版导言),竟长达 10 余万字,使用起来是极为复杂的。由于 LCSH 的标题不能自由组配,这样标引能力显然不如叙词,不能贴切地标引较为复杂的主题概念。一个复杂的主题概念往往要分别标引成几个宽泛的标题,因此专指性就不如叙词。先组式标题语言的另外一个根本性的弱点是由于 LCSH 的标题形式固定,不能像叙词语言那样可以按任何主题特征进行多途径的自由检索,检索起来就不如叙词灵活。另外,先组式的标题语言不能摆脱企图列举一切标题的局限性,随着科技的发展和文献的增加,LCSH 势必变得臃肿不堪。

针对 LCSH 存在的上述几个缺陷,第二次世界大战以来,标题法出现了以下两方面进展：

　　一方面是阮冈纳赞、柯茨等学者认为，标题法只有放弃预先拟定标题表的严格枚举法，而采用像组配分类法那样的某种形式的合成法，才能表现非常复杂的内容所必需的专指性。于是标题表中出现了越来越多的自由浮动复分标题，标题法出现了由先组定组式向先组散组式发展的倾向。凯塞、柯茨、维克利等学者发展了克特的理论，对先组散组标题的引用次序进行了一系列研究，提出了几种通用的引用次序，为控制标题的形式，提高标题的专指度，发展词串式标题做出了一系列贡献。最为突出的是英国分类法研究小组成员奥斯汀研制了保留上下文索引系统，用于编制《英国国家书目》等检索刊物的主题索引。这是主题法领域的一大革新。70 年代末，美国国会图书馆曾经讨论是否采用技术上先进、可用计算机辅助编制的 PRECIS 来取代 LCSH 的问题。据说，主要因为改用 PRECIS 每年需增加 100 万美元的经费而未予采用。

　　另一方面的进展是摩尔斯（Mooers，C. N.）等人打破了先组的桎梏，吸收了标题法（主要是 LCSH）、元词法、键词法、分类法等多种检索语言的优点，首创了一种后组式检索语言——叙词语言，大大改善了标引和检索的性能，为计算机检索开辟了道路。在许多专业图书馆及情报机构中，叙词语言青出于蓝而胜于蓝，很快就取代了以往的标题语言和分类语言。LCSH 为适应这种形势，于 1986 年底，采用了叙词表的款目格式，朝叙词语言的方向迈出了重要的一步。

　　然而，从检索语言的发展历史来看，LCSH 筚路蓝缕，开创之功是不容抹煞的。目前它仍在手工检索（诸如图书馆目录）中占据着重要的地位，有着广泛的影响。

第三节　标题表的使用

在图书馆及情报机构中,标题表主要用于编制标题目录及检索刊物的主题索引。标题表还可以用于编制图书分类法的字顺索引及分类目录字顺主题索引。

使用标题表进行主题标引,除了要严格执行前述标题法实施词汇控制的各项准则外,还应当注意根据标题语言的特点进行标题的选择、标题的复分、标引深度及专指度的确定、参照的编制、标题变动的处理以及主题标准档的建立等问题。

一、标题的选择

标题语言是一种先组定组式检索语言。主标题与副标题的搭配一般是固定的,因而标引工作也可以简单地说成是从标题表中选择最切合图书内容的标题。

我们知道,标题法与分类法的重要差别之一在于标题表是列举的,而分类表是网罗的。一般的传统的体系分类表是把所有的类目都全部列出,并配上相应的分类号;而标题表却只是标题法精神的体现和范例,因为它不可能把世界上所有事物的名称网罗殆尽。因此我们在使用标题表选择标题之前,必须了解标题表中收入哪些标题,不收入哪些标题(即省略哪些标题),否则会因查找标题而浪费大量的时间。

就拿 LCSH 来说,它是一部综合性的大型标题表,在标题的收录范围上时有变化。因此在使用之前,必须细致研读最新一版标题表的导言(即编制及使用说明),弄清其收录标题的范围。为了贯彻 LCSH 的编辑方针,节省篇幅,1975 年第 8 版把国会图书馆印刷卡片上出现的 14 类专有名词的标题未印入标题表。但是,从

1976 年开始,LCSH 又把大量被省略的标题陆续补回标题表中。1987 年第 10 版以来未印入 LCSH 的被省略标题只有如下三类:

①列入美国国会图书馆《名称标准档》的标题,包括个人姓名、团体名、管辖范围名、会议名和书名。

②自由浮动短语标题,如[personal name] in fiction, drama, poetry, etc(小说、戏剧、诗歌中的某人)、[Topic or place] in literature(文学作品中的某地、某论题)、[Topic or place] in art(艺术中的某地、某论题)等 11 个。可根据需要来拟定此类标题,无需查看标题表。如"文艺作品中的莎士比亚"这一论题,可采用上例第一个自由浮动短语标题,拟定为"Shakespeare, William, 1564 – 1616, in fiction, drama, poetry, etc."又如"Horses in art"(艺术中的马)、"Ducks in literature"(文学作品中的鸭)等。

③某些音乐标题。LCSH 已经收录了大量的音乐标题,现在对那些带有具体乐器和声部说明语的标题将不再逐一列出。

了解 LCSH 的收录范围,就可以"对号入座",选用专指的标题及副标题。如果只有主标题,尚缺地区、时代、形式等副标题,则可以从自由浮动复分标题表中选用合适的标题。为了便于标引那些 LCSH 上省略未印的标题,LCSH 采取了以下两个措施:

其一,设置示范标题表(Table of Pattern Headings)。从众多的被省略的标题中选择一些典型样例,印在主表的导言中,作为各类省略标题复分的范例,这就是示范标题表的作用。例如 LCSH 关于人体器官已有消化道、神经、垂体、血管、肾动脉、趾等典型标题,但在示范标题表中关于人体器官这一类设立了两个示范标题——足(Foot)和心脏(Heart)。凡是在这两个标题下出现的复分标题,都可用作该类的任何标题的自由浮动复分标题。例如 LCSH 中虽然未列"关节——活组织检查"这一标题,但它仍是一个能够成立的标题,因为"活组织检查"被用作"心脏"的复分标题。

1980 年 6 月 LCSH 编制的示范标题表共分为哲学和宗教、史地、娱乐、社会科学、艺术和科技六大学科领域,共 35 类、47 个示范标题,而且 37 类改按字顺排列。LCSH《手册》对每一个示范标题的用法都作了详细的说明,并列出它们各自所带有的复分标题。

表 3-2 《美国国会图书馆标题表》中的示范标题一览表

Category(类别)	Pattern Heading(示范标题)
Animals (General)(动物)	Fishes(鱼)
Animals,Domestic(家畜)	Cattle(牛)
Chemicals(化合物)	Copper(铜)
Colonies(殖民地)	Great Britain——Colonies(英国——殖民地)
Diseases(疾病)	Cancer(癌)
	Tuberculosis(结核)
Educational institutions(教育机构)	
Individual(个体)	Harvard University(哈佛大学)
Types(类型)	Universities and colleges(大学和学院)
Indians(印第安人)	Indians of North America(北美印第安人)
Industries(行业)	Construction industry(建筑业)
	Retail trade(零售业)
Languages and groups of languages(语种)	English language(英语)
	French language(法语)
	Romance languages(拉丁语)
Legal topics(法律)	Labor laws and legislation(劳工法及立法)
Legislative bodies(立法团体)	United States. Congress. (美国国会)
Literary authors(作家)	
Groups of literary authors(作家群)	Authors, English(英语作家)
Individual literary authors(个别作家)	Shakespeare William, 1564-1616(莎士比亚)
Literary works entered under	

Category（类别）	Pattern Heading（示范标题）
author（以著者著录的文学作品）	Shakespeare William, 1564 – 1616. Hamlet.（《汉姆莱特》）
Literary works entered under title（以书名著录的作品）	Beowulf（《贝奥伍尔夫》）
Literatures（including individual genres）（文学）	English literature（英国文学）
Materials（材料）	Concerete（水泥）
	Metals（金属）
Military servies（军队）	United States—Armed Forces.（英国——军事力量）
	United States. Air Force.（美国·空军）
	United States. Army.（美国·陆军）
	United States. Navy.（美国·海军）
Music compositions（音乐作品）	Operas（歌剧）
Musical instruments（乐器）	Piano（手提琴）
Musicians（音乐家）	Wagner, Richard, 1813—1883.（华格纳, R.）
Newspapers（报纸）	Newspapers（报纸）
Organs and regions of the body（人体器官）	Heart（心脏）
	Foot（足）
Plants and crops（作物）	Corn（谷物）
Religious bodies（宗教团体）	
Religious and monastic orders（宗教和寺院团体）	Jesuits（耶稣会）
Religions（宗教）	Buddhism（佛教）
Christion denominations（基督教教派）	Catholic Church（天主教会）
Rulers, statesmen, etc.（统治者, 政治家等）	Lincoln, Abraham, 1809—1865.（林肯）

Category（类别）	Pattern Heading（示范标题）
	Napoleon I, Emperor of the French, 1769—1821. （拿破仑一世）
Sacred works（宗教作品）	Bible（《圣经》）
Sports（体育）	Soccer（英式足球）
Theological topics（神学论题）	Salvation（救世主）
Vehicles, Land（陆上交通工具）	Automobiles（汽车）
Wars（战争）	World War, 1939—1945（第二次世界大战）
	United States History—Civil War, 1861—1865（美国——历史——内战）

　　LCSH 在人名方面只收录了阿奎奈斯（Aquinas, Thomas）、莎士比亚、华格纳（Wagner）、林肯、华盛顿及拿破仑作为哲学家、文学家、政治家一类人物标题复分的示范。因此当标引某一文献在标题表中找不到贴切的标题时，就可按学科、按类别查看示范标题表，看能否找到同类的示范标题。如果加工一本汤显祖的传记，表中无现成的标题，就可以从示范标题表中文学艺术这一领域下的文学家这一类中找到莎士比亚，然后仿照这一标题编制复分标题及参照。这种做法与分类标引的仿分十分相似。

　　其二，为省略的典型标题设置标准参照示范表（Stardard Reference Pattern for Nonprint Headings），该表刊载在第 11 版导言中，共列出考古遗址、艺术珍藏、艺术作品、桥梁、建筑物、水坝、神、花园、地理特征、铁路线、国家公园等 19 个标题，在每一典型的标题下列出设置参照的范式，并列举范例。例如关于艺术珍藏的标题参照示范如下：

　　Art Collections（Private）

　　　　Stardard references

　　[name of owner]—Art collections

X〔alternative name of the collection〕

XX Art—Private collections

Examples：

Heinemann. Lore—Art collections

X Collection of Lore and Rodolf

　　Heinemann

XX Art—Private collections

遇到其他的省略标题，就可以如法炮制参照。假如图书馆新到一本有关梅兰芳艺术珍藏的新书，则可为之标引如下标题：

Mei Lanfang—Art collections

并仿照以上范例编制如下两条参照：

①Collection of Mei Lanfang

　　See Mei Lanfang—Art collections

②Art—Private collections

　　See also Mei Lanfang—Art collections

　　选择标题还有一个"捷径"，就是利用在版编目和集中编目的成果。目前美国、英国及其他英语国家出版的图书有一半以上印有在版编目数据，其中包括用 LCSH 标引的标题。我们可以充分利用这些成果，但不能简单地照搬照抄。一要注意与标题表核对，二要根据本馆的具体情况，对标引的专指度加以控制，可增加或删除有关的副标题。如果已有分类号，则可以利用分类表与标题表的对应表，如《分类的美国国会图书馆标题表》、《主题标准档；主题目录指南》等工具书，将书的分类号转换成对应的标题，当然也要与标题表核对。

　　二、标题的复分

　　在任何标题表中，除了一小部分单一标题或复合标题外，大部分是由一个主标题和一二个或者二三个副标题组成的标题组。先组式的标题表对标题如何复分、主标题与副标题的相互搭配,都作出明确的规定,从而为标题的选择提供了方便。

1. 主表内的复分标题

标题表主表内往往有四类复分标题,现以 LCSH 为例,分别介绍如下:

(1)论旨复分标题　又称方面副标题,用于主标题或其它复分标题之下,把标题所表达的主题概念限制在一个专门的子论题(某一方面、某一问题)的范围之内。LCSH 把适合于某一主题的论旨复分标题放在主标题的各项参照之后。例如:

Women—Employment

Fruit

    —Anatomy

    —Breeding

    —Canning

    —Diseases and pests

    —Harvesting

    — — Machinery

(2)形式复分标题　或称体裁副标题,用于表示关于某一主题的材料、组织或提出的形式(如会议、字典、期刊),加在主标题或复合标题之后,成为标题的最后一个组成部分。形式复分表示这一著作是什么,而不表示这一著作是讲什么。因为它经常广泛地用于任何论题之下,所以在具体主标题下很少作为复分标题列出。表中印出的只是残留下来的 1974 年以前拟定的少量实例,例如:

Children's literature—Bibliography

United States—History—Periodicals

但是要注意文献的形式或体裁,有时也可以成为文献论述的对象,用作主标题,这类标题已不是形式复分标题。LCSH 在大多数形

式复分标题(作为主标题)之下设置说明参照,例如:

Periodicals

 SA Subdivision Periodicals under specific subjects,

  e. g. Engineering—Periodicals;

  United States—History—Periodicals

LCSH 的《手册》有关于形式复分标题的使用方法的具体指导。像《手册》中关于"字典"的一条(H1540)*就列出了一个有关字典类工具书的标准复分标题一览表,还列出了语言字典、专科字典、儿童字典、绘图字典等的详细用法规定。

 (3)时代复分标题 又叫时代副标题,用于表示国家或地区标题或论旨标题下的编年次序。从第 8 版开始,LCSH 不再使 用不带年份的时代复分标题,改为采用数字表示年份,或在语词后附加年代,以便计算机排序。它也可以用来表示某论题下的编年顺序,或者用来表示某一主题的文献发展历史中有重要意义的时期,有时也用出版日期来人为地为文献分组。西文文献标题级数最多的是时代副标题,例如:

 China—History—Ching Dynasty—Taiping Revolution,1850 – 1864

各种论题标题下采用时代复分标题,不必像国名标题那样先插入一个复分标题"—History",例如:

Philosophy,French—18th century

Art,Chinese – To 221 B. C.

 (4)地名复分标题 又名地名副标题,是用地区名、地名或国名作副标题。LCSH 地名复分标题的用法最为复杂,有关规定也最为细致,大致可以分为以下三类:

 第一类规定是关于地名标题的复分方法。在 LCSH 中,许多

---

 * 这里及下文中列出的编码系《LCSH 手册》为每个条目拟定的号码,以便查阅。

重要的地名标题下都列有复分标题。对于表中省略未印的国名或地名可用 United States（美国）及 New York（City）（纽约市）作为示范标题进行复分。

第二类规定是关于间接及直接地名复分标题的用法。地名复分标题分成直接法和间接法两种。LCSH 的许多标题下都分别注明"（Indirect）"或"（Direct）"的字样。从第 9 版起取消了"（Direct）"（直接法），只注"（Indirect）"（间接法）。自 1986 年 12 月发行的 LCSH 缩微版，把"（Indirect）"的字样改为"（May Subd Geog）"，加在主标题之后。

直接法是在主标题之后，直接采用一个国家、城镇或地区的名称。一般大城市或著名的地区均采用直接的地名副标题。例如：

　　　Palaces—Peking

　　　Tea—Sri Lanka

间接法是在主标题与地名之间，加上所在国（省或州）的国（省或州）名，最后均用破折号隔开。一般中等以下城市和不太出名的地区，均用间接的地名作副标题。例如：

　　　Orange—China—Swatow

　　　Birds—England—Yorkshire

70 年代中期，LCSH 又规定了以下新的使用地名标题的做法。

①凡是跨国的地域，采用直接法。例如：

　　　Geology—Europe

　　　Transportation—Great Lakes

　　　Agriculture—Nile Valley

②凡是在某一国家之内的地域，采用间接复分。即一般分成两级，以国家作为集合的一级。例如：

　　　Agriculture—France—Rhone Valley

　　　Music—Switzerland—Zurich

除了以上基本规则外，LCSH 还规定了一些例外的情况。譬如，加

拿大、美国、英国、苏联四个国家,凡采用间接法时,不插入国名,而是插入省名、州名、加盟共和国名等。例如:

Music—British Columbia—Vancouver

Agriculture—California—San Joaquin Valley

Nursing—Ukraine—Kiev

Sports—England—London metropolitan area

如果某地域超过一省、一州的范围,就可直接用它复分。又如它规定凡是用柏林、纽约、华盛顿、耶路撒冷四城市作为复分标题时,均采用直接法。

第三类规定是使用地名复分标题与形式复分标题或论旨复分标题的先后次序。凡是主表中在主标题后注明采用间接法,复分的次序为主标题 + 地名复分标题 + 论旨复分或形式复分标题。假如主表中在副标题后注明采用间接法,复分的次序则为主标题 + 论旨复分或形式复分标题 + 地名复分标题。例如 LCSH 第 11 版有以下标题:

Construction industry(May Subd Geog)

　—Finance

　——Law and legislation(May Subd Geog)

　—Government policy(May Subd Geog)

　—Industry Capacity

如用 Italy 复分,则可产生下列地名复分标题:

Construction industry—Italy

Construction industry—Italy—Finance

Construction industry—Finance—Law and legislation —Italy

Construction industry—Government policy—Italy

Construction industry—Italy—Industry capacity

关于地名复分标题,LCSH《手册》有详细的规定,应当经常查看,以保证标引的一致性。

2. 自由浮动复分标题

1974年以前,LCSH主标题与副标题的搭配是由标题表严格控制的。由于上述四类复分标题使用极为广泛,频率较高,为了压缩标题表的篇幅,增加标题表的灵活性,LCSH 1974年决定以后许多标题的复分改用规则控制。并采用了类似分类法附设通用复分表的做法,设置了一系列自由浮动复分标题和自由浮动短语标题,这样LCSH中不必再逐一列出主标题与这几类复分标题的搭配形式。目前表中列出的副标题只是以前几版的残余或是少量需要特意保留的副标题了。

所谓"自由浮动复分标题"(Free-flooting Subdivision)是指那些即使在LCSH中未印出标题及其复分标题的组合形式,也可视需要将其用作特定标题下的形式复分标题或者论旨复分标题。由于自由浮动复分标题大多有其一定的应用范围,所以一定要按照规则使用。其使用规则请参照LCSH《手册》及LCSH第8版导言中印出的通用复分标题一览表,以及单独出版的《美国国会图书馆标题表复分使用指南》。另外还可以参看LCSH正文中的相应标题下的注释。LCSH第9版设有三个自由浮动复分标题一览表:

①通用复分标题一览表;

②用示范标题控制的复分标题一览表;

③地名复分标题一览表。

目前使用复分标题最权威、最详细的指南是1985—1986年正式出版,近几年又陆续增补,修订的LCSH《手册》(活页形式)。其中收录以下7个自由浮动复分标题一览表:

①通用形式和论旨自由浮动复分标题一览表(H1095);

②各类人物自由浮动复分标题一览表(H1100);

③种族自由浮动复分标题一览表(H1103);

④团体自由浮动复分标题一览表(H1105);

⑤人物自由浮动复分标题一览表(H1110);

⑥地名自由浮动复分标题一览表(H1140);

⑦水体、河流等自由浮动复分标题一览表(H1145.5)。

这些自由浮动复分标题一览表有些十分简单,仅列出副标题及次副标题;有些则在每一个复分标题下设有注释项,说明其使用范围以及相关复分标题在含义上的差别;有时还列出见参照和相关参照,提示标引员应同时考虑选择其他相近的复分标题。请看通用形式和论旨自由浮动复分标题表的一个实例:

缩写(Abbreviations)

用于论旨标题下,表示包含有关某一论题的缩写一览表的著作。

参见—首字母缩写词(Acronyms)

注意这里的见或参见是指向复分标题一览表中的其他复分标题,不是指向 LCSH 主表中的标题。

3.标题的引用次序

许多标题是由主标题加副标题、次副标题等组成的,因而存在一个复分标题的排列次序问题。LCSH《手册》规定了两种引用次序。

①〔地名〕—〔论题〕标题,次序通常是:

〔地名〕—〔论题〕—〔时代〕—〔形式〕

这里每一项也可能出现两次。例如:

United States—Social conditions—1980—Juvenile
    literature—Bibliography

Great Britain—Kings and rulers—Journeys—Canada—Pictori-
    al works—Juvenile literature

②〔论题〕—〔地名〕标题,次序通常是下列两种。

〔论题〕—〔地名〕—〔论题〕—〔时代〕—〔形式〕

〔论题〕—〔论题〕—〔地名〕—〔时代〕—〔形式〕

例如：

Railroads—France—Cars—History—19th century
—Pictorial works—Juvenile literature
Tuberculosis—Patients—Hospital Care—Maryland
—Baltimore—History—20th century—Bibliography

以上列举的是一些级别较多、比较复杂的实例。从这些实例中可以看出标题的引用次序。总的来说，是论题或地名复分标题居前，时代复分标题居中，形式复分标题殿后。如果标题中出现二三个论题，究竟谁前谁后，标题的引用次序则未作明确规定。像上述最后一例，前面三个论题的次序按照"显著性次序"，应当排列为：

Patients—Tuberculosis—Hospital Care

遇到此类问题，只能按标题表或《手册》上的有关规定去处理，而不能按标准引用次序排列复分标题。

图书馆对复分标题的使用，应该考虑本馆的规模、任务以及各个标题的具体情况。规模大、藏书多，固然应该考虑把款目过多的标题进行复分；专业图书馆即使规模小，因为同类书较集中，读者经常查找一些细小专深的主题，也应考虑使用副标题来作区分。例如历史、地质、地理、生物、农业等学科的专业图书馆，对地区复分往往有特殊的要求，图书馆必须因馆制宜去考虑。

三、标引深度和专指度的确定

标引深度是指给一种被标引图书确定的标题数量。这是一个衡量标引工作质量的重要尺度。有时给一个标题就够了，有时则需给二三个或多个标题。较高的标引深度可以向读者提供较多的检索入口。凡是书中讨论的重要内容，都应当予以标引。LCSH《手册》规定，为一书标引的标题必须至少覆盖一书的20%的篇幅。据统计，美国出版书籍的在版编目数据中，每本书的标引深度为2.57，美国国会图书馆字典或目录的平均标引深度为1.2。《西尔斯标题表》的编者西尔斯(Sears,M. R. E.)认为一般情况下每种图书应编1—3个主题款目,如超过三个标题,就使用一个概括的上位标题。例如,一个论述柠檬、橙子和桔子的图书可以分别用上述三个标题编制三个主题款目。但是如果该书还讨论了柚等水果,就只给一个标题"柑桔属水果"。LCSH《手册》规定,如果一书讨论的主题超过三个,则用概括这三个主题的宽泛标题标引。如果这个宽泛标题太泛指,即使是书中有四个主题,也得分别标引,不得使用这个宽泛标题。例如一本论述海明威等四个美国作家的书,就不得采用泛指标题"American literature—History and criticism"(美国作家——历史和评论),因为这个标题覆盖了所有的美国作家,此时应为海明威等四位作家各拟一个标题。美国国会图书馆不设分类目录,只有标题目录或字典式目录,对标引深度尚且作一定的限制。在我国以分类目录为主、标题目录为辅的情况下,对标引深度应加以限制。实际上,标引的标题款目太多,不仅增加费用,而且会降低检准率。在我国一般的省市公共图书馆或高校图书馆,每种书应编的标题款目可控制在1—3个。有些大型图书馆或专业图书馆也可根据自己人力、物力情况,适当提高标引深度。机检时,标引深度可比手检提高二三倍。LCSH《手册》规定,标引深度一般最多为6,个别特殊情况不得超过10。

需要指出,图书馆没有必要为馆藏每一种图书都拟定标题,文学作品一般可以不必标引。对于应当剔除的书、陈旧过时的书、不合本馆主要读者群需要的书,都可以不标引,不收入标题目录。在公共图书馆或理工学校图书馆也可以只为自然科学和技术书籍、甚至只为某些专业书籍编制标题。

标题工作的专指度是指标题与文献主题概念的内涵或外延切合的程度,是另一个衡量标引工作质量的重要尺度。从理论上说,应该用最专指的标题进行标引。一本论述"猫"的书,应该用"猫"这个标题标引,不应同时再标引一个较为概括的标题"家畜"。但是有时一本书讨论某一原则,同时以某一论题为例进行阐述。此时可同时标引一个宽泛标题和一个专指主题。例如《当代及历史上的革命》,此书论及历史上的各次革命,但是重点论述古巴革命,因此该书应标引为:

①Revolution—History

②Cuba—History—Revolution,1959

　　如果一本书讨论一个较为专指的复杂主题,在标题表中找不到现成的确切标题或无法用自由浮动复分标题组配标引,此时可降低专指度,将它分解为若干方面用多个标题分别标引。例如,《丹麦酿酒厂工人的癌症发病率和死亡率》一书可标引为:

① Cancer—Denmark

②Cancer—Denmark—Mortality

③Brewery workers—Diseases—Denmark

④Brewery workers—Denmark—Mortality

实际上,专指度是相对的,应该根据标题表收词情况及图书馆规模、藏书、读者等情况,来确定标题的专指度。在这里,实用的考虑比理论上的要求更为重要。例如在 LCSH 中,除了概括标题"Libraries"及许多副标题以外,还有"Libraries,Catholic"、"Libraries,Children's"、"Libraries,Church"、"Libraries,University and college"等不少专指标题。在一个工科院校图书馆中,即使标引一本"Children's Libraries"的书,也可以用较概括的标题"Libraries",没有必要用专指标题。与此相反,在专业图书馆,对于本专业的文献则需采用较专指的标题。总之,各馆使用标题表时,必须根据本馆的情况,决定标题的专指度,而不可拘泥于标题表,生搬硬套。

四、标题变动的处理与主题标准档的建立

　　应当妥善地处理标题的变动。标题表是动态的,每天都会有新标题出现,必须不断地更新,以跟上时代前进的步伐。更新的内容包括增加、删除和改动。因此必须密切注意标题表的增补通报，按通报的要求来变动标题。象 LCSH 每月、每季都有通报或标题补编，供用户使用。

一定要慎重地处理标题的变动，不能轻率地更改已经采用的标题。更改已经采用的标题就意味着更改目录中有关的全部标题款目和参照。

处理标题的变动，存在着一个从新、还是从旧的问题。即究竟是把旧标题下的材料改为新标题呢，还是把新标题的材料放到旧标题下，目前的做法有以下三种：

第一种是从新，即把旧标题下的全部材料全部予以审查，将适合的部分归入新标题。这需要重新标引。如果标题目录的历史长，旧标题的数量大，就需要相当的人力、物力。这不是一般图书馆力所能及的。

第二种是从旧，即从新的标题做一条参照指向旧的标题，把有关的材料归入旧的标题。如果目前有关新主题、新语词的材料不多，可以采取这样的权宜之计，但这样做并不合理。如果有关新主题的材料越来越多，读者又往往采用流行的新标题进行查找，这样就会给查找带来麻烦。

第三种是在新、旧标题下分别著录材料，在二者之间用参照予以联系，即旧标题下的材料保留不动，新标题也在使用，在新标题和旧标题之间编制两条相关参照。这样既可以节省重新标引的人力、物力，也可以互相照应，便于读者检索。这是一个可行的办法。可以采用《医学标题表》（MeSH）增加标题历史注释的办法，对标题沿用的情况作适当的说明（详见第四章第二节）。

应当一边编目，一边建立主题标准档（Subject Authority File）。主题标题档是关于标题形式的全面记录和说明，是由一套记载本图书馆所采用的标题及其复分标题、参照、连同有关的依据的卡片所组成。这种卡片就称为主题备查卡（Subject Authority Card）。

建立主题标准档的目的是为了保证主题编目工作的一致性和联系性。

为什么有了标题表,还要建立主题标准档呢?因为标题表不可能收罗一切标题,实际上有许多主标题和副标题是被省略的。也就是说图书馆实际所使用的标题与标题表并不完全一致,所以就需要建立一套主题标准档,这和文献分类法的使用本有些相似。

主题备查卡的内容包括以下几项:

①本馆采用(包括从标题表上选取及自己补充或改定)的标题及其有关的参照项(即参照根查),包括建立人名标准档和地名标准档。

②对采用标题涵义的注释及关于原来各标题涵义的变更事项及其说明。

③关于所补充或改动标题的资料来源或增设的理由。

④采用该标题的时间及编目员姓名。

建立主题标准档是保证标引一致性的重要措施。在标引工作中需随时参考它,用它核对拟用的标题,以免发生分歧。当标题形式发生变动时,就可通过它追溯查找到相关的标题。逐一进行修订,避免遗漏,不至于产生盲参照(Blind reference),把读者指向一个实际上已经不存在的或不著录文献的标题。例如,LCSH 中有农业("Agriculture")这样一个标题,并可以按地名复分,但未列出具体的地名复分标题。假如来了两本有关"法国农业"及"乌克兰农业"的书,就需在主题标准档记录"Agriculture—France"及"Agriculture—UKraine"这样两个标题及有关的参照。假如"Agriculture—UKraine"这一标题发生变动时,就可从主题标准档得到提示,改动有关标题及参照。

目前有些图书馆不打算另建一套主题标准档,而是在现有的标题表使用本上做有关的记录或增删。凡是标引过某一个主题,就在选用的标题上打上记号(一般打"√"号),如果某一标题未收入标题表,则应补入标题表的适当位置,并注意编制相应的参照,这是一种变通的方法,藏书量不太大的或人力较为紧张的图书馆可以采用这一简便的方法。但一旦标题表出版新的版本,又必须把新改动的标题全部抄到原来使用的旧版标题表上,或者干脆在新版上增加以前所作的各种有关记录及记号,这同样是相当麻烦的。当然,如果增加的标题过多,在标题表上无法填写时,必须另外组织一套补充标题备查卡。这样,在标题工作中必须既要核对在 LCSH 上做了记号的标题,又要核对标题备查卡,这也比较复杂费事。因此,凡是有人力、物力条件的单位,应逐步单独建立一套本馆的主题标准档。

第四章 叙词语言

第一节 叙词语言的发展及原理

叙词语言是当今主题检索语言最主要的类型。叙词语言继承和吸取了其它情报检索语言的优点,结合现代情报检索设备和方式,大大提高了情报检索效率,使其在方法和基本原理方面大大优于其他检索语言,成为当代情报检索语言的主流。

一、叙词语言的前身——元词语言

元词检索语言是在文献数量剧增以及文献主题日益复杂的背景下,为了克服传统标题语言的局限发展起来的一种后组式语言。元词语言脱胎于标题语言,但改革了标题语言的先组式特点。

通常人们把元词语言的创立归功于美国陶伯(Taube,M.),这是因为陶伯比较系统地提出了"单元词组配索引法"。事实上,在陶伯之前已有人提出了关于单元词组配法的基本思想和方法。早在1939年,英国帝国化学公司的巴顿博士(Batten,W.E.)为制定一种能迅速查找一篇同时涉及几个主题文献的课题,提出了一种比孔卡(Peek-a-boo Card),每张穿孔卡以一个主题词作标识,卡片上的每个孔眼则代表一件文献,这就是倒排档的开始。

1951年,陶伯建立了单元词卡系统,与此同时,古尔(Gull,C.D.)也提出同样思想。陶伯的单元词卡系统的基本思想是用元词

（Uniterm，又称单元词）来表达文献的主题事物，这些元词是从文献正文中直接抽取的，未作任何形式的控制。科斯特洛（Costello，J. C.）认为，陶伯的元词系统具有如下六个特点[*]：

（1）经过有水平的人对原文进行分析，用最简单而有独立意义的词标识文献的内容。例如，一篇论述情报检索语言的文献，可用"情报"、"检索"、"语言"三个元词加以标引。

（2）在元词系统中，文献按登录号次序排在架上或文件柜里，登录号即为文献的地址或具体位置的标识号。

（3）在元词系统中，检索工具就是单元词卡，每一个元词作一张卡片，并在卡片上记录相应文献登录号，按末位数字排列，也就是用倒排档的方式予以组织。

（4）在单元词系统中，元词卡的数量与元词数相等，因此，检索系统的体积基本不受文献数量的影响。

（5）检索时，检索者选出表达所需概念的元词卡后，对卡片上的文献登录号进行目视组配比较。例如在检索论述情报检索语言的文献时，必须抽出"情报"、"检索"、"语言"三张元词卡，每张卡片上共有的文献登录号即为检索对象。（见图4-1）

（6）为表达一个基本概念，在必要时，可以使用二个、三个或更多元词组成的短语。数字、字母、专用名称也可构成元词。

陶伯创立的元词法在50年代为美国一些有影响的政府和工业组织所采用。元词系统首先应用于打印或手写的卡片系统，后来也有单位应用于穿孔卡片系统，甚至还用元词系统编制出版检索刊物。象《美国化学专利元词索引》至今仍在出版。

由于元词法以元词为标引单元，直接性差；实行字面分解和字面组配容易产生歧义等缺点，使得元词法逐渐被叙词法所代替。

---

[*] 见科斯特洛"单元词索引的原理、存在问题和解决办法"（《综合科技动态》1964年1期）。

情报

0	1	2	3	4	5	6	7	8	9
30	21	22	43	24	45	26	57	28	29
40	51	32	73	34	65	46	77	58	59
60									

情报检索语言

检索

0	1	2	3	4	5	6	7	8	9
20	21	32	43	34	55	46	27	28	19
50	41	42	53	44	65	66	47	48	49
60	51								
	81								

语言

0	1	2	3	4	5	6	7	8	9
10	21	2	43	34	15	136	47	28	39
40	61	42	63	64	55	156	87	68	79
120	71	72	113	94	105		137		
	101	92		134			177		
		142		154					
				174					

图4-1 元词卡目测检索

然而元词法对情报检索语言的发展,尤其是主题检索语言的发展有其积极作用。具体表现在如下几方面:

(1)是后组式主题检索语言的先驱。元词语言摒弃了标题语言的先组方式,首次运用了后组方式和倒排档。这一原理为当今叙词语言所继承。

(2)元词法同时适用于手工系统和机检系统。这一方面表明它具有双重适应性,同时也说明元词语言有利于机检系统性能的充分发挥。叙词法继承了这一特点,被认为是能充分适应于计算机系统的词汇控制方法。

95

（3）元词法建立了有效的词汇控制方法，经历了从无规范词表到有规范词表的发展过程。规范词表的建立，对大量元词实施了有效的控制，为标引和检索提供了规范化的词汇，从而保证了元词系统的统一。元词表建立之初，设立了一个简单的字顺表，后来又引进了分类或范畴表，并对词间关系进行了控制。如今的叙词表运用多种显示方式和一系列的词间关系控制符号，这些做法显然受到元词表的影响。

（4）元词法较早建立了句法控制符号。在组配过程中，常常有"同形异构"造成的语义误差、或虚假语义，因此元词法设计了职号、联号等句法控制符号。如莱德（Linde）航空产品实验室、美国专利局的元词标引系统都设有这类控制符号。这种方法后来为叙词语言直接采用。

由上可见，元词语言和叙词语言之间有着密切的联系，叙词语言是青出于蓝而胜于蓝。

二、叙词语言的产生及发展

早在1947—1950年期间，美国穆尔斯（Mooers, C. N.）创造了叙词（descriptor）、叙词法、情报检索、情报检索系统等专门术语。这一时期是叙词语言基本思想逐步形成的时期。

世界上第一部真正意义上的叙词表是1959年由美国杜邦公司编制的。1960年美国武装部队技术情报局编制出版的《ASTIA叙词表》及1961年美国化学工程师学会（AICHE）出版的《化学工程叙词表》，是首批广泛应用的叙词表。后者主要是以杜邦公司的叙词表为基础编制的。此后，叙词表的影响逐步扩大，到60年代中后期，发展更为迅速。这种势头一直持续到80年代，从而使叙词语言成为情报检索词汇控制的主要方法。据德国情报与文献工作协会（GID）1985年编辑出版的《叙词表指南》一书的统计，世界上仍在使用的英、法、德文叙词表有654部（包括部分标题表）。

表4-1 国外几种主要叙词表

词表英文名称	中译名	编 者	出版时间	专业范围	词 量	
NASA Thesaurus	美国国家航空航天局叙词表	美国国家航空航天局	1967	宇宙航行,航空学	叙词 非叙词	14632 3187
Thesaurus of Engineering and Scientific Terms(TEST)	工程与科学词汇叙词表	美国工程学会协会	1967	工程,科学领域	叙词 非叙词	17810 5554
INIS Thesaurus	国防原子能情报系统叙词表	国防原子能机构、欧洲原子能联营	1970	核物理,核技术及相关领域	叙词 非叙词	16211 4523
Medical Subject Headings (MeSH)	医学标题表	美国国立医学图书馆	1971	医学	叙词 非叙词	15000（1982） 7500
INSPEC Thesaurus	国际物理电子技术计算机及控制技术情报服务处叙词表	英国电气工程师协会	1973	物理学;电工学控制工程;计算机	叙词 非叙词	（1975）4400 3000
DDC Retriveal and Indexings Terminology	美国国防情报中心检索与标引叙词表	美国国防文献中心	1974	国防有关领域	叙词 非叙词	9000 4300
JICST Thesaurus	日本科技情报中心叙词表	日本科技情报中心	1975	自然科学及工程技术领域	叙词 非叙词	29173 4825

陈露梅等编写的《联机数据库所用叙词表：分析指南》（1988 年）中收集了目前联机数据使用的英文叙词表 122 部。至于全世界现有各语种叙词表则不下千余种。

我国叙词语言的创立相对较晚。1971 年出版的《航空科技资料主题表》是我国第一部叙词表。此后，叙词表的编制逐步开展，进入 80 年代，随着计算机数据库的建立，叙词表编制工作出现了前所未有的发展势头。目前，我国编制并已使用的叙词表已达 70 余部，而且还有相当数量的叙词表正在编制之中。不仅如此，叙词表的编制工作还得到充分重视，例如《社会科学叙词表》、《军用主题词表》、《教育叙词表》被列为国家或部级的重点项目。叙词表编制的技术和方法也有了很大的革新。

综观国内外叙词语言的发展，有如下特点：

（1）叙词语言成为当代情报检索语言的主流。叙词语言自产生到现在，发展迅速，并广为采用，是目前情报检索系统使用最多的检索语言类型。

（2）叙词表编制模式多元化。以字顺叙词表为主体的、辅以范畴或词族索引的基本模式已不再是叙词表的唯一模式。叙词表从宏观结构到微观结构，从叙词表的体系到具体的显示方法，都表现出多元化的特点。70 年代出现的分类主题一体化词表被认为是传统叙词表体系的成功突破，分面叙词表就是其范例。详见第五章。

（3）叙词表编制和管理计算机化。计算机介入叙词表的编制和管理，使其更加科学和便捷，对提高叙词表的质量，促进其推广有着积极的意义，是叙词表编制技术的重大进展。

（4）叙词表编制和使用标准化。这与叙词表模式多元化并不矛盾。多元化并不意味着叙词表设计的随心所欲，标准化也不是指叙词表皆千篇一律。标准化是指叙词表编制和使用规范化。详见第九章第一节。

（5）叙词表兼容化。兼容便于叙词表的词汇互相转换，以沟通

98

各种数据库,是达到资源共享目标的重要方法。70 年代以来情报界对这一问题愈来愈重视,对兼容与互换的理论、方法、模式都进行了深入的研究,并已取得一批可喜的成果。详见第九章第三节。

表 4 - 2　　国内几种主要叙词表

名　　　称	编　　者	出版时间	专业范围	词量	
				叙词	非叙词
航空科技资料主题表	航空工业部情报系统	1971	宇宙航行;航空学	4330	199
电子技术汉语主题词表	第四机械工业部第一研究所	1977	电子工业	7500	1000
常规武器专业主题词表	常规武器系统二十个单位共同编制	1977	常规武器	4398	1625
国防科学技术主题词典	国防科委情报所	1978	国防科技	17173	3719
原子能科技资料主题词典	二机部情报所	1978	原子能科技	15179	3363
机械工程主题词表	一机部情报所	1979	机械工程、电机工程、仪器仪表	9667	1533
汉语主题词表	中国科学技术情报所,北京图书馆	1980	哲学、社会科学、自然科学	91158	17410
化工汉语主题词表	化学工业部科学技术情报所	1983	化工	16602	3075
石油工业汉语主题词表	石油工业部科技情报所	1985	石油工业	6384	515 化学名词 689
国防科学技术叙词表	国防科工委科技情报所	1985	科学技术	29774	4742
铁路汉语主题词表	铁道部科学技术情报所	1987	铁道等	4447	82
新闻叙词表	新华通讯社新闻资料检索研究室	1988	社会科学	8603	1203

99

三、叙词语言的基本原理

叙词语言是以自然语言词汇为基础,以概念组配为基本原理,适应现代情报检索需要而发展起来的一种情报检索语言类型。

叙词语言基本构成要素是叙词。叙词又称主题词、描述词等,它是一种从自然语言中精选出来的,以基本概念为基础的受控词汇。

叙词语言的典据性文本是叙词表(Thesaurus),在我国又习惯称为主题词表、检索词典等。叙词表是提供用于标引和检索的语词,并显示其语义关系的词汇集合。国际标准草案 ISO/DIS5964《多语种叙词表的编制与发展准则》定义叙词表为:"从自然语言中选词作为规范化的标引语言的词集,在编排上并表明词与词之间的形式关系,如广义词和狭义词"。

在叙词表中,一方面是通过词间关系的揭示来表达其语义关系,如等同关系、属分关系、相关关系以及等级关系等;同时运用字顺、分类或范畴、等级(词族)等方法予以全面显示,因此,一部叙词表就是一个联系密切的语义网络。

叙词表的作用和功能就在于:①保证标引人员和检索者用语一致;②便于叙词的规范化管理;③便于按其体系组织文献和检索工具;④在计算机检索系统中起到输入输出、机器语言与检索语言、人与计算机三种接口的作用。

叙词语言是多种情报检索语言的原理和方法的综合。叙词语言吸取了单元词语言后组式特点;采用了组配分类法的概念组配以及适当采用标题法的预先组配的方法;吸收和继承了分类法的基本原理编制范畴索引和词族索引;借鉴了关键词语言的轮排方法;采用了标题词语言的参照系统并加以完善,以及直接引入体系分类表或分面分类表。因此,叙词语言是一种性能较为优异,检索效率较为理想的检索语言类型。(见表4-3)

表4-3　叙词语言对其他检索语言技术的吸收

其他检索语言	技　　术	叙词语言采用的技术
体系分类语言	学科分类 等级结构	范畴索引 词族索引
分面分类语言	分面组配	概念组配
标题语言	先组 见参照、参见参照	适当先组 用、代、属、分、参参照
元词语言	字面组配 完全后组 反记法	概念组配 基本后组 倒排档
关键词语言	轮排技术	轮排索引

在叙词语言综合的多种原理和方法中,概念组配是其最基本的原理,它决定了叙词语言的基本特点和性能。

概念组配不同于其他组配形式,尤其区别于字面组配方式,其差异主要表现在两个方面:

①两者的词汇单元不同。元词是字面上不能再分的词汇单元,相对来说,独立表达能力较差。叙词则具有概念特征,尽可能选用能够表达学科主题或事物的基本概念的语词,不仅收单词,而且收词组,对主题的表达能力较强。例如,按照元词的要求,"雪崩二极管"必须分拆成"雪崩"和"二极管","橡胶工业"必须分拆成"橡胶"和"工业";而叙词语言则可以把"雪崩二极管"和"橡胶工业"作为表达单元概念的语词,直接收入。因此叙词对文献主题概念的揭示往往更准确。例如:在标引橡胶工业的文献时,元词法用"橡胶"和"工业"两个词组配,会出现"橡胶工业"和"工业用橡胶"两种含义,而叙词法则可以直接用"橡胶工业"加以标引,不会引起误解。

②两者的解析方法不同。字面组配是字面分拆和字面相加,

是一个拆词和构词的过程,方法比较简单,但对概念的揭示有时往往不够准确;而概念组配则是概念的分析和综合,是一个较为严密的逻辑过程。例如,"铁磁薄膜"这一主题,按字面组配的方法,可用"铁磁"和"薄膜"两个词进行标引,而按照概念组配的要求,则应根据其概念构成,用"铁磁材料"和"薄膜"加以揭示。后者的表达显然更为严密、确切,但也带来用户较难掌握的缺点。

上述两点差异,使叙词语言克服了元词语言因字面组配而导致的语义误差。虽然有时字面组配和概念组配在字面形式上会出现一致,但这是因为某些字面组配的构词过程和概念组配的结果正好相吻合,并不能说明二者依据的理论原理一致。

按照概念之间的逻辑关系,叙词的组配存在下述几种类型:

①交叉组配 交叉组配指使用两个或两个以上具有交叉关系的叙词的组配。例如,青年和工人这两个概念外延部分相交,青年中的一部分是工人,工人中的一部分是青年,将"青年"和"工人"两个叙词组配,表示"青年工人",就属于交叉组配。交叉组配形成的新的专指概念,是各个参加组配的主题概念的种概念。如"青年工人"这一概念同时是"青年"和"工人"的种概念。

②限定组配 限定组配亦称方面组配,是指将某一表示事物的叙词和表示事物某一属性、部分或方面的叙词所进行的组配。例如,将棉花和育种这两个分别表示事物和方面的叙词进行组配,表示"棉花育种",就属于限定组配。又如,将"电子计算机"和"存储器"这两个分别表示事物及其部分的叙词进行组配,表示"电子计算机存储器",也属于限定组配。限定组配形成的新的专指概念,是原参加组配概念之一的特称,是另一个概念的方面或部分。例如"棉花育种"这一概念,是"育种"这一概念的特称,是"棉花"这一概念的方面概念。又如:"电子计算机存储器"是"存储器"的特称,是"电子计算机"的方面或部分。

③联结组配 联结组配是表示两个或两个以上主题概念之间

102

一定联系的一种组配。联结组配的特点是,参加组配的主题概念不形成一种新的主题对象,只是揭示参加组配概念之间的某种联系。例如,用分类法、关系、主题法这三个主题概念,表示分类法和主题法的关系,就属于联结组配,这是一种较松散的复杂主题组配类型,类似分类法中的相关系主题。这一组配类型和一般的限定组配不同,但可以把它作为限定组配的一种特殊类型对待。

采用叙词组配的方式表达文献主题,对叙词语言优异性能的发展具有重要作用:①可以控制词量,缩小词表篇幅,使用有限的词汇表达众多的主题概念。例如美国《ASTIA 标题表》(第四版)收词多达 10 万,改为叙词表后,词汇量下降至 7000。②有助于充分表达文献主题,提高标引专指度。一般来说,只要词表收入足够的基本词汇,就可以应用相应叙词,充分揭示复杂的专指概念。③有助于提高标引新主题的能力。标题法的增补一般需由编辑部决定,叙词法则可使用组配的方法对新出现的主题及时予以标引。④有助于扩大或缩小检索范围,满足多途径检索的需要。例如"电子计算机存储器"这一主题,采用标题法时,只能从"存储器"的角度进行查找,叙词法则可以通过轮排或输入计算机,同时从"电子计算机"和"存储器"两个角度检索。⑤可以运用布尔逻辑运算,使检索达到比较精确的程度。

叙词语言综合了多种情报检索语言的原理和方法,从而使它获得多种优异性能。概括起来,叙词语言有如下特点:

①叙词语言严格遵循概念组配的原则,避免了字面组配容易产生的语义失真和误差,从而提高了组配语义的准确性。

②结构严谨,对词间关系的控制超过了以往任何一种检索语言。

③标引能力强。具体表现在可以灵活、自由地进行组配,从而表达各种复杂、新颖和专指度很深的主题。但在标引结果的构造上不及标题法稳定,有时也会导致不精确的组配。

④适应于多途径、多因素及多种特殊要求的检索，能达到较高的检索效率。

⑤同时适应于标识单元和文献单元检索方式。两种检索方式各有优点，叙词语言对此有双重的适应性。

⑥能有效地适应于计算机情报检索系统。叙词语言既适应于手工检索系统，更适应于计算机情报检索系统，即具有对多种检索设备和现代设备的适应性。因此，叙词语言既便于推广，也适应情报检索的现代化发展。

当然，叙词语言要充分发挥其优异性能，必须进行严格的词汇控制，以高质量的词表为工具。在词表编制阶段就要精心设计，对词汇进行严格的选择和处理，需要花费大量的人力、物力。同时，叙词标引也有相当高的难度，对标引人员有较高要求。

第二节　叙词语言的词汇控制

叙词语言广泛吸收分类语言及其他主题语言关于词汇控制的各种手段和方法，从而形成了一整套严密、完备的词汇控制的技术方法。

对叙词语言的词汇控制贯穿于叙词表的编制、使用以及管理的全过程，其中首先突出体现在叙词表的编制之中。在主题语言的各种词汇控制类型中，叙词语言的词类控制特点和标题语言基本相同，对词量和专指度的控制，除受到文献数量、对象以及组配手段的影响外，主要是与词形控制和先组度控制相联系的。因此，下面主要介绍叙词语言的词形控制、词义控制、词间关系控制以及先组度控制。

一、词形控制

词形控制一方面是使语词形式适合排检的需要,同时,也是对异形同义词进行控制的需要。自然语言中存在着大量涵义相同但字面形式不同的语词。如允许存在此种现象,必然将影响叙词检索系统的检全率,使同一主题的文献分散在不同的词形之下。汉语叙词的词形控制包括如下几种情况:

1.汉字不同形体的控制　当一个汉字同时具有简体、繁体、异体等形体时,应以通行的形体为叙词,已被废止的繁体、异体不得选为叙词。当一个汉字有多种写法时,应以通行的那种写法为叙词,其它写法为非叙词,例如:

储气筒(叙词)　　　　　　　　贮气筒(非叙词)

2.词序的控制　汉语叙词采用自然词序,不采用倒装词序,例如,用"医学心理学",不用"心理学、医学",用"工程数学",不用"数学,工程"。但倒置形式必要时可作为非叙词保留,以便利用它指引查找相应叙词。

3.标点符号的控制　有的叙词中允许采用括号、连字符、小圆点等,其他标点符号一般不得采用。例:"布局(美术)"、"九·一八事变"、"气体－固体界面"等均为《汉表》正式叙词。

4.外来语词的控制　汉语中存在一定数量的外来语词。凡在汉语中已有通用译名或正式对应词时,不用外来语音译词,一律用汉语词作叙词。例如:

激光　不用"莱塞"(Laser)

水泥　不用"水门汀"(Cement)

有些外来语音译词,已在汉语词中生根并被公认,可选作叙词,例如:

雷达　　　(Radar)

休克　　　(Shock)

有些外来语词,因特定情况而以原文及语音形式在特定学科内通行并被人们接受,而其译名因较为冗长繁琐,一般尚不普遍流行者,可以用外语与汉字结合的词形或直接用外语词形作为叙词。例如:

COBOL　语言

MOS　集成电路

ISBN

5.同义词的控制　同义词是语义相同而词形不同的语词。为了把论述同一主题概念的文献集中在一起,叙词检索系统必须优选其中的一个作为叙词,其余则作为非叙词。同义词的控制有以下几种:

①一般语义同义词　选择较通用的作为叙词。例如:

住宅区(叙词)　　居住区(非叙词)

隔声材料(叙词)　　吸声材料(非叙词)

②学名与俗名　一般选学名(通常不用拉丁学名)作叙词。例如:

玉米(叙词)　　苞谷(非叙词)

粟(叙词)　　谷子(非叙词)

③全称与简称　一般选择全称作为叙词。例如:

中国人民对外友好协会(叙词)　　对外友协(非叙词)

中华全国学生联合会(叙词)　　全国学联(非叙词)

但是有时简称比全称更为通用、流行,可用简称作为叙词。例如:

公有制(叙词)　　生产资料公有制(非叙词)

联合国教科文组织(叙词)　　联合国教育、科学和文化组织(非叙词)

④新称与旧称　一般选择新称作为叙词。例如:

泰国(叙词)　　暹罗(非叙词)

贝宁(叙词)　　达荷美(非叙词)

⑤产品的代号与型号　一般选择产品的型号加通称作叙词。例如：

MIM－104 导弹（叙词）　　"爱国者"导弹（非叙词）

SS－1 导弹（叙词）　　　"飞毛腿"导弹（非叙词）

6.准同义词的控制　准同义词是指含义相近，或虽然含义不同，但存在一定联系，可以根据检索的实际需要，将它们按同义词方式处理的词，这也是借以控制词量及专指度的手段之一。主要包括以下三种：

①部分近义词之间的优选　通常选择其中较概括、通用的词作为叙词，其它作为非叙词。例如：

航天技术（叙词）　　空间技术（非叙词）

太空技术（非叙词）

废物利用（叙词）　　废物处理（非叙词）

②部分反义词之间的优选　某些反义词通常选择其中表示正面含义的词作为叙词，其它词作为非叙词。例如：

对称（叙词）　　不对称（非叙词）

可逆性（叙词）　　不可逆性（非叙词）

光滑度（叙词）　　粗糙度（非叙词）

③部分泛指词与专指词之间的优选　当一个检索系统对某些事物概念无需细分到太专指时，可采用此种方法控制。通常以泛指词作叙词，专指词作非叙词。例如：

缓速器（叙词）　　减速制动器（非叙词）

下坡减速器（非叙词）

下坡制动器（非叙词）

方形（叙词）　　长方形（非叙词）

矩形（非叙词）

正方形（非叙词）

在某些叙词表中，为了压缩词量，这一方式不仅用于属、种概

念之间,而且还应用于相关概念之间。例如:

仿生(叙词)　　　仿生学(非叙词)

仿生装置(非叙词)

仿生电子学(非叙词)

7.词长控制　为了便于计算机处理和人工书写,必须对叙词及非叙词的长度予以限制。《汉表》规定词长不得超过 14 个汉字。过长的叙词及非叙词可用简称、缩写或用其他方法压缩。

二、词义控制

叙词词义控制主要是对同形异义词、多义词以及词义含糊的词进行处理,使其具有明确性和单义性。一般通过在叙词后加限定词或加注的方法加以解决。这类控制手段主要包括下述三个基本方面:

1.加限义词

主要是对自然语言中的同形异义词和多义词从词汇使用范围的角度加以限定,从而进一步明确词汇含义,使其具有单义性。根据这类词的特点,一般可以从学科专业或地域、时间等方面对其使用范畴加以限定,以明确其意义。例如:

结构主义(心理学)

结构主义(语言学)

结构主义(哲学)

快板(音乐)

快板(曲艺)

模特儿(文学)

模特儿

注:绘画用语,即写生对象。

工业管理体制(苏联)

开罗会议(1943)

开罗会议(1977)

2. 加含义注释

含义注释主要是对一些字面表达不甚明确、容易引起误解的语词,就其含义或包括的范围等进行补充说明,有时甚至可以加以定义。例如:

计算机分析
　注:用计算机进行分析。

老年人
　注:达到或超过老年年龄的人,国际通用的老年年龄界限
　　　为 60 岁及以上或 65 岁及以上。

商业规程
　注:包括店规、柜台纪律。

国际学生周
　注:11 月 14—18 日

3. 加历史注释

历史注释主要用于说明叙词收入词表的日期及其在检索系统中形式、地位的变化情况,从使用沿革的角度加强词义的明确性和标引的一致性,提高检索效率。如下面《医学标题表》的款目就采用了历史注释:

Emergency Services, Hospital
　1978; was Hospital emergency services
　1966—77
X Hospital emergency service
X Emergency outpatient vnit
　……

上面款目中的注释表示,1966—1977 年该表以 Hospital emergency service 作标引词,1978 年起改用倒装形式 Emergency services, Hospital。根据这条注释,检索时可以用以前采用的标题(计算机可以

自动回溯旧标题），一直追溯到1966年。有了叙词的历史注释，编目员可以省去大量烦琐的更改标引词的工作，读者也可以据此查全所需资料。

在上述词义控制的手段中，限义词应如实书写，不可省略。如论述文学中的模特儿的文献，应直接用"模特儿（文学）"加以标引。各种注释则不是叙词组成部分，仅在判别词义时使用。

词义控制除采用上述形式外，同时也通过词间关系控制的各种形式，例如利用一词与相关语词的联系或所属学科范畴等加以限定。

三、词间关系控制

在叙词语言中，词间关系是指叙词表中所建立的叙词之间、叙词与非叙词之间的语义关系。

叙词语言词间关系的控制方法有两种，一是建立参照系统；二是构筑叙词表的宏观结构，包括等级结构、范畴结构、分面分类结构、字顺结构及词族图等，其中建立叙词语言的参照系统，是控制词间关系的主要方法之一。它用人们所规定的参照符号（即语义关系符号）将叙词词汇中的等同关系、等级关系和相关关系予以显示，从而形成一个语义网络。《汉语叙词表编制规则》和《单语种叙词表编制规则》（ISO 2788－1986）规定，汉语及几种常用外语叙词表使用的参照符号见表4—4。

1. 等同关系

等同关系又称用代关系或同一关系，指叙词与非叙词之间的关系。

表 4-4　汉语及几种常用外语叙词表使用的参照符号

词间关系	参照符号含义	汉语拼音符号	英文符号	法文符号	德文符号	国际通用符号
等同关系	用	Y	Use	EM	BS	→
	代	D	UF	EP	BF	=
	组代		UFC			&
等级关系	分	F	NT	TS	VB	>
	属	S	BT	TG	OB	<
	族	Z	TT			
	（属种）属		BTG			
	（属种）分		NTG			
	（整部）整		BTP			< P
	（整部）分		NTP			> P
相关关系	参	C	RT	VA	VB	—

注:国际通用符号是 ISO2788 建议的;此外,在 ISO2788 中还为注释项规定了符号,
英文为 SN,法文为 NE,德文为 D。

叙词等同关系的参照符号在汉语叙词表中有"Y"和"D"两种。"Y"作叙词指引符,只在非叙词下使用,指向叙词;"D"作非叙词指引符,只在叙词下使用,指向非叙词。"Y"与"D"应相互对应。例如:

非合金钢　D　　碳素钢
碳素钢　Y　　　非合金钢

等同关系除用于同义关系和准同义关系外,通常还用于揭示组代关系,即一个专指的非叙词和相应的以组配方式代替它的若干个叙词之间的关系。例如:

教育实验研究法
　Y 教育研究 + 实验研究法
隔音玻璃
　Y 隔音材料 + 玻璃

2. 等级关系

等级关系又称属分关系、族系关系,指上位叙词和下位叙词之间的关系。叙词语言等级关系的参照符号在汉语叙词表中有"S"、"F"和"Z"三种。"S"作上位叙词指引符,只在下位叙词下使用,指示上位叙词。"F"作下位叙词指引符,只在上位叙词下使用,指示下位叙词。"Z"作族首词指引符,指示族首词。其中"S"、"F"应对应参照。叙词语言的等级关系,主要用于属种关系和部分整部关系。

(1)属种关系 又称包含和被包含关系,即一个概念包含在另一个概念的外延之中,并且是其外延的组成部分。外延较大的概念称为包含概念或属概念,外延较小的概念称为被包含概念或种概念。为了正确地建立词间的此种关系,可用下述判别式进行控制:

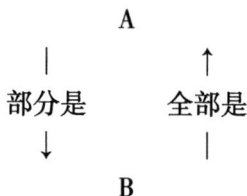

<pre>
            A
        │   ↑
      部分是   全部是
        ↓   │
            B
</pre>

当 A 的部分是 B,B 的全部是 A 时,A 包含 B,B 被 A 包含,A 是属概念,B 是种概念。例如,"护目器"与"太阳镜"就符合这一判别式。

<pre>
          护目器
        │   ↑
      部分是   全部是
        ↓   │
          太阳镜
</pre>

符合"部分是—全部是"判别式者,属于属种关系;否则就不能建立此种关系。例如:"化学指示剂"与"纸"就属于这种情况。

化学指示剂

｜　　　↑

部分是　　部分是

↓　　　｜

纸

根据以上判别式"化学指示剂"与"纸"不能构成属种关系；如果是"试纸"，则与"化学指示剂"构成属种关系。在叙词表中，大多数等级关系，属于此种关系。例如：

球类运动　　　　板球运动

　F 板球运动　　　S 球类运动

　棒球运动

　乒乓球运动　　　棒球运动

　……　　　　　　S 球类运动

另外，学科与其分支或专业领域的关系也属于属种关系，例如：

生物学　　　　　动物学

　F 动物学　　　　S 生物学

　古生物学　　　　古生物学

　海洋生物学　　　S 生物学

　……　　　　　　……

（2）整体—部分关系　又称整部关系。就形式逻辑而言，事物的整部关系不构成属种关系。但在叙词检索系统中，为方便族性检索，在下述情况下，词表亦将它们作等级关系处理：

①人体的系统与器官，例如：

脑　　　　　　　大脑皮层

　F 大脑皮层　　　S 脑

　丘脑

　下丘脑　　　　丘脑

小脑　　　　　　　　S 脑

②地理区划,例如：

四川　　　　　　　　成都
　F 成都　　　　　　　　S 四川
　重庆　　　　　　　　重庆
　南充　　　　　　　　　S 四川
　内江　　　　　　　　南充
　宜宾　　　　　　　　　S 四川
　……　　　　　　　　　……

③组织机构和分支,例如：

欧洲经济共同体
　F　欧洲共同体农业基金组织
　　　欧洲货币合作基金组织
　　　欧洲经济货币同盟
　　　欧洲开发基金
　　　欧洲煤钢联营
　　　欧洲社会基金
欧洲共同体农业基金组织
　S　欧洲经济共同体
欧洲货币合作基金组织
　S　欧洲经济共同体
欧洲经济货币同盟
　S　欧洲经济共同体

　……

　在专业叙词表中,为满足专业族性检索需要,还可以在其他事
物的整体与部分之间建立等级关系,例如,在化学工业叙词表中：

外胎　　　　　　　　胎面
　F　胎面　　　　　　　S　外胎

114

缓冲层	缓冲层
胎侧	S　外胎
胎体	胎侧
帘线	S　外胎
胎肩	胎体
胎圈	S　外胎

在英文叙词表中,此种整部关系可用 BTP(整)和 NTP(分)表示;属种关系用 BTG 和 NTG 表示。但是,在综合性词表中,此类关系则不能建立。

另外,普通概念与部分单独概念间可当作等级关系来处理,这是普通名称与专有名词之间的关系。例如:

河流	黄河
F　黄河	S　河流
长江	长江
珠江	S　河流
……	……

此外如一个下位叙词兼属两个或两个以上的上位叙词,则可建立多重等级关系。例如:

试纸	化学指示剂
S　化学指示剂	F　试纸
纸	纸
	F　试纸
玉米	粮食作物
S　粮食作物	F　玉米
淀粉作物	淀粉作物
禾本科	F　玉米
	禾本科
	F　玉米

3. 相关关系

又称类缘关系。它是指叙词间除等级关系、等同关系之外的在语义上相关联的关系。建立此种关系的目的是"引导检索者从其他词汇中寻找可能有用的词","把读者指向假如没有叙词表的提示,读者自己就不会想到的那些词",从而提高检索效率。在汉语叙词表中,相关关系的指引符为"C",同样应作对应参照。

与等同关系和属分关系相比,此种关系涉及范围广,种类多,灵活性大,很难严格界定,应根据具体情况作出相应规定。一般可根据需要在下列概念之间建立相关关系

①交叉渗透的概念之间,例如:

 信息论
  C 决策论
   控制论
   系统理论
 生产积聚
  C 资本集中

②近义或有相似性的概念之间,例如:

 教育思想
  C 教育理论

③对立概念之间,例如:

 民主
  C 集中

④因果关系的概念之间,例如:

 海啸
  C 地震

⑤事物与其部分、成分的概念之间,例如:

 分类表
  C 分类标记

蜡烛

 C 石蜡

⑥事物与其研究手段、方法的概念之间,例如:

电压测量

 C 电位器

⑦依次发生的两个过程之间,例如:

分类

 C 编目

⑧同种或同种变异的同位叙词之间,例如:

驴

 C 骡

⑨某一学科、学说、学派、团体、事件与有关人物或团体的叙词之间,例如:

有效需求原理

 C 凯恩斯,J.M.

宣南诗社

 C 魏源

新文学运动

 C 文学研究会

相关参照的数量应予适当控制,一般不宜太多。正如兰开斯特所说,"如果叙词表把用户本来就想到的词或字顺位置邻近的词指引给读者,那么,这样的'参'项就起不到真正的作用"。

四、先组度控制

叙词语言作为一种新型的情报检索语言,既吸收了单元词法后组的优点,又部分继承标题词先组的特点,在词汇构成上不仅收入大量的后组词(单一概念词),同时也收入相当数量的先组词(复合词)——词组性叙词。使用先组词的主要优点是可以提高标引的一致性和专指度,保证较高的检准率。但过多收入先组词,则会增大词量,使词表体积庞大,检索入口不易确定,从而降低检全率。因此,关键是正确掌握先组词的选择标准,使其保持在适当数量水平上。如何在词表编制的收词、定词阶段作好先组词的选择,控制先组词和后组词的适当比例,是词表编制的难点之一。

ISO 2788 规定,复合词能否选定为叙词,"作为总的规则,可以指定为应尽量将复合词分解为单一概念词,但以不影响用户对词义的正确理解为准"。这就是说,选定复合词的准则是,复合词若经分解后再组配,将影响用户对其含义的正确理解或不符合用户检索习惯,则应作为词组性叙词进入词表;反之,则不应选定为词组性叙词。在汉语叙词表编制中,下例复合词一般不予分解,应直接选定为叙词:

1. 凡属通用的专称、术语、其专指检索作用很强的复合词。例如:环境工程,军事科学,弗罗伊德误差、联合国等。

2. 凡经分解,单一概念失去检索意义的复合词。例如:黄色工会、亲属语言等。

3. 凡经词形分解,单一概念失去原复合词意义,或其中的单一概念词组配可能产生二义现象的复合词。例如:猎户星云、雪崩二极管、燃料电池等。

4. 凡用户检索特定课题经常使用、频率较高的复合词。例如:汽车噪声、活性炭过滤法等。

下列复合词一般应进行分解,不能选为词组性复合叙词:

1. 由两个或两个以上具有交叉关系的简单概念词组配而形成的复合词。例如:高等师范教育(可用"高等教育"与"师范教育"组配表达)。收音机钟、隔音玻璃等。

2. 由代表事物与事物方面(如过程、方法、现象、状态、性质、工艺材料等)的单一概念词的组配而形成的复合词。例如:曲轴加工,水坝设计、铜导电性、教育实验研究法等。

3.由代表事物整体及部分的单一概念词的组配而形成的复合词。例如:发动机曲轴、电子计算机存储器、液压系统油泵等。

4.由代表事物的简单概念词与专有名词(国家名称、地名、机构名称、时代名称、人名等)组配而形成的复合词。例如:中国石油工业、白居易诗词风格等。

5.由学科术语与出版物类型词的组配而形成的复合词。例如:社会学辞典、生物化学论文集等。

先组词的选择也可以从词汇构成的角度加以判定。例如ISO2788采用句法分解的方式来确定某一复合词是否应进行分解,其具体方法是:首先区分复合词内各组成部分,然后考查各组成部分的作用和相互关系,据此确定何种复合词应定为叙词,何种复合词应进行分解。

第三节 叙词表的结构

什么是叙词表? 主要有以下几种定义:

"叙词表是借以将文献、标引人员或用户的自然语言译成规范化的'系统语言'的一种术语控制工具。它是概括某学科领域并由语义相关、族性相关术语组成的一种规范化动态词典。"(国际核情报系统1973年提出,联合国教科文组织采纳的关于叙词表的定义)。

"一种规范化检索语言的词汇,编制形式上明确显示出各概念之间的先显关系(如'属'和'分')。"(ISO 2788)

"它是由自然语言中优选出的语义相关、族性相关的科学术语所组成的一种规范化词典。在文献标引与情报检索过程中,它是用以将文献、标引人员及用户的自然语言转换为统一的系统语言的一种术语控制工具。"(《叙词标引规则》)

"叙词表是一部单词和短语的汇编,它显示了词的同义、从属和其他关系。叙词表的作用是为情报存贮和检索提供标准化的词汇。"(美国国家标准《叙词表结构、编制和使用规则》)

上述定义虽然表述不一,但其内容基本相同,均是从叙词表的结构及功能两个方面对叙词表加以定义。综上所述,我们可以得到关于叙词表的如下认识:

1. 叙词表是叙词的集合。叙词是从自然语言中通过词汇控制优选出来的、能表达文献和情报提问主题概念的语词。

2. 叙词表是按照叙词之间的等同、等级、相关关系组织起来的一种词典。

3. 叙词表是一种术语控制工具,它为文献作者、标引人员及检索人员提供一种共同的系统语言。

4. 叙词表是一种随情报检索系统的发展而不断变化的动态系统。

任何一种规范化的情报检索语言都不是语词的随意堆砌,而是一个严密、完整的有机体。叙词表的整体结构可以从微观结构和宏观结构两个方面加以考察。

一、叙词表的微观结构

叙词款目的构成称为叙词表的微观结构。叙词款目是由叙词及其相关语义关系项构成的独立查找单位,是字顺表的基本构成单元。

叙词款目由款目词项、标记项、注释项、参照项组成。非叙词款目一般没有注释项,参照项也较为简单,只包括用项参照。

叙词款目的著录格式如下：

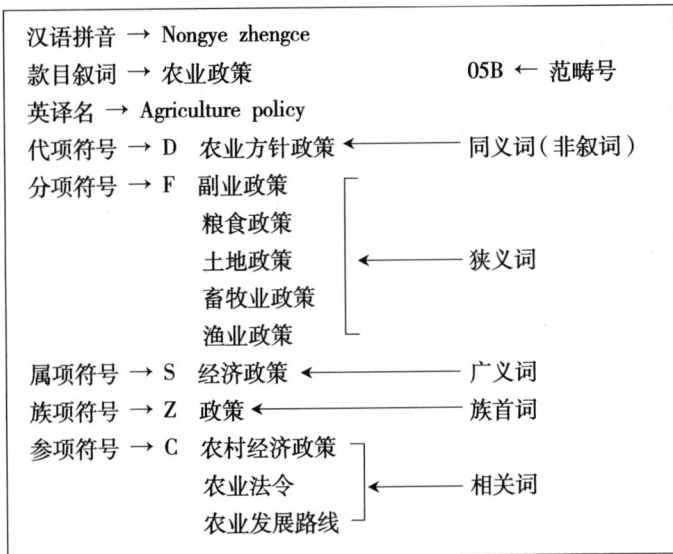

汉语拼音 → Nongye zhengce
款目叙词 → 农业政策　　　　　　　05B ← 范畴号
英译名 → Agriculture policy
代项符号 → D　农业方针政策 ← ──── 同义词（非叙词）
分项符号 → F　副业政策 ┐
　　　　　　　粮食政策 │
　　　　　　　土地政策 ├ ← ──── 狭义词
　　　　　　　畜牧业政策 │
　　　　　　　渔业政策 ┘
属项符号 → S　经济政策 ← ──── 广义词
族项符号 → Z　政策 ← ──── 族首词
参项符号 → C　农村经济政策 ┐
　　　　　　　农业法令 ├ ← ──── 相关词
　　　　　　　农业发展路线 ┘

图4-2　《汉表》叙词款目

　　　　　　　　　　　　　┌── 历史注释
　　　　　　　　　　　　　　　　（启用时间为1980年）
　　　　　　　　　　　　　↓
叙　　词 → LIBRARY CATALOGS Mar. 1980
　　　　　　CIJE: 191　　RIE:175　GC:710 ← 范畴号
　　　　　　　　　　　　↑　↑── 《教育杂志》（RIE）的标引频率
　　　　　　　　　　└──── 《教育期刊现期索引》（CISE）的标引频率
范围注释 → SN Lists of library matarials arranged in some
　　　　　　　definite order, which record, describe,and
　　　　　　　index the resources of collections libraries,
　　　　　　　or groups of libraries(note:prior to mar80,
　　　　　　　"catalogs" was used to index this concept)

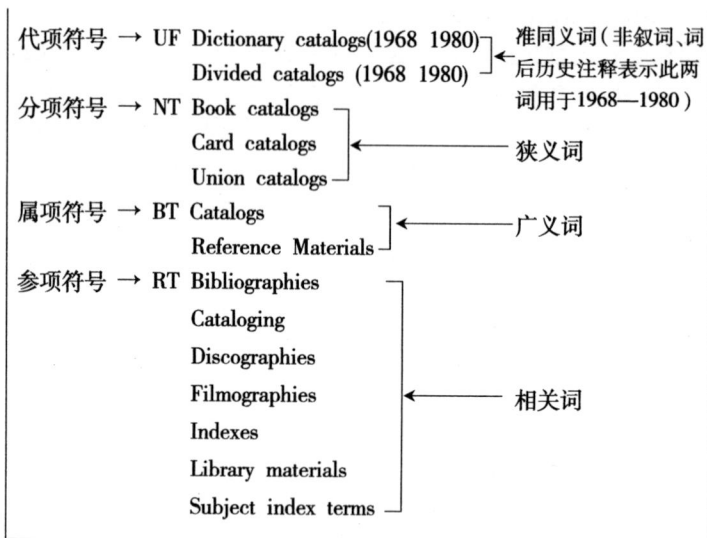

图4-3 《教育资源叙词表》(ERIC)叙词款目

非叙词款目的著录格式如下：

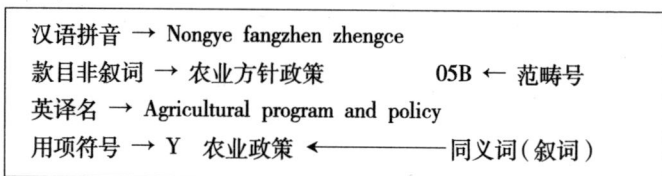

图4-4 《汉表》非叙词款目

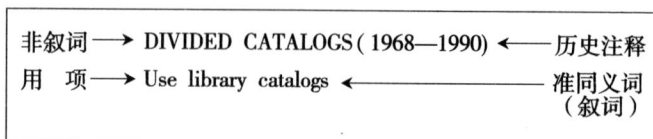

图4-5 《教育资源叙词表》(ERIC)非叙词款目

上例中的款目词是指在词表中被描述、著录的词。款目词是叙词和非叙词款目的排检依据。汉语款目词项一般包含：款目词及其汉语拼音和对应的外语译名。在外语单语种词表中，此项仅指款目词。

标记项是著录款目词的序号及款目词所属范畴的范畴号。为便于查询，汉语叙词表可以为每个叙词配置一个顺序号（即序号），著录在叙词款目的右上角。

注释项中著录对部分款目词的有关说明，包括范围注释、历史注释、含义注释以及用法注释等。其中用法注释主要说明该词组配和建立标题的有关规定。

参照项中著录款目词的等同关系词、等级关系词、相关关系词及相应的参照符号。无参照项目的款目词是叙词表中的"孤儿"，被称为"无关联词"。叙词款目的参照项按 Y、D、F、S、Z、C 的顺序著录。

叙词款目参照项中，等级关系显示方法，有三种：

1. 单级显示

仅显示款目词最直接的上位词和最直接的下位词，称为单级显示。

假设某一词族有如下 A、AB……ABCDEF 六个词，其等级结构为：

   A
    A B
     A B C
      A B C D
       A B C D E
        A B C D E F

简单的单级显示只能反映这个词族的片断，或是这个类链中的某些链环，例如：

A B C
　S　A B
　F　A B C D

此种显示,只能将款目词 ABC 的直接上位词 AB、直接下位词 ABCD 显示出来,不能显示更高一级或更低一级的叙词。在叙词语言的发展过程中,国内外词表对单级显示做了某些改进,在单级显示的基础上,增加显示族首词。例如:

A B　　　　　A B C
　S　A　　　　　S　A B
　Z　A　　　　　F　A B C D
　　　　　　　　　Z　A

此种方式篇幅略增,但可将字顺表与词族表联系起来,较为方便。《汉表》采用了类似的方式,但当属项参照词为族首词时,可不再用 Z 项重复参照,而用 * 号标记,篇幅略有节省。例如:

A B　　　　　　A B C
　F　A B C　　　　F　A B C D
　S　* A　　　　　S　A B
　　　　　　　　　Z　A

2. 全显示

对具有等级关系的款目词,将其所有的上位词、下位词均予以显示。全显示有两种:不分等级的全显示和区分等级的全显示。例如:

A B C D　　　　　A B C D
　S　A　　　　　　S_1　A B C
　　　A B　　　　　　S_2　A B
　　　A B C　　　　　　S_3　A
　F　A B C D E　　　F_1　A B C D E
　　　A B C D E F　　　F_2　A B C D E F

不分等级的全显示(如左列),等级关系词按字顺排列,其结果是等级不清,实用价值不高。区分等级的全显示(如右列),等级分明,方便用户查检。全显示在一条叙词款目下,可以查到该词的全部上位词及下位词,方便用户查检,利于扩检与缩检,是一种较好的显示方式,但所需篇幅较大。在人力、物力及财力可能的情况下,可用来编制专业词表。我国台湾的《农业科技索引典》叙词款目采用了区分等级的全显示。

3. 混合显示

部分叙词款目采用单级显示,部分叙词款目采用全显示,称为混合显示。较常用的混合显示,对族中词款目采用单级显示,并显示族首词;对族首词款目则采用全显示,如我国《原子能科技资料主题词典》及《汽车工程叙词表》均采用此方式。

单级显示需另编词族表,查词有时需使用两个表,查词速度受到一定影响。全显示能较好地克服上述弱点,一个词的等级关系一查即得,免除了使用者辗转查找之苦,实用性强,但所占篇幅较大,对中小型词表及专业词表比较适用;而大型综合性词表是否采用,则需慎重研究。较常用的混合显示方式既可以在族首词款目下完整显示整个词族,又能在族中词款目中显示叙词的直接上、下位词和族首词,篇幅适中,使用方便,编制大型词表可考虑使用此种方式。

二、叙词表的宏观结构

从词间关系的显示方式划分,叙词表的宏观结构包括字顺显示和系统显示两大部分(参见图4-6)。

1. 字顺显示

(1)字顺表

字顺表是一种将全部叙词款目和非叙词款目按字顺排列的词汇表。在传统的叙词表中,它是反映词间关系最全面的表,被确定

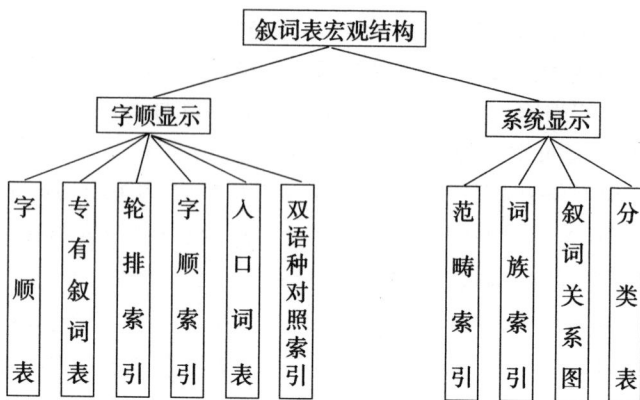

图4-6 叙词表的宏观结构

为词表的主体部分,故又称之为主表,是标引和检索的主要依据。

字顺表的基本功能是供标引人员和用户直接按字顺迅速查找所需叙词;帮助查词者通过叙词款目中展示的词间关系判定叙词的准确含义及查到更切合需要的叙词。

反映各种主题概念的叙词可以分为两类,一类是普通叙词,即表示各种事物及其各种属性的名词术语。另一类是专有叙词,即表示某一特定事物的专有名词。前者表达集合概念或普遍概念;后者表达单独概念。字顺表通常收录普通叙词及少量最常用的、即使用频率较高的专有叙词。附表即专有叙词表则收录某些特定类型的专有叙词。有些专业叙词表,如《海洋科学主题词表》,因收词量小,将普通叙词及专有叙词全部收入字顺表。

(2)专有叙词表

专有叙词表由众多专有名词组成。

专有叙词表是字顺表的组成部分。将部分专有叙词集中、按字顺显示的目的在于:①避免字顺表的臃肿庞大,利于用户查词。②有利于用户从分类的角度迅速查检到所需的专有叙词。一般来说，这种表是按类(如人名、地名、机构名称等)集中的，在这个意义上，专有叙词表又具有专有叙词分类显示的作用。

专有叙词的范围很广，词表编制中需特殊处理的专有叙词一般包括人名、地名、机构名、产品型号等。

何种类型的专有叙词需单独列表，并无统一的模式，需视需要而定。《汉表》的附表包括："世界各国政区名称"、"组织机构名称"、"自然地理区划名称"以及"人名"共四个专有叙词表。《国防科技叙词表》仅编有"型号表"，将常用的型号按产品类型分为48个类，每类中再按字顺排列。《铁路汉语主题词表》的附表，除包含地名、机构、型号外，还收有路名。

专有叙词的规范，详见上一节的"词形控制"。

某些主题领域，仅偶尔需要使用地名、人名、机构名称进行标引或者某些检索系统需要大量使用专有叙词，亦可采用表外控制。所谓表外控制，是指专有叙词不在字顺表或专有叙词表中显示，标引和检索时选用若干种权威性的工具书作为表外受控词体系，专有名词概念(如人名、地名、机构名称等)一律用这些书中的名词表达。如1988年出版的《新闻叙词表》规定，"凡是专门性叙词，如国家(地区)名、时代、人名、地名、组织机构名等等，均以新华社出版的英法俄西日意文等的《姓名译名手册》、《世界地名译名手册》、《各国国家机构手册》、《当代国际人物词典》、《世界名胜词典》、《国际组织机构手册》、《中国组织机构英译名手册》等为准。"

(3)轮排索引

又称轮排表。部分具有相同词素的词(或词组)，在语义上往往具有一定程度上的内在联系，例如，标引、标引方法、自动标引、计算机辅助标引、标引规则、标引语言、标引工作单、主题标引与检索等，按字面成族原理，它们可以集中在一起，有利于标引和检索。在字顺表中，叙词款目按字顺排列，可实现部分字面成族；但含有同一词素的词组性叙词却因为同一词素可能分别居于词首、词中或词尾而无法实现字面成族。为此,需要编制轮排索引。

将词表中全部词组(含非叙词词组)按词素的字顺排列起来,含有同一词素的词组集中显示于一处的词汇表,称为轮排表。目前,我国尚未正式出版附有轮排索引的叙词表。国外则比较重视轮排索引的编制,NASA 词表、DDC 词表、TEST 词表、UNESCO 叙词表等许多词表都配备了用计算机编制的轮排索引。

轮排索引的主要功能是:第一,充当一种提供多个检索入口的、按词素排列的字顺索引,帮助用户迅速判断词表中有无所需的词组,提高查词速度;第二,将具有同一词素的叙词汇集在一起,可以帮助用户选词。此外,在编表过程中,通过轮排索引还可以发现遗漏的词汇或参照,以及发现其他词汇控制方面存在的问题,及时加以改进。

轮排索引内包括:词组性的叙词及非叙词以及带限定词的叙词。有的轮排索引收录全部叙词及非叙词,不管其是否词组性叙词。

轮排索引一般有三种编制方式:①题外关键词索引(KWOC)式,也称为词外轮排。②题内关键词索引(KWIC)式,也称为词内轮排。③倒置标题式,也称为倒置轮排式(详见图 4 - 7)。

(4)双语种对照索引

将全部叙词、非叙词同外语译名相互对应,按外语译名字顺排列的词汇表,称为双语种对照索引。双语种对照索引可帮助标引人员标引另一语种的文献;帮助检索用户较快查找到另一语种的文献;还可以用于查找另一语种检索工具;此外,它还可以作为翻译参考工具。国内常用的双语种索引多为英汉对照索引。例如:

词外轮排		词内轮排		倒置轮排
标引	标引语言		标引语言	标引语言
	分类标引	分类	标引	标引,分类
	文献标引	文献	标引	标引,文献
	主题标引	主题	标引	标引,主题
分类	分类标引		分类标引	分类标引
	分类语言		分类语言	分类语言
	文献分类	文献	分类	分类,文献
检索	检索语言		检索语言	检索语言
	文献检索	文献	检索	检索,文献
文献	文献标引		文献标引	文献标引
	文献分类		文献分类	文献分类
	文献检索		文献检索	文献检索
叙词	叙词标引		叙词标引	叙词标引
	叙词语言		叙词语言	叙词语言
语言	标引语言	标引	语言	语言,标引
	分类语言	分类	语言	语言,分类
	检索语言	检索	语言	语言,检索
	叙词语言	叙词	语言	语言,叙词
主题	主题标引		主题标引	主题标引

图 4-7　叙词轮排索引的三种轮排形式样例

Abacus

　珠算课

Abalone fishery

　鲍鱼工业

Abbasid Dynasty

　阿拔斯王朝(750—1258)

Abbot

　方丈

Abbreviation

简称

缩写（拼写文字）

略语（Y　简称）

在英汉索引中,英文名称既可采用英文译名,也可采用英文叙词。目前,我国的汉语叙词表大多采用英文译名。索引中,一个汉语叙词有多个英文名词时可分别列出;一个英文名词对应于多个汉语叙词时,可在该英文名词下按字顺并列列出(如以上最后一例)。

(5)字顺索引与入口词表

当一部叙词表词汇量较大时,为帮助使用者提高查词速度,可考虑编制字顺索引。此种索引或仅收录叙词,或兼收非叙词,均属对字顺表的简化。索引中,除列出叙词、非叙词(含"用"项参照)外,字顺表词款目所含其他项目一律不予反映。

叙词表必须收录非叙词,作为标引人员和检索人员查词的入口,以方便查找,提高查词速度,避免漏检和误检。一般情况下,非叙词编入字顺主表;当非叙词数量接近或超过叙词数量时,可将它们单独编制成入口词表。其中收录两种入口词:

①编表中产生的入口词,即:词汇控制时落选的词,如,不通用的同义词、俗名、简称、旧称、产品代名等;被上位词置代的专指词;被组代的专指词。这些词又称为非叙词。

②标引中出现的入口词,即:用组配标引、上位词标引、靠词标引表达其主题概念的自然语言,将这些入口词予以记录、累积,可以整理成入口词表,它是"标引员作出的智力决定的记录集合"。此种入口词表可保证标引的一致性,减轻标引人员的智力劳动,减少标引和检索时间,提高检全率,为词表管理提供依据。

2.系统显示

(1)范畴显示——范畴索引

范畴索引又称范畴表,是叙词词间关系显示的一个重要方式。

它是根据叙词及非叙词所代表的概念所属学科或范畴,将全部叙词(含非叙词)进行分类处理,并从学科或范畴的角度将它们加以组织并显示的词汇表。简言之,它是一种叙词的概略分类系统。

范畴显示的作用:①利于用户从学科或范畴的角度查词。当用户头脑中对所需用词尚未形成肯定的字面形式时,当用户对某一主题概念不知需用什么词进行表达时,范畴索引是用户查词的一个重要工具。②有助于词表的编制工作。通过范畴显示,可以看出某一范畴内的词汇量,据此决定是否需要增删;可以发现同义词、近义词及相关词,进行词间关系控制,以及作为词表编制时分工的依据。③还可成为组织分类检索工具的依据。

范畴索引的类目设置和编排一般应遵守下述原则:

①范畴索引中类目的设置,以学科分类为基础,同时根据专业特点和词汇分类的需要进行,一般不采用学科类组的聚类方式。同一学科内也可根据需要,划分为若干一级范畴,如《汉表》中,属于"地球科学"的"地理学"、"地质学"、"测绘学"、"地球物理学"、"气象学"、"海洋学"等均为范畴大类。此外,叙词表还根据词汇分类特点设有大量一般概念类目。例如:"哲学一般概念"、"政治一般概念"、"法律一般概念"等。

②范畴等级的多寡应视具体词汇情况而定,子目划分一般可考虑分至两到三级。如国外的 TEST 词表与 JICST 词表则均为二级。《汉表》的范畴等级则为三级。基层范畴下的词汇量不宜过大,一般可控制在几十个词至一二百个词之间,否则不利于查词。

③范畴类目的组织有以下方法:一种是根据实际需要,按类目内容的内在联系加以组织,类似于等级分类体系。国内词表均按此种方式;另一种是大类按类名字顺组织,同一大类的二级类目亦按字顺组织。TEST 词表的范畴类目表采用此种方式。前一种组织方式能较好发挥范畴索引的功能,有利于按类查词,有利于手工检索系统的组织;后者对从字顺角度查词较为方便。叙词则只放

入最下一级类,并在该类下按字顺方式排列。

④范畴类目的标记符号可以采用字母、数字或字母数字混合符号。标记制度一般采用结构型标记。此种标记制度既能表明类目的先后次序,又能表达类目的等级及内在联系,能较好满足族性检索的要求。

⑤范畴索引收入主表的全部叙词和非叙词。非叙词后均保留Y项参照,以便可以通过它直接查找相应叙词。所有叙词和非叙词均按词义分入相应类目,原则上一词一类,但少量的词亦可根据实际需要,一词归入多类,例:汉表中叙词"社会制度"根据其属性同时归入"022E 历史观"、"03BC 国家理论"和"12A 历史一般概念"三类,以便标引时可从不同范畴查出此词。由于附表本身具有明确的范畴划分性质,因此附表中的叙词一般不再收入范畴索引。

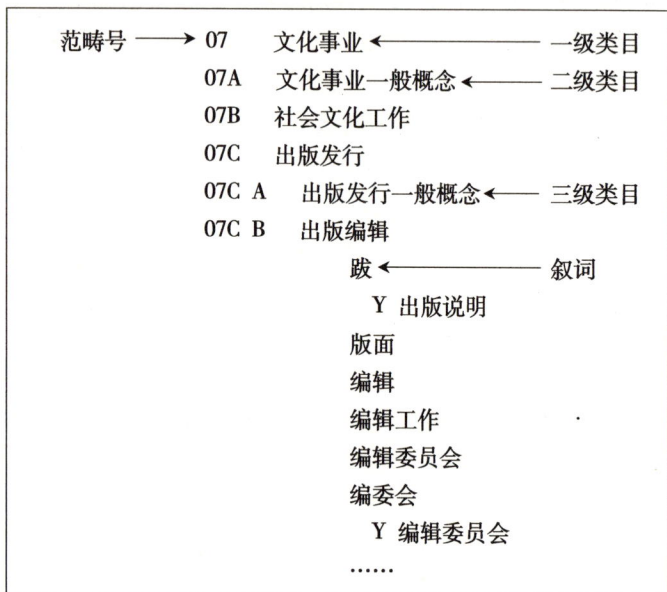

```
范畴号 ──→ 07      文化事业 ←────────── 一级类目
           07A     文化事业一般概念 ←────── 二级类目
           07B     社会文化工作
           07C     出版发行
           07C A    出版发行一般概念 ←── 三级类目
           07C B    出版编辑
                    跋 ←──────── 叙词
                    Y 出版说明
                    版面
                    编辑
                    编辑工作
                    编辑委员会
                    编委会
                    Y 编辑委员会
                    ……
```

图4-8 《汉表》范畴索引片段

132

（2）族系显示——词族索引

具有属分关系的一组叙词称为一个词族。词族中外延最大，内涵最浅的词即为族首词，亦可称顶端叙词（Top Term）。它只有下位词，而无上位词。将全部词族按族首词字顺排列的词汇表称为词族索引，或称词族表、等级索引。

词族索引的功能是：①提供从词族角度查词的手段；②限定词义；③在计算机系统中，满足族性检索的要求，自动进行上位词登录；④可以起扩大检索范围与缩小检索范围的作用。

字顺表中未对族首词款目进行全显示时，应单独设置词族索引。词族索引的编排方式是：①以族首词为款目词，按其汉语拼音序排列；②族中词按概念等级阶梯式排列，前置一个点的词为第二级词，前置两个点的词为第三级词，依此类推；③同级词按字顺排列。国内词表均采用此种方式，具有编制工作量小、篇幅不大的优点；但查词速度较慢。为了便于从同级词中较快地查找到所需叙词，也可在词族中插入分面标头，用以指明同级词概念类型的逻辑区分标准。此种方法使同级词的排列具有分类排列性质，有助于提高查词速度。例如：

放大器

（按频率分）

·音频放大器

·视频放大器

·射频放大器

··低频放大器

··中频放大器

······

（按工作方式分）

·带通放大器

·参量放大器

（按应用分）

·功率放大器

·差分放大器

……

词族索引对叙词处理有着如下几个特点：

①词族索引只收入词表中具有属分关系的叙词，不显示非叙词或没有属分关系的叙词。

②族首词应是外延较宽、内涵较浅的，具有实际检索意义的叙词。在某一学科专业内能形成独立专题、或是某专题中主要研究对象、研究方法与设备的类称词，亦可选定为族首词。如在电工专业内，变压器、磁铁、电动机、电缆、电器、电器构件、电压、电源等均可选作族首词。外延过大，内涵过浅的词，如理论、设计、方法等过于泛指，没有实际检索意义的词不能选为族首词。

③词族中包含叙词的数量（即一个词族的大小）并无统一的规定，需视情况而定。如果一个词族过于庞大，可考虑从中分设为几个词族或分解为若干分词族。其方法有二种：一种是将总词族与分词族均作为独立的词族，按字顺排在词族表中应在的位置，而在字顺表中将分词族的族首词显示在总词族族首词款目中的相关参照项之中；另一种是在总词族中将分词族的族首词以特定符号标记，分词族按字顺在词族表中他处显示。

④某些叙词具有多重属性，同时从属于两个或两个以上的词族。应当在词族索引的相应词族中显示这种多向成族的关系。据统计，在国外一些叙词表中，归入三四个词族的词占 25.35%，归入五个词族以上的词占 4.75%。日本 JICST 表中的"争光霉素"一词被同时归入 12 个词族。

⑤对于少数叙词，按其属性若可以从属于同一词族中的不同级别时，也应允许其在不同等级予以重复反映，以便从不同层次含义角度使用该词。例：

电子计算机

　·处理机

　··微处理机

　·电子数字计算机

　··微型计算机

　···微处理机

(3)图形显示——叙词关系图

将词与词的相互关系用二维图形加以显示的方式,称之为图形显示,这种图表称为叙词关系图或词族图。此种显示方式,具有形象、直观的优点,使用户在短时间内即可全面了解词间关系,但编制起来较为复杂费事。这是一种较为独特的显示方式。世界上最早采用图形显示的叙词表是荷兰武装部队技术和情报中心1963年出版的TDCK环形展示叙词表。这种方式主要有以下两种类型。

第一种,环形图。TDCK环形展示叙词表,不仅可显示每一个词族,并且能显示族中叙词的相关词。其基本方法是:采用若干个同心圆来展示词族;族首词处于圆心位置;每一个圆代表词族的一个等级;相关词列于同心圆之外,并用箭头将同心圆中的叙词同它们连接,图例如图4-9所示。

第二种,箭头关系图。E417为本箭头关系图(见图4-10)的标志符号。本图采用坐标显示词族关系。族首词"摄影机"置于坐标纸的中央,并以不同印刷字体及粗线框标明;族中词分别置于周围的方格内,用箭头表示上位词与下位词的属种关系,族首词与族中词距离的远近,显示了彼此之间的等级关系。相关词置于坐标之外,用虚线箭头加以连接,例如:坐标顶端的"潜水T473"表明该词是"水下摄影机"的相关词,"T473"是"潜水"一词所在的箭头关系图的图号。此种表格中,每个词均有各自的号码,它们由"图号+坐标号"组成,例"立体摄影机"的号码为"E417+C6"即

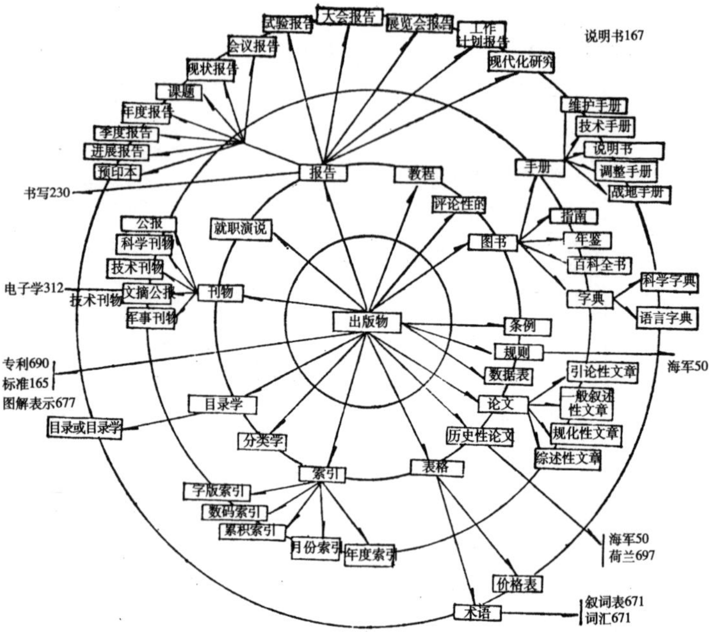

试验报告 大会报告 展览会报告 工作计划报告 说明书167

会议报告 现代化研究

现状报告 维护手册

课题 技术手册

年度报告 说明书

季度报告 调整手册

进展报告 报告 教程 手册 战地手册

预印本 评论性的

书写230 指南

公报 就职演说 图书 年鉴

科学刊物 百科全书

技术刊物 字典 科学字典

电子学312 文摘公报 刊物 语言字典

技术刊物 出版物 条例

军事刊物 规则

专利690 数据表 引论性文章 海军50

标准165 一般叙述性文章

图解表示677 目录学 论文 规范性文章

目录或目录学 历史性论文 综述性文章

分类字 表格

字版索引 索引

数码索引

累积索引 月份索引 年度索引

价格表 海军50 荷兰697

术语 叙词表671 词汇671

图4-9　TDCK环形展示叙词表的样例

“E417.C6”。此种号码在字顺部分即为该词的符号。

图形显示还有树形结构图,用层层嵌套的长方形图以及“语义路标”等多种形式。

用图示法编制的词表,必需包括图示部分和字顺部分。字顺部分的词款目应著录词号、注释及参照项。

以上列出的是现有各类叙词表所拥有的不同的组成部分(这里还不包括分类主题一体化词表所拥有的详尽的分类表),但这九个组成部分并非每个叙词表都必须齐备。词表的结构并无统一的模式,而且词表的结构也处在不断变化之中,因此应当根据图书馆和情报机构的人力、物力条件,并视词表的用户对象、学科范围、

潜水T473

	a	b	c	d	e	f	g	h		
7									7	
6			立体摄影机		水下摄影机				6	
5		快速摄影机	摄影机						5	摄影 R562
4		反光摄影机	静物摄影机		电影摄影机	电影摄影机	水下电影摄影机		4	
3		小型摄影机	来复摄影机		电视摄影机				3	电影 R668
2	35毫米摄影机		单镜头来复摄影机	双镜头来复摄影机					2	电视 R685
1									1	
	a	b	c	d	e	f	g	h		

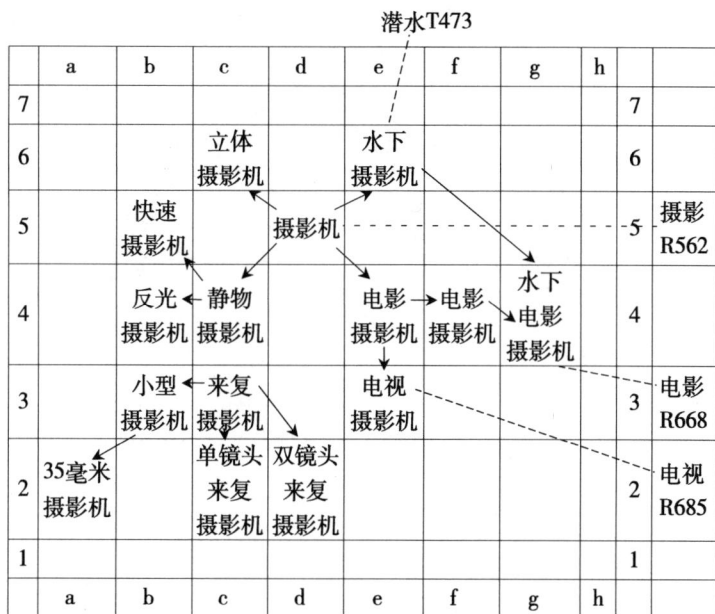

图4-10　箭头关系图

收词数量等情况,来设计词表的宏观结构。

一部完整的叙词表应当包括字顺显示与分类显示两大部分,因此就词表的宏观结构而言,字顺表和范畴索引(或分类表)是必不可少的,其他则是一些辅助手段。70年代以来我国编制的汉语叙词表大多数是由字顺表、范畴索引、词族索引及英汉对照索引所组成的。80年代以来,为了简化词表的结构,国内新出版的多部叙词表对传统的词表结构模式进行了变革,采取了下列措施:

①字顺表与词族索引合并,在字顺表的参照中进行等级关系全显示或混合显示;

②范畴索引与词族索引合并;

③字顺表与附表(专有叙词表)合并;

④用详细的分类表取代范畴索引及词族索引;

⑥轮排索引与字顺表合并。

总之汉语叙词表出现了结构多样化的趋势。通过不断实践,不断创新,一定会出现一批结构优化、功能强化的新颖叙词表。

第四节 叙词表的编制和管理

一、叙词表的编制方式

汉语叙词表的编制方式有三种:翻译、改造、新编。

1. 翻译

自叙词法出现以来,世界上产生了大量的叙词表。建立我国情报检索系统时,首先应考察已有的外语叙词表可否翻译后为我所用。

(1)若我国参加了某国际组织,当该组织规定其成员国必须采用统一的词表时,则应翻译指定的词表。中国标准情报中心1988 年出版的《标准文献主题词表》就是 ISO 情报网 Root The - saurus 的中译本。该表是我国标引各级标准文献、建立各级标准文献数据库、采用国际标准和国外先进标准、查找国内外标准文献的工具。

(2)若国外某词表质量较高、拥有较多用户,能为我所用时,可翻译。这将有利于促进文献情报的国际交流,有利于又快又省地建立自己的情报检索系统。《国外科技资料目录》(医学)编辑部翻译的《医学主题词注释字顺表》(1984 年版),就是美国国家医学图书馆 MEDICAL SUBJECT HEADING—ANNOTATED AL-PHABETIC LIST(MeSHAAL)的中译本,现为我国医学图书情报系统所采用。

2. 改造

国外某些专业叙词表拥有较多用户,使用时间较长,具有较充分的外文文献依据,多数叙词可为我所用,此情况下可采用改造的方式编表,即根据我国文献与用户的需要,选用原词表中的叙词,在体系结构上或对原表进行较大的调整,或重新构筑。中国人口情报中心的《人口科学叙词表》词汇中的 65% 选自《人口情报联机叙词表》(POPLINE Thesaurus),但对原表的词间关系、叙词显示方式等方面均作了彻底的改造。

3. 新编

在以上两种方式均不适合的情况下,应独立编制新的词表。编表时,国内外现有词表仍应作为叙词收集等编表阶段的参考材料。

ISO 2788 中,国际标准化组织(ISO)规定,加拿大多伦多大学图书馆学系为英语词表及包括英语部分的多语种词表的国际收藏中心,波兰中央科技及经济研究所为其他语种词表的收藏中心。它们均编有各种叙词表的一览表。英国专门图书馆与情报机构协会图书馆拥有词表的资料档,并编印有这些词表的一览表,可为我国考察、选译外语叙词表提供参考材料。北京图书馆图书馆学研究部分类法词表组编译的《叙词表指南》(英文部分,1988 年)亦可供参考。

二、叙词表的编制程序

传统叙词表的编制程序一般为:叙词表总体设计→制定编制规范→拟定类表→收词→审词→词汇控制→确定词间关系→编制字顺表→编制辅助索引→全表统稿→试标引和征求意见→定稿及出版。

下面择要简述其中的几个关键性问题。

1. 总体设计

叙词表的编制工作是一项复杂的系统工程。在叙词表编制之前,首先应对叙词表的预定目标、实现条件、所处环境等有关的各个方面进行可行性分析论证,包括技术上、经济上、管理上等方面的可行性论证。

在可行性论证之后,即可转入系统设计,其内容如下:

(1)词表的功能,即该叙词表是用于建立机检系统,还是用于建立手检系统,或者是两者兼而有之。叙词表是用于建立回溯性的检索系统,还是用于建立新文献通报系统。

(2)词表覆盖的学科、专业范围。一般来说,核心学科是词表词汇的主体,基本词汇应完备一些,需详细处理;边缘学科和相关学科的词汇应少一些,可粗略处理,并可采用现有词表的有关部分适当增、删。

(3)词表的词汇量。需根据现有文献量及今后的发展来确定。若文献量大,词汇的专指度及先组度可高一些;若文献量小,词汇的专指度及先组度均可低一些。

(4)词表的处理对象。需确定词表标引的文献类型,是单本书,还是单篇文献;是否用于标引专利文献和产品样本。词汇量、词汇专指度、先组度的控制,因词表处理对象的不同而应有所区别。

(5)词表结构。需确定:微观结构的组成成分及等级关系显示方式;宏观结构应包含的成分、词族表中词族的大小及等级、范畴表的范畴类目等级、范畴显示方式等。

(6)词表编制的条件,即所需的人力、物力、设备、资金等。

(7)词表编制的计划与步骤。

2. 制定编制规范

词表编制规范,即词表编制工作细则,包括下述内容:

(1)编制目的、原则、使用范围及特点;

（2）选词范围、原则与方法；

（3）词汇控制的类型与方法；

（4）参照系统的符号及使用；注释的类型及撰写方法；

（5）词表的体系结构；

（6）词表各个构成部分的组成、著录格式及排序规则；

（7）编制程序及步骤。

3. 收词

（1）叙词收词原则

叙词语言是一种受控语言，它的语词必须能够描述或表达文献和情报提问的主题概念。因此，并非一切自然语言的语词都能作为叙词，它的收集与选择应遵循一定的原则。

①针对性原则。叙词表按其覆盖的学科或专业范围，可分为专业词表、多学科词表和综合性词表。叙词表按其用途可分为手检用词表和机检用词表。

叙词的收集与选择必须有针对性地进行。一般地说，专业词表应着重收集本专业的叙词，对相关专业的词则可适当兼顾。机检系统所使用的叙词表应适当多选一些组配能力强、含义广泛的基本概念的单元词，以充分发挥叙词组配和电子计算机善于运算的优异性能；手工检索系统或机检、手检兼用的系统，则应适当考虑多收一些先组词（复合叙词），以准确地、专指地表达主题概念及减少组配级别。

②文献保证原则。叙词语言是一种实用语言，是用来标引和检索文献的；因此，叙词的收集与选择不应在专业或学科范围内片面追求系统、完备，应以文献情报源为重要依据。文献保证原则（或称文献书目信息保证）是英国图书馆学家休姆（Hulme，E、W.）在 1911 年提出的。他认为："由文献组成类目不应当以任何理论上的'知识分类'为基础，而取决于文献本身在逻辑上可能形成的组。这就是说，类目取决于已有的文献。换句话说，文献本身的特

征,将决定在系统中所确定的类目。"*换言之,分类法类目的设置应根据文献的具体情况,有什么样的文献就设什么样的类目,主题概念在文献与分类法中的存在形式应取得一致,做到有文献必有其类,有类必有其文献。

文献保证原则在叙词语言的编制中的含义则为:只有以一定的频率出现在某一主题的文献中的词,才有可能成为叙词。

需要指出的是,出现频率过高、过低的词都不宜入选。出现频率过高的词,往往是一些过于宽泛的词,应改选由该词与其它词结合而成的较为专指的词。出现频率过低的词,往往是一些过于专指的词,可以合并到能够概括它们的较为泛指的词之中。反映新事物、新学科,新课题的低频词也应注意收集,以利今后的发展。

③用户保证原则。从文献中收词固然重要,但有时文献中出现的词过于泛指,或过于专指,均不足以表达情报提问的需要。因此,从用户的检索提问中收集语词也是十分重要的。某些词尽管有文献依据,但用户在查找时却不使用,此种词就不应收录为叙词。

上述两条原则,亦可合称为"有效性原则"。国家标准规定:"应注意叙词的有效性。把对文献标引与检索是否实际有效,作为选定叙词的基本衡量尺度。在定词过程中,可通过试标引或调查分析,统计词的使用频率,研究定出频率阈,作为取舍叙词的基本判据。"

因此,在收词时,应注意综合贯彻文献保证和用户保证两项原则。

④可接受性原则。选定的叙词应在科学技术上具有科学性、准确性、通用性,还要为用户所接受。

⑤规范化原则。选定的叙词应该概念明确,一词一义,不应收

---

* 兰开斯特《情报检索词汇规范化》。

142

集概念含混、词义不清的词。

⑥兼容性原则。收集尽量能同国内外叙词表兼容的词。

（2）收词方法

编表者可以从如下文献中收词：

①情报检索语言词典，如各种叙词表、标题表及分类表。

②参考工具，如百科全书、词典、字典、学科术语、手册、教科书等。

③检索工具书，如期刊索引、文摘刊物、出版物的索引、图书目录、产品目录等。可用手工抽词或计算机抽词的方式。将这些文献出现的，对描述专业主题概念较为重要的词（或词组）予以记录，并按词频逆排，按既定的频率阈值确定待选词。

④原始文献，不仅要从题名中收词，还应从文摘、结论甚至通过浏览从正文中收词。

⑤用户的检索提问。它可以反映出用户检索时使用的语词。

另外，还可以依靠用户收词，主要方法包括：

①请用户根据词表编者制定的标引规则，对一批有代表性的文献进行标引，词表编者根据返回的工作单整理出标引用词及其频率，然后收录频率高的词。

②请用户浏览原始文献，从头到尾评定出版物（包括广告和文章），并在他认为重要的词（一般是表达了与他直接有关的主题内容的词语）下划上横线。编者根据退回的记录，加工整理出所需要的叙词。

上述两种方法，能较好地反映了用户的要求，既可表明用户检索时所使用的词语及其专指度，又能较好地体现文献依据同用户依据的结合。

③请用户阅读有关的词汇表、分类表，提出修订增补意见；请用户填写用户调查表，提出他们熟悉的专业词汇及情报检索的典型问题。对用户提出的语词，需用前述收词原则进行衡量，避免出

现脱离文献和多数用户实际需要的现象。

无论采用什么方法收词，还应结合分面分析的方法。所谓分面分析是指根据同一分析特征，将待选词分入相应类的、特定的组面。虽然分面分析方法首先是应用于分类法编制的，但在叙词表的定词过程中仍具有重要的实用价值。通过分面分析，我们可以了解词的真正含义，掌握待选词中漏收、重复和交叉的情况，以利在定词过程中进行增、删和处理交叉等工作。当然，分面分析还可在编表过程中，帮助我们正确地建立词间关系以及确定叙词表的基本范畴。

4. 试标引

词表定稿前的试标引是控制词表质量的重要手段，是词表编制工作不可缺少的步骤。试标引工作应由词表编者及情报检索系统的标引工作者共同承担，后者的试标引对检查、发现词表初稿存在问题尤为重要。

试标工作应认真进行，需试标相当数量的文献。试标对象可选用有关领域权威性的检索工具及经过选择的原始文献。试标中，需将用词情况及初稿中存在的问题予以记录。通过对词频和存在问题的整理、分析，进一步对初稿进行调整，以达到定稿水准。

此外，试标的同时，还应将初稿送给有关专家审阅，征求他们的意见。

三、叙词表的管理

叙词表管理主要是指，随着文献标引和检索实践的发展，对叙词表进行修订，即对叙词进行增补、删除以及修改。

任何叙词表只要停止了管理，它就会停滞、死亡。叙词表的编制固然重要，而叙词表的管理则是其生命力之所在，与叙词表的编制具有同等重要的意义。作为一种文献标引工具，叙词表必须随文献的变化及用户需要的变化而进行调整。当文献中出现了反映新学科、新材料、新工艺、新方法、社会新现象、新问题的主题时，叙词词汇若不随之增补，叙词情报检索系统必将降低检索效率；同样，当社会发展了，用户的检索提问亦将发生变化，作为用户检索提问的术语控制工具，则必须相应变化，才能满足用户要求；此外，无论编制质量如何高的叙词表，也只有通过实际标引与检索才能发现编制中存在的问题，故叙词表问世之后需进行修订。总之，只有坚持不懈地进行词表管理，才能克服现有词表与使用者日益变化的需要之间的矛盾，从而尽可能地提高词表的适应性，这也就是叙词语言动态性强的原因。

1. 叙词表管理的主要内容

概言之有三项：增、删、改。

（1）增补

①表述新学科、新理论、新技术、新材料等新概念的词；

②现有词表中明显漏选的词；

③可提供更多检索途径的入口词；

④某些概念虽可用组配标引表达，但标引频率较高时（即这些概念经常出现），可增补表达这些概念的专指词；

⑤上位词标引频率较高的下位词。

增词的词源来自文献和情报提问。

（2）删除

①标引频率过低甚至相当长时期以来从未使用过的词；

②导致同一主题资料过分分散的词。

（3）修改

词形、词义、词间关系、标识符号、注释等方面存在矛盾或错误时，应予订正。

2. 标引频率的统计

所谓标引频率，是指叙词在标引中使用的次数。它是叙词表管理的依据。

标引频率过高,意味着某叙词下集合的文献太多,影响情报检索的查准率;标引频率过低,意味着某叙词下集合的文献太少,影响情报检索的查全率。对它们均应进行管理。

实际有效性是收词的重要原则,衡量依据则是标引频率和检索词频率,需要做好有关频率的记录。

标引频率记录应有三种:

(1)专指词标引频率记录

"专指词"是指直接标引或组配标引时所使用的叙词。记录方法:对手工检索系统而言,可直接在词表中的叙词下划"正"字,或者填写"专指词频率记录卡"(或百号卡、或空格卡),每使用一次专指词,即应记录;对机检系统而言,此种统计工作由计算机来完成。

(2)上位词标引频率记录

上位词标引是指标引中既不能直接标引,又不能组配标引时,用比文献主题概念宽泛的叙词所进行的标引。记录上位词使用情况,一则可以保证标引的一致性,还可为增词提供依据。上位词标引记录卡可设如下栏目:应标引的语词名及其汉语拼音、标引时使用的叙词名称及开始标引时间、标引频率、转为正式叙词的时间等。

(3)靠词标引频率记录

靠词标引是指近义词标引,其作用、记录卡栏目设计、记录方法等与"上位词标引频率记录"相同。

(4)自由词标引频率记录

标引中所使用的表外词称为自由词。对某些有可能经过词汇控制而成为叙词的自由词应进行标引频率记录,供增词时参考。

3.叙词增、删、改记录卡的填写

从上述记录中,可获得若干数据;经数据分析后,应根据既定的收词原则、词汇控制原则填写叙词增删改记录卡,提交词表管理部门参考。该卡片格式如下：

项目 \ 类型			
叙词	汉语拼音		
	中文名称		
	英文译名		
	范畴号		
	参照关系	D	F
		S	C
提出日期		词汇来源	
提出单位		联系人	

4. 叙词表管理中应注意的两个问题

（1）为使词表管理持久地、统一地进行，应由词表编制单位成立词表管理机构，调查、汇集、分析用户关于增删改的意见，并作出相应规定；制定使用规则并解答用户使用中的疑难。

（2）词表使用单位应积极支持词表管理工作，将有关问题及时反馈给词表管理部门；叙词的增删改应执行词表管理部门的规定，不得各自为政。

第五节　叙词表的评价

一、叙词表评价的内容和方法

叙词表评价的内容包括两个主要方面，即叙词表的结构评价和词汇评价，亦即宏观评价和微观评价。

1. 叙词表结构评价

叙词表的结构决定了功能的发挥。因此，对叙词表结构的评价是评价叙词表功能的重要依据。

充分发挥一部叙词表的功能,必须为其设计理想的结构。结构复杂、功能齐全或结构简单、功能单一都不是叙词表的理想模式。叙词表宏观结构设计的目标是:结构简明,而功能完善。

一部叙词表从结构与功能角度说,至少应包括两个互相补充的组成部分,即词汇的系统显示和字顺显示。叙词表编制的国际标准对这一基本结构作了明确规定。但早期的叙词表只是一个纯字顺的结构体系,系统显示方法引入叙词表是叙词表结构的根本变革。从此,系统显示成为叙词表的重要组成部分,并且形成了下列各种结构模式*:

(1)备有概略分类的字顺叙词表;

(2)备有词族图的字顺叙词表;

(3)备有族系表的字顺叙词表;

(4)备有等级分类表的字顺叙词表;

(5)备有概略分面分类表的字顺叙词表;

(6)备有详细分面分类表的字顺叙词表;

(7)备有字顺索引的分类叙词表。

由上可见,系统显示在叙词表结构中呈越来越重要的地位。

据对227部英文叙词的统计**,采用各种分类显示的叙词表共有87部,其中粗略分类49部,细密分类17部,分面分类21部。另外还有6部有词族图,16部有词族索引。

对我国29部叙词表的调查结果是***:同时具有范畴索引和词族索引的12部,只有范畴索引的11部,只有词族索引的4部,二

---

* 见艾奇逊《叙词表编制实用手册》。

** 见侯汉清、徐佳"国外叙词表的概况及发展趋向"(《情报学报》1989年5期)。

*** 见杨南征《国内外叙词表构成情况调查分析报告》(附表)(全国汉语叙词表发展方向研讨会资料,北京,1988年12月)。

者皆无的 2 部。

下表是对范畴索引、词族索引、细分类索引和分面分类表功能的比较。它对叙词表结构的选择有一定的参考价值。

表 4-5　叙词表各种系统显示方式性能比较

比较项目 比较名称	学科主题揭示的系统性	分类标引能力	与字顺表对应性	对主题标引选词的作用	对编表的作用	系统检索
范畴索引	粗略	不能	差	一般	一般	差
词族索引	有限	不能	差	一般	较差	一般
细分类索引	单向系统性好	有限使用	一般	较好	较好	较好
分面分类表	多向系统性好	能	很好	很好	很好	很好

从上表可以看出,叙词表的系统显示部分作用的大小取决于系统显示方式的结构。它表明,叙词语言对分类语言成果吸取得越多,其功能就越完善。其中性能最优越的结构模式,则是分面叙词表。

概括地说,叙词表结构的评价主要决定于下列几方面因素:

(1)字顺叙词表以外的各部分标引和检索的功能。最理想的是提供字顺叙词表不具备的功能,其次是对字顺叙词表的标引和检索功能起到最有效的辅助作用;

(2)叙词表的各个组成部分相互对应、相互指引的程度。这是指叙词表的整体结构的严密性;

(3)结构与功能的成本效益。要求用尽可能简明的结构发挥出尽可能有效的功能,靠复杂的结构,或多种结构来产生基本功能,或追求结构的简明而放弃必要的功能都是不可取的;

(4)结构的设计和实现的难易程度;

(5)易用性。即易于标引和易于检索的性能。

2.叙词表词汇评价

叙词是叙词语言的构成要素,是直接用于标引和检索的标识。

词汇评价的常用指标有：

（1）词量

即词表包括词汇的多少。是衡量叙词表词汇完备性和专指度的指标，也是对叙词表规模划分的依据。一般要求叙词表收词较为丰富，专指度深，以便能充分标引文献。词量受词表包含的学科范围、文献数量、先组度等多种因素制约。

（2）词汇等同率

指非叙词与叙词的比率。这是衡量入口词汇丰富程度的一项重要指标，也是表明词表对同义词、近义词等有效控制的程度。等同率高，检索入口就多，可以提高检索效率。国外叙词表的词汇等同率一般在40%到50%以上，甚至有些词表的等同率大于1，即入口词比叙词还多。我国叙词表的词汇等同率在15%左右。叙词表的词汇等同率呈增长趋势。

（3）参照度（Accessibility measure）

是指叙词表中每个叙词接受参照项（包括分项、属项和参项）的平均数，也可以写成：

$$参照项 = \frac{分项词数 + 属项词数 + 参项词数}{词表中叙词总数}$$

参照度为2.9，则意味着这个词表中的每一个叙词平均要被词表中其他接近3个词所参照。参照度的比较理想的值在2—5之间。参照度过高，即每个叙词设置过多的参照，也不便于查词、选词。

（4）关联比（Connectedness ratio）

是指词表中至少设有一个分项、属项或参项参照的叙词与词表中总词数的比率。关联比和参照度可用于测试词表中词汇之间的连接性能。关联比也可定义为

$$关联比 = \frac{叙词总数—无关联词总数}{词表中叙词总数}$$

也就是说，词表中无关联词越少，关联比就越高，词表的性能就越

好。

(5)先组度

即叙词的先组程度。可以用词组性叙词占叙词总数的比例计算。现代叙词表中先组词约占 50% 以上。亦可根据每个叙词包含的单元词数量来计算。据兰开斯特的资料,英语和法语叙词表每个叙词包含 1.5—2.0 个单元词,德语为 1.1—1.2 之间。为保证标引的准确性,避免组配误差,叙词表应保持一定比例的先组词。

(6)范畴和词族规模

即叙词表每一个范畴或词族所包含的词量和等级深度。兰开斯特认为每一个范畴收词 30—40 个较为理想。而范畴和词族的等级深度则取决于系统显示编制的质量。从理论上说,范畴和词族的等级层次应专深一些。

二、《汉语主题词表》及其评价

《汉表》是"汉字信息处理系统工程"(简称"748 工程")的配套项目。目标是为建立我国计算机情报检索体系奠定基础。该表由中国科学技术情报所和北京图书馆主持编制,直接参加编表人员多达 1378 人,前后历时五年,于 1980 年由科学技术文献出版社正式出版。全表共分三卷十册,依次为:第一卷 社会科学(共二册),第二卷 自然科学(共七册),第三卷 附表。共收词 108568 条,其中正式叙词 91158 条,非正式叙词 17410 条,是我国,也是世界上目前规模最大的叙词表之一。

1.《汉表》的体系结构

《汉表》是一部收词量大,结构体系完整的叙词表,全表由主表,附表和辅助索引三大块构成,如图 4-11 所示。

(1)《汉表》的主表

主表是《汉表》的主体,由社会科学主表和自然科学主表两部

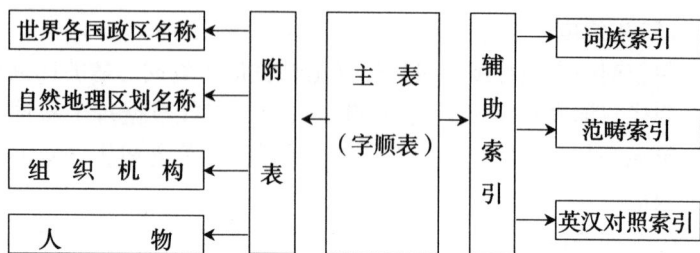

图4-11 《汉表》的结构体系

分组成。主表的基本构成单元是叙词款目和非叙词款目。两种款目的著录格式如本章第三节所示。其中，非叙词款目的著录项目比较固定；叙词款目中参照项的设置则是随着叙词语义关系的变化而不同的。当款目词为族首词时，该叙词款目只有分项、没有属项；当款目词为最下位词时，该叙词款目只有属项，没有分项；没有任何语义关系的叙词，则没有参照项。例如下面是款目词为族首词时的叙词款目形式：

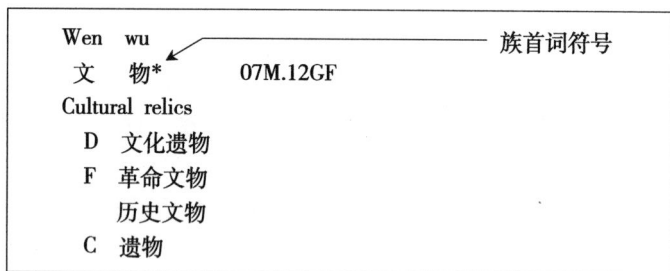

```
Wen   wu                                族首词符号
文    物*        07M.12GF
Cultural  relics
    D   文化遗物
    F   革命文物
        历史文物
    C   遗物
```

主表的叙词款目和非叙词款目均按款目词的汉语拼音逐字母顺序排列，构成字顺体系。

（2）《汉表》的词族索引

《汉表》的词族索引是排除了同义和相关语义关系，只反映属分语义关系的一种字顺和阶梯式的等级索引。全表共收词族3707 个,包含 67300 个叙词,其中社会科学词族 886 个,包含 9800个叙词,自然科学词族 2821 个,包含 57500 个叙词。最大词族收词 5270 个,最少收词 2 个。下面是"诗歌"词族的片断:

Shige

诗歌

  ·讽刺诗

  ·格律诗

  ·古典诗歌

  ·古体诗

  ··七言古诗

  ··四言诗

  ··五言古诗

  ··杂言诗

  ·近体诗

  ··绝句

  ···七言绝句

  ······

(3)《汉表》的范畴索引

范畴索引是根据叙词的学科和词义范畴,划分若干类,每类下再按字顺组织的分类系统。《汉表》共设 58 个大类,670 个二级类,1080 个三级类。其中社会科学 15 个大类,173 个二级类,311个三级类;自然科学 43 个大类,502 个二级类,769 个三级类。用两位数字和两位字母作类目标记。范畴索引允许某些词同时归入二个甚至三个范畴。

(4)《汉表》的英汉对照索引

英汉对照索引是为了在标引和检索英文文献时,参考英文叙词的一种辅助工具。英汉对照索引的每条款目,由英文名、汉语叙词组成。按英文字母顺序排列。其式样如下所示：

Absolute index

　　绝对指标

Absolute indicatrix

　　绝对指标

Absolute monarchy

　　绝对君主制

Absolute music

　　无标题音乐

　　纯音乐（Y 无标题音乐）

Absoluteness

　　绝对性

《汉表》除英汉对照索引外，在主表叙词款目中均收有相应英文译名。因此，《汉表》已超出一般单语种叙词表的编制规范，而具有多语种叙词表的色彩。

（5）《汉表》的附表

附表是为了控制主表的词量，避免体积庞大，而将一些专有名词独立出来，分别按字顺编排而成的。《汉表》的附表包括四个部分："世界各国政区名称"（1100 词），"组织机构名称"（1900 词），"自然地理区划名称"（361 词）和"人名"（4765 词），总共收词8200 余条。其款目结构与主表基本相同。

从本质上说，附表也是标引和检索的直接依据，是主表的一种特殊形式。因此，从严格意义上说，附表应称为"专有叙词表"，是主表的组成部分。

2.《汉表》的作用和地位

（1）文献主题标引的工具

《汉表》可用于对文献的主题标引，建立主题检索系统。《汉表》不仅适应计算机情报检索系统，还可用于手工主题检索工具

154

的编制与组织。张琪玉*曾介绍了用《汉表》编制的四种检索工具,即传统标题目录式的检索工具,比号卡组配索引式的检索工具,关键词索引式的检索工具,表式索引式的检索工具等。目前北京图书馆已用《汉表》对中文图书进行主题标引,并在发行的统一的铅印提要卡片上加标题词,对《汉表》的推广使用创造了必要条件。

(2)为我国叙词表的编制积累了经验

《汉表》的编制是一项庞大工程,在编制过程中,不仅总结了国内外词表编制的技术和方法,还在实践中进行了许多探索,培训了一大批编表人员。积累了丰富的经验,为我国叙词语言在八十年代的发展奠定了实践基础。

(3)是汉语叙词表编制的规范

在我国还没有正式颁布汉语叙词表编制标准的情况下,《汉表》所确定的基本模式和具体方法成为我国叙词表编制的基本依据。为提高汉语叙词表编制的规范性起到了积极作用。

(4)是专业性汉语叙词表的词汇和结构的基础

《汉表》丰富的词汇,基本结构,词间关系等成为我国专业性汉语叙词表编制的直接来源,起到专业叙词表的"源词表"的作用。这不仅为编制专业性汉语叙词表提供了极大方便,而且逐步形成了以《汉表》为核心的汉语叙词表的兼容体系。

尽管《汉表》有许多不足和有待改进的方方面面,但《汉表》在我国叙词语言体系的建立和发展中起到了不可取代的作用,具有重要地位。

3.《汉表》的质量评价

(1)《汉表》的结构体系

---

* 见张琪玉"用《汉语主题词表》可编制什么样的检索工具"(《图书馆学刊》1981年1期)。

《汉表》由主表、附表、词族索引、范畴索引和英汉对照索引五个部分组成,结构体系比较完整。但篇幅庞大,而且某些结构存在着重复,尤其是词族索引和范畴索引之间重复比较明显。范畴索引由于划分粗略,功能较弱。因此,《汉表》的结构应作一些简化,避免重复,加强各部分的功能。具体的做法,如将范畴索引和词族索引合一,或将词族索引与主表合一等。

《汉表》由于分为三卷,从全表来说,有些结构比较分散,如辅助索引部分被分散在二处或三处。可考虑分册不分卷,以加强其整体性。

《汉表》的附表虽是通用附表,但实际主要是社会科学部分的附表。像自然科学部分的一些专有名词,如反应堆名称、同位素名称、动植物名称等都可专门列为附表,从而可以进一步缩小主表的篇幅。

《汉表》的字顺序列是按汉语拼音的逐字母排列的,不利于字面成族,不便查词,也需加改进。

(2)词量

《汉表》收录10万多词,正式叙词就有9万多,是一部名副其实的大型叙词表。通常会认为综合性词表不管如何,都难以满足专业图书情报机构文献标引的需要。但实践证明,《汉表》的词汇具有较高的完备程度和专指程度。* 《汉表》的自然科学部分的词汇比日本的《JICST词表》、美国的《TEST词表》和苏联的《科学技术词表》收词还要多,可见其收词的完备。三机部六二八所对《航空科技资料主题表》与《汉表》全表兼容统计表明,《航空科技资料主题表》中绝大多数标识可用《汉表》中专指水平相当的叙词或组配叙词表达。中科院上海有机化学研究所等专业机构用《汉表》

---

    * 见曾蕾"对《汉语主题词表》的质量评价及改进意见"(《情报学报》1985年4卷3期)。

标引文献并组织检索系统,也证明其专指度基本达到要求。某些实践还表明,《汉表》有些词汇比专业词表专指度还高。

但另一方面,由于《汉表》收词太多,其中也有相当部分没有标引价值。例如,反应堆的主题词竟高达数千个。随着科学技术的发展和社会的进步,一些新概念词汇也需要补充进去,使词汇保持新颖性。

(3)词汇等同率

《汉表》词汇等同率为 16.53%,与国外叙词表以及国内 80 年代叙词表相比都是较低的。现代叙词表在编制过程中十分重视同义词和近义词的控制,甚至有的专门编制了入口词表。《汉表》应提高词汇等同率,有的建议提出可为《汉表》专门编制入口词表。

(4)关联比和参照度

据统计,《汉表》中有无关联词 17956 个,关联比为 0.8,低于国外著名的 ASTIA、TEST、CAB 及 LCSH 等词表。至于参照度,国内尚无人统计。由于《汉表》全面设置了属项、分项及参项参照,估计参照度要大于 2,不低于上述国外词表。《汉表》应减少无关联词,以提高关联比和参照度。

(5)先组度

据有人对国外 22 部词表的调查 *,由二元和三元词组成的词汇占 40%。《汉表》由于保留了很多整体—部分式复合词,及物行为与行为受体组合的复合词等,而使先组词占 60.6%(65757 个词),单词为 42811 个,占 39.4%。这一比例是比较高的。这一状况对《汉表》用于手工检索有利。

(6)范畴和词族的规模

《汉表》的范畴和词族规模存在的最大问题是不均衡。例如,一个范畴最多有 101 个小类,最少的只有 3 个类。一个大类中最

---

* 见曾蕾"对《汉语主题词表》的质量评价及改进意见"。

多的收词 7722 个，最少的为 274 个词，而一个小类中最多的收词 2250 个，最少的则为 2 个词。小类中平均收词 71.5 个，这既不均衡，某些范畴的规模也偏大。

　　而词族索引中，有 250 个族只有 2 个词（包括族首词），最多的一个词族有 5270 个词，有 9 个词族收词在 600 以上。这也表现出极不平衡。因此，范畴和词族在规模上应尽可能缩小差异。

第五章 分类主题一体化语言

第一节 分类主题一体化语言的发展及原理

一、什么是分类主题一体化语言

简单地说,分类法与主题法的有机结合,就是分类主题一体化,即一个分类系统与一个主题系统实现了完全兼容,有机地融合为一个整体,既能充分发挥各自独特的功能,又能通过配合,发挥最佳的整体效应。分类主题一体化实际有两层涵义,其一是指检索系统或检索工具的分类主题一体化,其二是指检索语言的分类主题一体化。本书论述的是后者。

检索语言的分类主题一体化,是指在一个检索语言系统中(或由两种原来独立的检索语言合成的系统),对它们的分类表部与叙词表部的术语、参照、标识、索引四部分实施统一的控制,从而能够满足分类标引与主题标引的需要,简称一体化检索语言或一体化词表,国外称为分类法/叙词表系统。

一部分类法尽管编有字顺索引,但索引部分仅仅是分类表的附属部分,不具独立完成主题标引的功能,因此不属于一体化的检索语言。一部叙词表即使编有范畴索引、词族索引,但它们仅仅是词汇分类显示的辅助手段,仅可用于查词,不具独立完成分类标引的功能,因此也不属于一体化的检索语言。

一体化的检索语言,大致可以分为以下几种类型:

1. 分面叙词表。这是以世界上第一部分类主题一体化词表命名的类型,可以说是最典型、影响最大的一体化检索语言。本章重点分析、介绍这种词表。它通常由一部分类表和一部字顺叙词表组成,类目和叙词一一对应,两部分用分类号相联系。分类表起着叙词表范畴索引和词族索引的作用,叙词表则起着分类表字顺索引的作用。两者紧密配合,既可以用于分类标引和检索,又可以用于主题标引和检索;既可以用于手检,又可以用于机检系统。这种类型的一体化词表结构新,功能强,适应性广。中国社会科学院文献情报中心主编的《社会科学叙词表》(简称《社科表》)属于这一类型。

2. 叙词表式字顺索引。这是比利时学者温古里安(Ungri-an,O.)及德阿内纳斯(Dhaenens,L.)等人在图书分类法的字顺索引的基础上发展而成的一种一体化词表类型。即把分类表的索引款目改造成为叙词款目,具体地说是在索引款目中增加用项、代项、属项及参项参照,以显示概念之间的关系。这样它名为索引,实际上已是可以用于主题标引与检索的叙词表。通过对分类表索引的改造以及对分类表类目进行严格的词形、词义及词间关系的控制,实现了与分类表的完全兼容,可以说是与分面叙词表异曲同工、殊途同归。目前已出现了多部为 UDC 专业类表编制的叙词表式的字顺索引。

3. 分类表-叙词表对照索引。这是西方学者为了调查 UDC 与叙词表之间的关系而研制出来的。它的形式与标题表的主题标准档十分相似,通常是为每个叙词列出其对应的一个或多个分类号,并为每个分类号列出其对应的一个或多个叙词或叙词的组配形式。一般说来,分面叙词表中的叙词和类目之间是等值兼容(或称等值对应)。而这种对照索引中只有一部分是等值兼容,相当一部分是在不同程度上对应兼容。这种对照索引在分类法与叙

160

词表之间架起了一座桥梁,是分类语言与主题语言兼容互换的重要工具。北京图书馆主持编制的《中国分类主题词表》就属于这个类型。它包括两大部分:①《中图法》分类号与《汉表》叙词对照索引;②《汉表》叙词与《中图法》分类号对照索引。由于《中国分类主题词表》的这两部分分别收进了整部的《中图法》和《汉表》,这样它就具有分类标引和主题标引的功能,成了名副其实的一体化词表。

4.集成叙词表(Integrated thesaurus)。又译为综合叙词表或整体化叙词表。随着检索语言兼容问题研究的深入,集成叙词表应运而生,它是将特定主题领域的若干分类表和叙词表汇编而成的。它往往是以一部分类表或叙词表为主,列出与某一分类号或叙词对应的其他分类法或叙词表中的分类号或叙词,德国学者达尔伯格夫人(Dahlberg,I.)称之为"兼容矩阵"。这种一体化词表便于用户在不同的检索语言之间进行数据转换。中国医学科学院图书馆编制的《中图法》医学类与《汉表》、《医学标题表》的对照索引就是一部专业集成词表,详见第九章第三节。

二、分类主题一体化语言研究进展

人们在对分类法和主题法的比较研究中发现,这二者之间有着密切的联系,不能互相取代,应当互相补充、互相辅助。在它们的发展和自我完善的过程中,分类法的原则被引入主题法,主题法的原则也逐渐渗入主题法。分类法为提高特性检索的能力主要采取了下列改进措施:

①为分类表编制字顺索引,或为分类目录设置字顺主题索引;

②分类法中出现了跨学科的主题区,在一个学科或专业范围内,强调按主题事物聚类;

③分类法用属种关系显示类目结构的方法受到冲击,上下位类之间出现了大量的相关概念;

④对类目加强了词形、词义和词间关系的控制；

⑤降低类目的先组度，增加分类法中的组配因素，向着类目叙词化的方向发展。

同时，主题法为提高族性检索的能力，也采取了下列主要措施：

①编制范畴索引，对叙词起着粗略分类的作用，以便按学科、专业集中和查找主题概念；

②编制词族索引或词族图，显示主题概念的属种关系；

③在款目词下建立属分参照，显示主题概念的等级关系；

④编制轮排索引，通过字面成族揭示主题概念之间的联系；

⑤在标题表中设置倒置标题、复分标题、分类标题表以及在标题后加上相应的分类号等。

上述这些改进虽然都使它们各自的功能得到改善，但仍不能实现检索语言的分类主题一体化。不论是加强按事物聚类或是加强词汇的分类显示，都只是利用分类法或主题法的辅助措施，而不是两种检索语言的有机结合，它们都只具有单一的分类标引或主题标引的功能。

为了寻找分类法与主题法之间的共同点，从 60 年代中期以后国外对分类法与叙词表进行了大量的抽样调查和试验，而分类主题一体化的理论研究，也是伴随着这些调查和试验开始的。比较著名的调查有：1969 年维克利等用 TEST 和 UDC 等分类法的抽样比较、1971 年斯图亚特（Steuart，R. D.）用 UDC 原子能科学技术分类表与《欧洲原子能联营（Euratom）叙词表》进行的比较、韦立西（Wellisch，H. H.）等进行的 UDC 与 TEST、MesH 等著名叙词表的对比调查。这一系列的调查表明，词表中的 90% 以上的叙词可以用单个的或组配的 UDC 类号表示。1972 年美国威廉斯（Williams，J. G.）等人在计算机的协助下编成了《分类的国会图书馆标题表》。他们对《美国国会图书馆分类法》与 LCSH 进行了抽样分析,发现"几乎可以为每一个类目找到一个对应的标题"。1986年武汉大学图书情报学院对《中图法》与《汉表》的抽样调查表明,二者之间对应的比例可达到77%,如果对二者进行同步修订,对应的比例就可以提高到90%左右。* 总之上述调查表明,分类表与叙词表处理的对象都是语义单元,类目和叙词皆是代表文献主题概念的词汇,因而它们之间有着非常密切的关系。

计算机在情报检索系统中的广泛应用和情报语言学的研究进展,使建立分类主题一体化检索语言成为可能。1969年英国图书馆学家艾奇逊(Aitchison,J.)成功地将《英国电气分面分类法》改编为一部《分面叙词表;工程及相关学科的叙词表和分面分类法》。这部新型词表的出版受到图书馆和情报界的重视和好评,被誉为"对索引工作理论和实践的一大贡献","首次拟定了方法,构造了模型","建立了一体化的体系"。在它的影响下,英美等国陆续出版了一批分类主题一体化词表(参看表5–1)。

除了英美两国以外,一体化检索语言在苏联、西德、印度、日本及拉美一些国家都有所成就。

在国外的影响下,80年代初国内一批学者开始了对国外一体化词表的评介及研究工作,探讨分类法与主题法结合的理论和技术。十年来,我国在一体化词表的研究和实践中取得了可喜的成果,编成了《常规武器工业分面叙词表》和《教育分面叙词表》等。作为国家哲学社会科学"七五"重点科研项目的《社科表》及《中国分类主题词表》正在编制之中。这两部大型的、综合性的一体化词表的出版,必将推动我国分类主题一体化的实践和研究。

---

* 关于分类表与叙词表对应关系的调查数据转引自吕其苏等编的《国外情报检索语言研究》(社会科学文献出版社,1989年)。

表 5-1 国外主要的分类主题一体化词表

编者	词 表 名 称		编制年份
	译 名	原 名	
艾奇逊	分面叙词表——工程与相关学科叙词表与分面分类法	Thesaurofacet	1969
艾奇逊	老年福利分类表与叙词表	Classification and thesaurus of welfare of the eldorly	1972
福斯克特	伦敦教育分类法(第二版)	Lodnon education classification(2nd ed.)	1974
米尔斯等	建筑工业叙词表	Construction industry thesaurus	1971 1976年2版
国际劳工处	职业安全与健康叙词表	CIS thesaurus	1976
艾奇逊	联合国教科文组织叙词表	UNESCO thesaurus	1977
英国标准协会	基础叙词表	Root thesaurus	1981 1985年2版
英国国家图书馆	物理学叙词表	Physics thesaurus	1981
艾奇逊	青年叙词表	Thesaurus on youth	1981
英国消费者协会	消费者词汇叙词表	Thesaurus of consumer terms	1982
国际劳工处	国际劳工组织叙词表	ILO thesaurus	1982
艾奇逊	教育课程与职业叙词表	ELOT thesaurus	1982
艾奇逊等	卫生与社会安全数据叙词表	DHSS - DAHA thesaurus	1985

三、分类主题一体化语言的原理

分类法和主题法尽管有着种种差异(参看第一章),但是它们在原理上却有着诸多相同之处,成为它们结合的基础。

首先,它们有着共同的认识论基础。虽然主题法和分类法组织知识的方式不同,但是却使用了共同的认识论的方法——分类。分类是人类思维的本能,把事物纳入知识分类体系是对千差万别的事物作系统研究的重要方法,是从本质上揭示和把握各种事物之间的区别与联系的重要手段。不论在文献主题分析、还是在主题标引阶段,都离不开分类方法和分类思维的运用。编制叙词表,从宏观结构到微观结构都渗透着分类方法的运用,从而形成一个"隐蔽的分类体系"。叙词表中每个叙词都不是孤立的,是整个系统的一部分,是对概念进行一定分类的结果。主题法和分类法的认识主体和认识方法的共同性,是它们有机结合的重要基础。

其次,它们有着共同的情报语言学基础。1964年第二次国际分类法会议对"分类法"这一概念作了新的解释,认为分类法"是任何一种在各个语义单元之间建立属种或其他联系的方法,不问该系统具有何种等级性,也不问它是否用于传统的或机械的情报检索系统"。这个新定义标志着人们对分类法有了新的认识:分类的对象是语义单元,而不仅是传统的知识领域和学科。这样分类法和主题法在概念上就趋于融合。现代分类系统分为两个分支,一个是传统的体系分类法,另一个是综合兼分析分类法,后者包括分面组配分类法和叙词表。西方学者把叙词表说成是"隐蔽的分类法",也正是从这个意义上说的。1971年西德索格尔(Sorgel, D.)指出,可以将分类系统看作是"存在各种联系的内容的术语或概念的一览表","各种研究因素一方面可以按照科学体系排列……另一方面可以按照研究对象排列。"这里为分类法下的定义和主题法的定义几乎完全一致。

作为检索语言的分类法和主题法,都具有一套在自然语言基础上精选出来的、用以描述文献主题和情报需求的词汇;在构成类号和主题标目的方法中都使用比较相近的术语;它们都强调全面显示词间关系,对词形、词义加以规范,目的是正确认识和使用类目或叙词,以保证对文献主题描述的准确性;建立专门的语法规则,也是分类法和主题法的共同特性,是统一词语组合秩序所必需的。这些共同的语言学基础也为建立一个统一的系统提供了保证。

第三,它们的结合有着广泛的社会需要。分类系统和主题系统对用户来说都是必要的,而较有效和较经济的方式是在统一的系统范围内把二者有机地结合起来。这样就可以同时完成对文献的两方面加工,即分类标引和主题标引;用户也可以在一个统一的检索系统中进行字顺主题查询和系统分类查询;必要时对二者还可以互相转换。另外检索语言的编制和管理也可以由一个统一的机构集中进行,只要人工编出分类表,在计算机的辅助下就可以自动生成字顺叙词表以及辅助索引等,从而节省人力和物力,提高编制和管理词表的水平。

第四,可以采取有效的措施,消除二者的差异,促进二者的融合。前已述及,分类法和主题法的主要差异在于词汇构成方式和组织方法。后者,即分类法按学科体系或逻辑体系排列,主题法按字顺排列,这正是一体化词表同时完成分类检索和主题检索的重要手段,必须予以保留。前者则可以通过各种词汇控制的手段,诸如通过统一收词,控制专指度和句法手段,控制词形和词间关系等予以消除。至于有些差异,诸如先组度的差异,可以予以保留,但须通过语义分解的方式,使它们得以兼容和互换。捷克学者托曼(Toman,I.)曾深刻地指出:"对字顺主题和分类系统的研究表明,任何一种系统只不过是对同一组织原则进行另一种组合而已","当这些系统用于电子计算机时,所有的差别都消失了。"

第二节　分类主题一体化词表的结构

任何系统的功能都是由一定的结构来实现的。所谓结构,是指系统内部各要素相互联系、相互作用的方式或秩序。系统的功能不决定于要素的多少,而决定于内部的协调,即整体性。

我们把任意一部分类表和一部叙词表放在一起,不会出现"分类法＋主题法＝分类主题一体化"的奇迹。因为这种机械的相加没有改变系统要素的内部秩序,没有产生内部协调,因此不会产生新的整体效应。

一体化词表的主要组成部分是分类表和叙词表,它们是一个统一的系统中相互配合、又相对独立的两个子系统。这两个子系统通过术语的统一、词间关系显示的互补以及用同一的标记作为联接件或转换器而有机地结合为一个整体(参看图5－1):

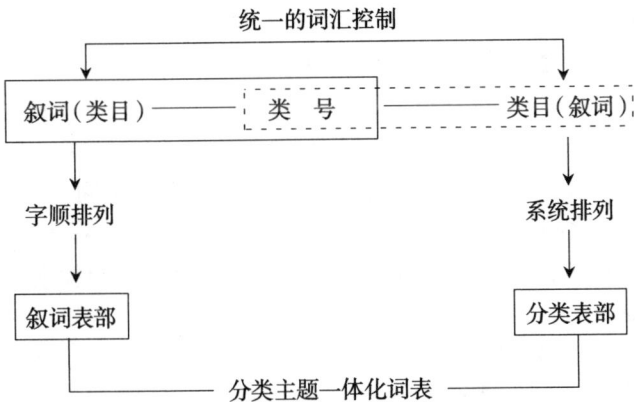

图5-1　分类主题一体化词表结构示意图

167

在一体化词表中,分类表不但能从学科分类的角度揭示主题概念的系统关系和等级关系,而且借助叙词表部分充分揭示主题概念的多重等级关系和相关关系,其功能优于单一的分类表;叙词表不但能揭示主题概念的相关关系、同一关系及组配关系,借助分类表部分能充分揭示主题概念之间的系统关系和等级关系,其功能优于单一的叙词表。由于在这种结合中通过内部的协调,分类表和叙词表各自提高了自己的特性和功能,使得一体化词表的整体功能高于它的各个部分(分类表、叙词表)功能的总和,这就是奥地利学者贝塔朗菲重申的"整体大于它的各部分的总和"的系统论原理。

一、一体化词表的宏观结构

词表的宏观结构是指词表的组成部分及各个功能部分之间的关系。叙词表一般以字顺表为主体,加上专有叙词表及范畴索引、词族索引、轮排索引、双语种对照索引,有些词表还配备词族图、入口词表或字顺索引。这种结构模式存在着两个缺点:一是结构庞大而繁杂,不便于编制、使用和管理。不少叙词表由于缺乏人力和物力,往往少编或不编辅助索引,影响叙词表功能的发挥。二是不重视分类显示。虽然设置了范畴索引和词族索引,并引入了"隐蔽的分类"——参照系统,由于它们分类粗略,只显示某一概念链或概念链的局部,因而无法全面、系统地显示学科之间、词族之间以至叙词之间的种种关系,进而无法用于分类标引。总之,传统叙词表的宏观结构复杂,功能单一,难以满足情报存储与检索多方面的需要。

正如 1974 年美国学者里奇蒙德(Richmond,P. A.)所指出的,"现在情报界对分类法在情报检索中的兴趣正在大大地提高,人们对表现概念之间的兴趣已从名词一览表转向分类式的主题词表。"不少新编的词表为了加强分类显示的功能,采取了词族索引与字顺表合一,词族索引与范畴索引合一,范畴索引与字顺表合一,以及在参照中实行等级关系全显示等多项措施。这些措施虽简化了词表结构,但仍未从根本上解决分类显示的问题。经过长期的探索,人们终于领悟到只有直接引入一个详细的分类体系,才能最佳地实现分类控制和分类显示。艾奇逊第一个迈出了分类法"回归"的决定性一步,编成了世界上第一部分类主题一体化的词表。

从《分面叙词表》开始,几乎每一部一体化词表的基本结构都是由一部分类表和一部叙词表所组成。有些叙词表还编有轮排索引、化学式索引或专有叙词表(附表)等辅助工具。1977年艾奇逊在《联合国教科文组织叙词表》的分类表部和叙词表部之外增设了用计算机编成的词族索引。由于这部词表的90%以上的词族都分布在一级类或二级类之内,跨大类的词族极少,这样词族索引几乎与分类表相重叠。到1981年,她指导编制英国标准协会的《基础叙词表》时,又取消了词族索引,恢复了原先的结构。

我国编制的《社科表》的宏观结构如下图所示:

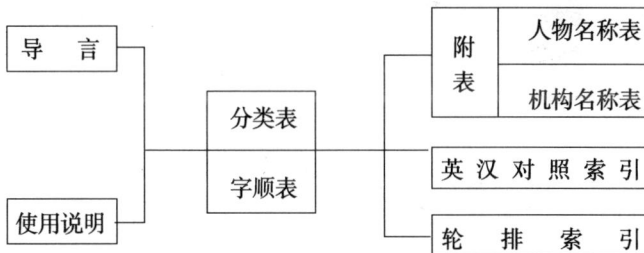

图5-2 《社会科学叙词表》结构图

这部大型的一体化词表虽然由多部分组成,但其主体显然是分类表和字顺表。为什么结构简单的一体化词表会在功能方面优于具有复杂结构的叙词表呢?关键在于分类表的引入。引入分类表后,使叙词之间的等级关系得到集中、全面、详尽的显示。它展示的不仅是一条条类链、一个个词族以及局部的专业或学科分支，而且提供了一个广阔的主题领域的全貌，使用户和标引人员可以迅速、全面地浏览主题，选择合适的叙词。分类表的引入使叙词表增加了分类标引和分类检索的功能。这样一来，这个不等式就得以成立：叙词表＋分类表＞叙词表＋范畴表＋词族表。当然，这是一个功能不等式。这也说明了为什么一体化词表可以以简驭繁，以少胜多。

词汇控制是检索语言的基本原理，其中又以词形、词义控制和词间关系控制最为重要。从目前看来，字顺表和分类表分别是进行这两种控制的最佳手段。因此，一体化词表的宏观结构只分为字顺表和分类表两部分，是利用检索语言原理对各种结构进行优选的结果。

一体化词表的分类表部是一个完整、严密的分类体系，究竟引入一个什么样的分类体系才能使之与叙词表部达到最佳的配合，是分类主题一体化检索语言的一个重要理论问题。

1. 使用全分面分类法

分面分类法摆脱了以科学分类为基础的传统结构模式，放弃对知识整体序列的客观性追求，以文献主题的若干共同因素，即思想层面、词汇层面、标记层面及其相互关系的模式进行编制。其类目属于语义单元，是后组式的。这些特征决定了全分面分类法最容易与叙词表等值兼容，因为它们的语词结构和组合方法是基本相同的。但是全分面分类法的学科系统性差，常用的标引概念在类表中有时找不到地方，需要用组配方法表达，关于某一学科或主题领域的显示往往很不完整。

《建筑工业叙词表》、《老年福利分类表和叙词表》、《青年叙词表》等一体化词表就是使用的全分面分类法。一般来说，主题范围狭小的词表，因标引专指度要求高，使用全分面分类法能够发挥较好的效果。但词表的主题范围广阔、规模较大时，前述不足之处

170

就显露出来了。

2.使用体系分类法

体系分类法最大的特点是系统性好,族性检索功能强,但与叙词表的匹配也最困难。因为它是高先组度的,主题概念均以列举的、凝固的类目出现。由于它组配功能差,常常不能专指地表达一个主题概念。但是采取一些对类目的控制手段(如分解先组类目,控制词间关系,增加参照等),也可以实现与叙词表的兼容。《ILO叙词表》、《职业安全与健康叙词表》、英国国家图书馆的《物理叙词表》等一体化词表采用的是体系分类法。

3.使用半分面分类法

半分面分类法的基本框架与体系分类法相同。在一个学科或专业领域内,运用分面技术编制分面类表。它兼有体系分类法和组配式分类法的优点,既保持了学科体系的完整性,又有灵活的组配功能。一些有广泛影响的一体化词表,像《分面叙词表》、《基础叙词表》、《UNESCO叙词表》等都使用了半分面分类法。

二、一体化词表的微观结构

词表的微观结构即词表的款目。款目是词表的基本要素,它的素质直接关系着词表的微观功能。由相同的要素组成的不同结构会产生功能的差异。在不同的系统中,要素作了不同的排列组合,因而这些系统也就具有了不同的相互联系与相互作用的内在组织形式。因此,优化微观结构,使要素保持合理的结合是至关重要的。

在一体化词表中,分类表部的类目结构和叙词表部的叙词款目结构是最重要的两种微观结构。分类表部和叙词表部相互配合形成的宏观整体功能,要通过分类款目和叙词款目相互配合形成的微观功能来实现。这个微观功能就是分别实现对一个个主题概念的统一词汇控制和全面的揭示。

下面我们通过对《基础叙词表》的剖解来分析一下一体化词表的微观结构。

《基础叙词表》(Root Thesaurus)简称 ROOT 表,是 1981 年由英国标准协会请艾奇逊担任顾问而编制的一部一体化词表。这部词表在编表技术上颇有创新,可以说是集 20 年来检索语言研究成果之大成。1982 年在西德召开的第四次国际分类法研究会议指出,"更一致和更完美的分类法和叙词表编制方法促使了 1977 年《联合国教科文组织叙词表》和 1981 年《基础叙词表》的出现"。*

《基础叙词表》以技术科学为主,兼及社会科学及自然科学。全表由(1)主题显示表,即分面分类表;(2)字顺表,即字顺叙词表;(3)化学式索引三大部分组成。主题显示表与字顺表相互配合形成对词汇的统一控制。化学式及化学符号作为同义词(限于无机物质)在化学类中列出,同时又按其字母顺序列入字顺表之后的化学式索引。

1. 主题显示表的微观结构

主题显示表相当于分类表,能够全面鸟瞰各个主题领域的词汇,全面系统地显示主题之间的关系,向用户提供最大的便利,所以成为本词表的主体。

主题显示表的款目结构包括下列成分:

(1)分类号。类号采用纯字母层累制标记,还使用了间隔号小圆点(每三位一点)及起讫号斜杠,此外无其他任何标记。类号简短(大多数类号由三四个字母组成),层次分明,易于操作。

(2)级点。为了指示类级,从二级类起依次在类名前加上级点,二级类加一个点,三级类加二个点,四级类加三个点……,使类目等级分明,易于辨识。

---

* 转引自吕其苏等编译《国外情报检索语言研究》(社会科学文献出版社,1989年)。

（3）分面标头。由于在不少类目中采用了多重列类，因而设置了分面标头，以说明每次划分采用的分类特征。通常分面标头的形式是"（按……分）"。有时还出现指示组配方法的分面标头，如"〔其他用组配，例如〕"、"〔具体对象用组配，例如〕"或"〔专指对象用组配，例如〕"。此类带有方法注释性质的分面标头用方括号围起。

（4）类名。即叙词。为了使主题显示表与字顺表一一对应，ROOT 表采取了严格的词形控制和词义控制。

（5）注释。通常包括范围注释、方法注释及定义注释。

（6）类目参照。一般分类表中很少设置类目参照，为了充分揭示主题词之间的联系，显示类目多向成族的关系，ROOT 表打破惯例，设置了以下几类参照：

①同义词参照。一般分类法把同义词或比类名更小的主题概念写入注释。ROOT 表把这些同义词、准同义词单立一项，用等号（＝）表示。

②在其他大类出现的上位词参照。在一般分类法中本类的上位词（即上位概念）可用上位类表示，但分散在其他类的上位词不予显示。ROOT 用星号加大于符号（＊＞）表示。

③在其他大类出现的下位词参照。分类法除列举下位类外，通常不显示分散在其他类的下位词（即下位概念）。ROOT 用星号加小于符号（＊＜）表示。

④在其他大类出现的相关词参照。分类法的相关词（即与类目具有相关关系的概念）或出现在本类的同位类之中，或出现在上位类，另外还可能出现在其他大类。ROOT 用星号加短杠（＊—）表示后一类相关词，其他用短杠（—）表示。

⑤组代参照。为了压缩词量、并与字顺表实现兼容，ROOT 表用箭头符号（→）设置了组代参照，表示这一先组词（词前加两个星号，以区别于其他类名），可以用以下两个叙词组代。通常采用

字面组配,如下例中的 KSM·J＊＊电子管放大器→放大器 KSM ＋电子管 KW;如可能产生歧义,则采用概念组配,如 KSM·K＊ ＊半导体放大器→放大器 KSM ＋半导体器件 KXD。

2. 字顺表的微观结构

字顺表是由主题显示表通过计算机自动生成的,包含了有关某一叙词所有的信息。它仍按传统叙词表的格式进行单级显示。

字顺表叙词款目除包括一般叙词表字顺主表所具有的叙词、注释、非叙词、下位词、上位词、相关词外,还包括下列成分:

(1)分类号。ROOT 表用详细分类号代替一般叙词表在叙词后列出的范畴号。ROOT 表还在上位词、下位词、相关词及组代词后分别列出对应的分类号,以便用户利用主题显示表查词。分类号起着连接字顺表与主题显示表的作用,便于用户从主题检索转向分类检索。每个叙词后只能列举一个分类号,要求做到一词一号,从而与主题显示表一号一词相对应。

(2)在其他大类出现的上位词。ROOT 表把叙词款目的上位词划分为两类:一类是位于本大类的,一类是出现在其他大类的。前者用小于符号(＜)表示,后者用星号加小于符号(＊＜)表示。这样做的目的在于与主题显示表对应,以便计算机实现自动生成。

(3)在其他大类出现的下位词。ROOT 用星号加大于符号(＊＞)表示,以区别于在本大类出现的下位词(用＞表示)。

(4)在其他大类出现的相关词。ROOT 用星号加短杠(＊—)表示,以区别于在本大类出现的相关词(用—表示)。

(5)组代词。与主题显示表一样,字顺表中用箭头(→)为每个被组代词列出两个组代词及其对应的分类号,有时还用等号加双星号(＝＊＊)指引被组代词的同义词,例如:

电子管式放大器

　　→放大器 KSM ＋电子管 KW

　　＝＊＊电子管放大器 KSM·J

174

同时还为这条款目列出如下三条互逆款目：

    ＊＊电子管放大器   KSM·J

     →放大器 KSM＋电子管 KW

   电子管 KW

    ＋放大器 KSM

    ＝＊＊电子管放大器 KSM·J

  放大器 KSM

    ＋电子管 KW

    ＝＊＊电子管放大器 KSM·J

除了主题显示表和字顺表外，叙词的部分管理信息已存入叙词表数据库（即存入磁带或软盘上，不印在印刷本上），主要包括：

①叙词的编号，即叙词款目输入机器时的编码。

②组配词的编号，即被组代词的编码。

③类目的级别，用它生成类名前的示级符号（级点）。

④叙词的定义，以便进行术语标准化管理。

⑤叙词对应的法文译名，以便生成法文版。

⑥叙词来源代码，说明某一叙词来自什么词表，分类表或词典等。

这样使得 ROOT 表的结构和数据更加完整，但又不增加词表的篇幅。

综上所述，我们可以看出 ROOT 表的结构有着下列几个特点：

①在主题显示表部分加强了词间关系显示。除了用类表结构显示本类的并列和从属关系外，还用设置大量参照的办法显示在本类以外出现的上位词、下位词和相关词。同时还显示同义词和组代词，从而使主题显示表包括了在印刷版上刊出的有关某一叙词最全面的信息，更有利于从学科或专业角度查词选词。

②改善字顺表的微观结构，增加了参照的类型。属、分、参三项参照都严格区分是出现在同一大类的，还是出现在其他大类的，

从而使词间关系显示更加细致、明确。

③在字顺表中,不仅为每个款目词配备了相应的类号,同时为分散在其他大类的有关叙词也配备了专指的分类号。这样既密切了分类表与叙词表之间的联系,也便于用户查找相关的叙词。

④为解决分类表中的部分先组词与叙词表中后组词兼容的困难,在主题显示表和字顺表中均用组代的形式列出,同时设置了逆向参照。

⑤通过统一的词汇控制,在主题显示表与字顺表之间实现了等值兼容(参见表5-2)。计算机可以在此基础上进行自动生成和转换(参见图5-3)。

表5-2 《基础叙词表》中主题显示表与字顺表的对应关系

主题显示表		字顺表	符　号	《汉表》符号
类　名	⟶	叙　词	黑体字	
类目注释	⟶	叙词注释	〔　〕	
同义词参照	⟶	代项参照	=	D
上位类(属分关系)	⟶	属项参照	>	S
上位类参照	⟶	属项参照	＊>	S
下位类(属分关系)	⟶	分项参照	<	F
上位类参照	⟶	分项参照	＊<	F
部分同位类或上位类 　(相关关系)	⟶	参项参照	—	C
相关词参照	⟶	参项参照	＊—	C
组代参照	⟶	组代参照	→	ZD

透过 ROOT 表微观结构精细的优点,也可以看出其明显的缺点:

①结构过于复杂,有些作法近于烦琐。像属项、分项及参项参照在字顺表部实无必要像主题显示表那样,区分是在本大类出现、

176

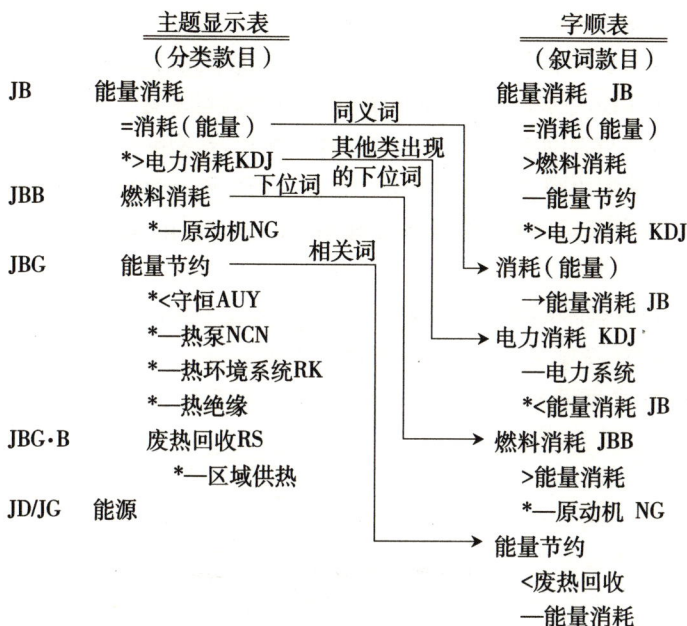

図5-3 《基础叙词表》中的主题显示表与字顺表的关系

还是在其他大类出现的,这样做对用户来说毫无意义。

②字顺表的参照作上述区分后,由通常的用、代、分、属、参、组代等六类参照变为九类参照,这九类参照排列时,先排在本大类出现的分、属、参,后排在其他大类的分、属、参,这样同一类属项、分项或参项参照就不能集中连排在一起,不便于用户使用。

③结构过于精细,增加了编制工作的难度,从而提高词表的篇幅和成本,也影响一体化词表的推广。

④字顺表与主题显示表的微观结构几乎完全相同,凡是在主题显示表已经显示的叙词之间的关系,在字顺表予以重复反映。这种做法使得词表显得臃肿,不简洁。

最早在《分面叙词表》中,二者之间不作重复反映。也就是说,分类表部显示主题概念之间的主要等级关系和并列相关关系;至于等同关系、非并列相关关系以及跨类的等级关系和相关关系,则由叙词表部显示。二者分工后互不重复,互相补充,还可以节省篇幅,便于印刷,便于熟悉和使用。但1977年出版的、由艾奇逊主编的《UNESCO 叙词表》改变了这种作法,首次采用了重复反映的做法。这样做的好处是词表显示完整、详尽,省去用户在分类表部和叙词表部来回翻检的麻烦,但也存在着上述缺点。这两种做法各有利弊,孰优孰劣,还有待实践的检验。

本节我们对一体化词表的结构及功能进行了概略的分析,从中可以得到这样的启示:

1. 实现分类主题一体化,必须从检索语言的结构改造或设计入手,通过各种宏观及微观结构的合理组合,形成最佳的整体效应。

2. 一体化检索语言中,全面、系统和有效的分类控制和分类显示是至关重要的。因为分类显示比字顺显示更能从实质上揭示主题概念及其相互之间的关系。

3. 一体化检索语言一般来说宏观结构是简明的,并且有简化宏观结构的趋势。分类显示和字顺显示的配合越好,简化宏观结构越容易实现。

4. 一体化词表分类表部与字顺表部的配合乃至整体功能的形成,取决于微观结构的改造及其配合。因此,一体化词表微观结构的精化已成为一个重要发展趋势。

第三节　分类主题一体化词表的编制

一、一体化词表编制方式的选择

由于一体化检索语言是在分类语言和主题语言的基础上发展起来的,现有的各种检索语言是一体化词表编制的重要词汇来源或背景材料。因此,在编制之前要根据检索系统的功能要求和经济力量,对词表的编制方式作出选择。从目前国外和国内编成的一体化词表来看,通常采用以下几种方式:

1. 编制新的一体化词表

当现有的检索语言的改进或结合,不能满足特定检索系统对检索语言功能的需要,就要考虑新编一部词表。这往往是适应某一新检索系统的建立而提出的。新编词表可以完全从检索系统的要求出发进行设计,采用最新的理论和技术,因而能获得较好的效果。即使是新编词表,也要充分利用现有检索语言提供的词汇和词间关系资料,有条件还可以利用词库,从中打印输出有关的数据。另外还要充分考虑与相关检索语言之间的兼容和互换问题。我国《社科表》的编制就属于这种情形。

2. 为叙词表引入严格的分类体系

如果检索系统原编有(或正在使用)一部叙词表,为发展其一体化检索功能,可在原有叙词表的基础上通过引入一个详细的分类体系,进行一体化改造。

①把原有的范畴索引和词族索引合并、改造为一个严格的分类体系。范畴索引仅是对主题词的粗略分类,词族索引是对词族等级关系的全面显示,二者都不具备独立的分类标引功能。如果我们把范畴索引和词族索引设法合并,并进一步细分,即把众多的

叙词纳入一个严格的等级体系,然后配上标记符号,就会成为一部完整的分类表。这部分类表的类目与叙词是一一对应的,并且在词义、词形等方面得到统一的控制,因而这两部分可以结合成一部一体化词表。对范畴索引深化分类之前,可以根据编制分类表的需要对原有范畴划分进行适当的调整。叙词的多重等级关系在范畴索引中是多处显示的,而在分类表中只能出现在一个主要分类位置上,需要通过设置交替类目和建立属、分参照对多重等级关系进行显示。分类表中每个类目都应具有独立的检索意义,而叙词则未必,如"理论"、"过程"就没有独立的检索意义。因此,范畴索引的叙词转为类目时,要作一定的技术处理,如设置通用概念类表、把一些单元词变为复合词、把一些先组度较高的叙词改为叙词组配的形式等。为了类目划分和聚类的需要,有时还要增加若干非叙词的类目(即过渡性类目或非检索性类目)。

②引入一个分面分类表。由于分面分类表后组程度高,对复杂的主题概念用类目组配表述,很容易与叙词表取得匹配,结合成一体化词表。这种结合需要选择一个与叙词表的主题范围兼容、标引专指度相仿的分面分类法。如果叙词表综合性强、学科覆盖面大,选择相应的分面分类表就很困难。引入一个分面分类表前,应当对原有类目进行严格的、类似叙词的词形、词义及词间关系的控制和显示,同时还需要根据叙词表的主题范围对原分类法类目设置和展开深度进行调整。

③引进一部体系-组配分类法。这部分类法一般应当为原检索系统所使用、或是它已经被很多系统所使用,并有着良好的性能。利用引入的分类法充当叙词表的分类索引,从而形成一体化的整体功能。如美国的《市政叙词表》就是引入 UDC 后实现一体化的。由于体系-组配分类法(即半分面分类法)与叙词表的先组程度相近,容易取得比较理想的兼容。分类法作为叙词表的分类索引,需要把类目规范成叙词和叙词组配的形式,形成与叙词等

值对应和组配对应。当然,相应地要对原有叙词表的参照关系、词族关系作必要的调整。引入的分类法如果与叙词表在主题范围上不完全兼容,则可使用分类表的部分类目为叙词表编制分类索引。

3. 把分类表改造成为一体化词表

这种改造一般使用全分面分类表或半分面分类表才容易实现。如《分面叙词表》是在《英国电力分面分类法》基础上改造的,《伦敦教育分类法;英国教育词汇的叙词表/分类表》的前身就是一部典型的分面分类法。把体系分类法改造成一体化词表较为困难,因为它的先组程度太高,往往要"动大手术"。改造中要对分面分类法进行严格的词汇控制,在分类表中增设大量的参照。由于分类表的类名不像叙词表那样严格规范,有时不同的类目可能用相同的字面形式表述,这些都是分类表向一体化词表转化过程中需要通盘处理的。当然还得利用计算机及机编词表软件,自动生成对应的字顺叙词表。

4. 把现有的两种检索语言进行有机的结合

一种办法是现有的一种分类语言与主题语言通过改造融合为一个有机的整体,实现分类主题一体化。如分面分类法 + 叙词表,或体系分类法 + 标题表等。

另一种方法是编制两种检索语言的对照表,全面沟通两者的联系,实现对应转换。如 UDC 专业表与 UNESCO 所编各种叙词表的对照索引、《中图法》与《汉表》的对应表就是典型的例子。

对两种检索语言进行一体化改造,要考虑检索系统所用检索语言的现状和功能要求,在选择改造对象时,检索语言之间的学科范围及术语的兼容程度,先组度与专指度等因素都是不能忽视的。

二、一体化词表的编制程序

一般叙词表的编制步骤如图 5 - 4 所示。

传统的编表方法存在着以下几个缺点:①头绪多,必须分别

```
┌─────────────────┐
│  总  体  设  计  │
└────────┬────────┘
         ↓
┌─────────────────┐←──────────────────┐
│  收  词  选  词  │                   │
└────────┬────────┘                   │
         ↓                            │
┌─────────────────┐←──────────────┐   │
│  词  汇  审  核  │               │   │
└────────┬────────┘               │   │
         ↓                        │   │
┌─────────────────┐               │   │
│  词  汇  控  制  │               │   │
│  编  配  参  照  │               │   │
└────────┬────────┘               │   │
         ↓                        │   │
┌─────────────────┐               │   │
│  排序、编成主表  │               │   │
└────────┬────────┘               │   │
         ↓                        │   │
┌─────────────────┐               │   │
│  编制辅助索引   │               │   │
└────────┬────────┘               │   │
         ↓                        │   │
┌─────────────────┐───────────────┘   │
│  试标引及修改   │───────────────────┘
└────────┬────────┘
         ↓
┌─────────────────┐
│ 完成编制、付印  │
└─────────────────┘
```

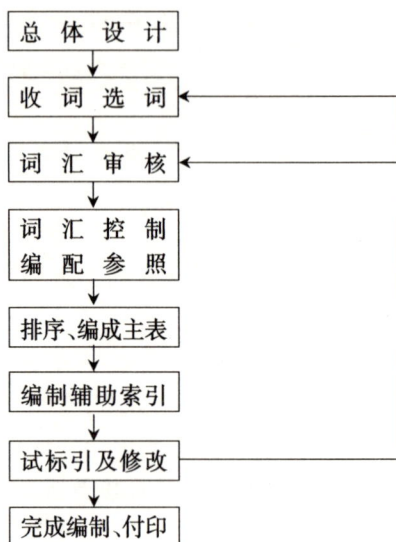

图5-4　传统叙词表的编制流程

完成字顺表及辅助索引,耗费的人力、物力较多,而且难以保持一致。②收词、选词及确定词间关系,除了查看一些参考材料外,全凭编表者个人的知识和经验,冥思苦想。③孤立地逐个审词,零敲碎打地构造参照。④用手工编制参照和进行编排,事务性工作量大,而且难以对错漏进行反馈修改,出错率较高。

与这种手工、经验式的编表方法相反,一体化词表采用了系统方法控制编表的过程(参看图5-5)。这个编制程序有以下三个特点:

①用分类手段控制收词,可以克服用列举的方法选词往往遗漏词汇、难以达到较高的专指度的缺点。通过编制分面分类法,编制者可以根据学科(或主题领域)的层次、结构,把某一学科的不同方面、不同层次、不同专指度的词汇收全。

182

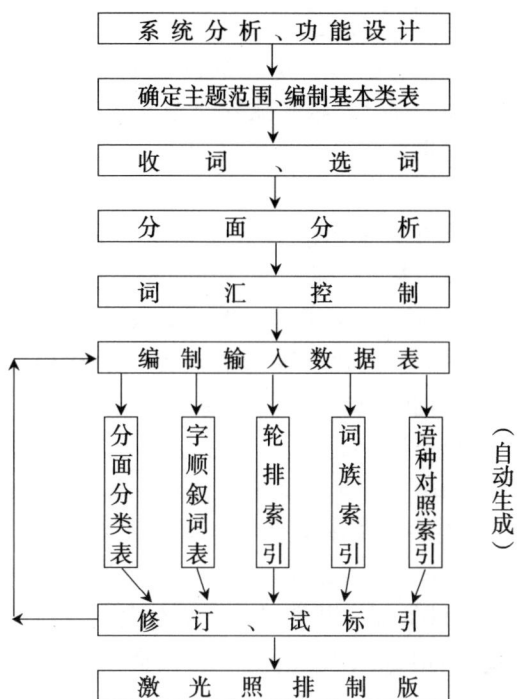

图5-5 一体化词表编制基本程序图

②用分面分析技术辨析词间关系,有助于辨别同义词和准同义词,有助于发现等级关系中的遗漏和发现多重等级关系,甚至有助于辨识相关关系,从而正确、完整地建立各种参照。

③用计算机辅助编制,可以简化编制程序,节省人力和物力,提高编表质量,而且生成的机读词表具有多种功用。

④用系统方法编表,可以建立一个完整、详细的分类体系,用于分类标引。

三、一体化词表的编制技术

一体化词表编制的每一步骤都包含了一定的编制方法和技术,下面以《社科表》为例来扼要介绍其中的分面分析、词汇控制和计算机辅助编表三项主要技术。

1. 分面分析

艾奇逊曾经撰文指出:"与纯字顺法相比,分类法有一定的优点。在编制过程中,词汇可以在学科范围内考虑,而且采用分面技术可以发现子领域的基本结构,显示收录范围的空隙和新的词间关系。……由分面分类法提供的结构也有助于在更新阶段插入新词,并提示它们的词间关系。"*

由于分面分类法有着显而易见的优点,因而《社科表》决定它的宏观结构由一部半分面分类法和一部字顺叙词表组成。《社科表》的分类表由基本类表和分面类表两部分组成。前者显示传统的学科体系,由通用概念及马列、哲学、社会科学、自然科学、综合性科学五大部类、19 个基本大类组成。基本大类展开二、三级,列出传统的学科、专业或惯用类。如"T 艺术"大类就列举出美术、音乐、舞蹈、戏剧、电影、建筑艺术等二级类,美术下又分列绘画、摄影、雕塑、书法、工艺美术等三级类。三级类下属于分面类表,就要进行分面分析,显示学科内部的分面结构。这样做既保持了学科的完整性,又具有分面结构的灵活性。

分面分析是对主题概念(或叙词)进行范畴化处理的技术,即通过对每个大类中的大大小小的概念进行分析,按照严密定义的特征将它们分成若干个性质纯粹的词组。通过分面

---

* 见 Aitchison, J. Integration of thesauri in the social science. International Classification, Vol. 8, No. 2, 1981.

分析,在学科性类目下形成组面——亚面——类目的层次结构。在一体化词表中,分面分析成为确定词间关系、编制分类输入数据表的主要过程和技术(详见《图书分类》修订版第二章)。在编制一体化词表中应用分面分析技术要注意以下三个问题:

（1）根据不同学科的情况,确定分面结构处理的程度和分面分析技术的应用。《社科表》对于一些学科体系性弱的学科,诸如图书馆学和情报学、体育、文学、教育等,在学科内几乎采取了全分面的技术,大类的次序强调按照引用次序及倒置原则予以排列。但是对于一些学科性质强的学科,诸如哲学、宗教、心理学、历史等,则在学科内尽量保留其原有的学科框架和体系,以保持学科体系的完整性,这些学科下大类的排列,不再强调引用次序及倒置原则。对于这些学科,主要采用改造体系分类法的主要技术——多重列类,即同时使用多个分类标准,从不同角度划分同一个类目,进行横向展开。换句话说,这样做是在某一学科内编制众多的微型分面分类法,尽管这一学科尚未改造成分面的结构。这样也可以基本上弥补这些学科分面结构程度差的缺陷。

（2）区别情况,处理好学科与组面的关系。《社科表》通常采用以下几种办法:

①在一个大类内专设一个学科面,把各学科概念集中排列,其他均按组面划分,如:

```
教育学
    教育哲学 ⎫
    教育心理学 ⎪
               ⎬ 学科面
    教育社会学 ⎪
    教育经济学 ⎭
    …………
    教育系统 ⎫
    教育设施 ⎪
    教育人员 ⎪
               ⎬ 基本组面
    教学     ⎪
    课程     ⎪
    学生     ⎭
```

②在一个大类内,划分出若干二、三级学科,在各分支学科下分别划分组面。当分支学科独立性比较强时,宜用这种办法处理。如:

```
方法科学
    系统科学    →划分组面
    信息科学    →划分组面
    控制论      →划分组面
    耗散结构论  →划分组面
```

③在一个大类内,先划分出若干有共性的通用组面,再在各分支学科下划分个性的组面,如:

```
生物学
          ⎧ 形态
    通用  ⎪ 细胞
    组面  ⎨
          ⎪ 生理
          ⎩ ……
```

$$\text{学科}\begin{cases}\text{微生物学} \rightarrow \text{划分组面}\\\text{植物学} \quad \rightarrow \text{划分组面}\\\text{动物学} \quad \rightarrow \text{划分组面}\end{cases}$$

......、

此种情况如学科下类目不多或不便划分组面,也可以不按组面设置类目,但须尽量采用多重列类的方法。

(3)灵活运用分面分析的方法。由于一体化词表采用的是体系－组配分类法,因而不能恪守分面分类法的规定。例如,分面分析技术要求,每一组面列出的概念的性质必须是纯粹的,这样在分面分类表中等级结构只能显示类目之间的属种关系。像《社科表》中的教材:

GR　教材

　　　　(按形式分)

GR4　直观教材

GR5　视听教材

　　　　(按编者分)

GR6　统编教材

GR7　乡土教材

　　　　D 地方教材

GR9　翻译教材

　　　　D 外国教材

《社科表》为了把众多的叙词组成一个分类体系,允许在分类表中用等级结构反映非属种关系,诸如整体和部分关系、事物与其方面关系及其他相关关系,例如:

GR　教材

　　　　(按编制过程分)

GR1　教材计划

GR2　教材编写

GR31　教材出版
　　　　（按宏观控制分）
GR33　教材管理
GR35　教材评价
GR36　教材改革

2.词汇控制

为了实现分类表与叙词表的一体化,必须对这两部分的词汇实行严格的控制。《社科表》在收词、选词及分面分析之后,集中对分类输入数据表实行了以下几方面的词汇控制:

(1)词形控制。一般分类表不重视类名的规范,而《社科表》则规定每个类目只能用一个语词(单词、复合词或词组)作为类名,一个语词只能采用一种书写形式。不同的字面形式的语词或同义词一律列入类目的 D 项参照。禁止采用类组或同时并列几个词作为类名。

(2)词类控制。类名除采用名词、名词性词组外,《社科表》规定允许采用形容词,如"静止的"、"固定的"、"对称的"、"不对称的"、"基本的"、"辅助的"等具有构词功能的词。这是一般分类表不允许的,即使在辅助表中也不会收录。这类词不能单独使用,可与其他词组配表达专指的概念。

(3)词义控制。《社科表》规定类名的含义必须独立、完整,不得采用简称。如类名含义模糊,可以采取叙词表词义控制的方法,在类名后加上限义词、定义或必要的注释,但类名的注释不包括同义词。这不同于一般分类表的做法。

(4)词间关系控制。除了一般分类法所采用的词间关系控制手段以外,《社科表》主要采取了以下方法:

①在类目之下大量增设属项、分项和参项参照,以显示在其他大类出现的上位概念、下位概念和相关概念。这种作法与 ROOT 表相同。

②为了构造类目体系,可以少量收录一些聚类词或过渡词,如教育类的"学科教育"、"课程科目"、经济类的"经济学分支学科"等。必要时还可收录个别的类组类目,如"社会科学和人文科学"等。但是这些词不能用于检索,因而《社科表》用符号控制,不让其在叙词表中对应生成。

③用控制符号明确上位类与下位类之间的关系。上文述及,《社科表》中等级结构既可以显示属种关系,又可以显示整部关系、方面关系及其他相关关系。这样上、下位类之间就可能有以下四种情况:第一种是属种关系,《社科表》的输入数据表规定类号后的上位词性质项可空缺;第二种是相关关系,即上位类与下位类之间具有相关关系,《社科表》规定上位词性质项目可用(C)表示;第三种,如上位类系过渡词或聚类组,上位词性质项可用(P)表示,表示下位类可以越过前面标有(P)的上位类,与上一级类目形成参照关系;第四种是上、下位类之间关系不密切,既非属分关系,又非相关关系,上位词性质项可用(N)表示(参见图5-6及5-7)。有了上位词性质控制等,就可以在字顺叙词表中对应生成有关的参照。根据图5-7的几个上位词性质控制符,可以生成下列参照:

教育原理　　S　　教育学

教育目的　　C　　教育原理

人格发展教育　　S　　教育目的

教育本质　　C　　教育原理

另外,"教师行为"和"学生行为"两词不与其上位类"教育社会心理学"发生什么关系(即不生成任何参照)。

(5)先组度控制。《社科表》为了保持某一学科或某一组面中类目体系的完整性,规定在分类表部分保留一些先组度较高的词组,并引入组代参照,说明其分解的方式。而在字顺叙词表中则把这个先组度较高的词组当作非叙词收录,分类表的先组与叙词表的后组就可以这样实现兼容。例如:

GB81　教育观察研究法

　　　Y　教育研究法＋观察研究法

在字顺叙词表中出现以下三条参照

①教育观察研究法

　　　Y　教育研究法＋观察研究法

②教育研究法＋观察研究法

　　　D　教育观察研究法

③观察研究法＋教育研究法

　　　D　教育观察研究法

（6）专指度控制。《社科表》采取由分类输入数据表统一生成分类表及叙词表的办法，加上先组度的控制，这样二者的专指度就完全一致了。

　　3.计算机辅助编表

　　使用电子计算机辅助编表，是一体化词表的重要特点之一。计算机辅助编表是人和机器进行合理的分工。由编表人员完成系统软件设计、输入数据的搜集和加工；由机器完成自动生成词表以及打印、激光照排等项事务性工作。

　　《社科表》的输入数据不采取叙词登记卡的形式，而是一个呈分类表状的输入数据表。其中著录的项目包括：

类级　类号　上位类性质　类名/英译名

　　　　　［P］:非叙词,可越级生　　J 注释项
　　　　　　　成参照　　　　　　　　Y 用项
　　　　　［N］:本类不与上位类构成　D 代项
　　　　　　　属种或相关关系　　　　S 属项
　　　　　［C］:本类与上位类是相　　C 参项(指向他类的参项)
　　　　　　　关关系, 不是属种　　［C］参项(同位类之间的参项,
　　　　　　　关系　　　　　　　　　　不在分类表中生成C项参照)

　　图5-6　《社会科学叙词表》输入数据表的著录项目

190

例如图 5-7 为教育类输入数据表的片断。输入数据表的形式与一般的分面分类表基本相同(参见图 5-7),只是在类号前增加了类级,以控制分类表的版面格式,并在类号后增加了上位类性质项,以辨识上下位类之间的关系。另外在每个类名的词与词之间增添了斜杠(即分词符号),以便生成轮排索引。

2 GB   教育学/Pedagogy
    D教育/科学/Education sciences
3 GB2   教育原理/Principles of education
    C〔教育哲学〕
4 GB24〔C〕   教育/目的/Aim of education
    D 教育/目标/Target of education
    C 教育标准
    教育方针
    教育评估
    (按类型分)
5 GB242   人格/发展/教育/Personality development
5 GB244   环境/发展/教育/Environment development
5 GB246   通才/教育/Universal genius education
4 GB25〔C〕
    教育/本质/Essence of education
……   ……   ……
3 GB6   教育/心理学/Educational psychology
4 GB67   教育/社会/心理学/Educational psychosociology
    D 教育/心理/社会学
    S 教育社会学
5 GB671〔N〕   教师/行为/Behavior of teachers
5 GB672〔N〕   学生/行为/Behavior of students

图5-7 《社会科学叙词表》输入数据表(片断)

输入数据表是手工收词选词、分面分析及词汇控制全部劳动的结晶,决定一体化词表的最终质量。因此必须精心地编好输入

191

数据表,并准确无误地输入机器。输入数据表经过编辑加工,增添一些管理用的数据,即可建成一个叙词表数据库,以便日后自动生成词表,进行词表的维护和管理。

目前国内外已编出多种机编词表的软件,并且已经实际应用于一体化词表的编制和管理之中。《社科表》采用的是分面叙词表计算机辅助生成系统(简称 TFCACS)。TFCACS 的工作流程示意图见图 5 –8。它具有如下几种功能:

①输机建库。将原始数据输入机内,按建立的数据库结构存放。

②查错校对。对于重复输入的类目和未按递增次序输入的类号具有识别能力,并提示修改;对叙词表中不存在的关系词有识别能力,可以提示词表修改错误的或矛盾的词间关系。

③编辑排版功能。可以根据输入数据自动生成分面分类表、字顺表、轮排索引、词族索引、英汉对照索引、英文叙词表等叙词表产品。它可以根据输入词间关系中的一方,自动生成互逆词间关系的另一方,避免出现盲参照。

④多种统计功能。TFCACS 系统可以统计各级类目的数量,统计叙词、非叙词及组代词的数字,统计词表的参照度、等同率及关联比等。当与计算机标引或检索系统接口时,还可以进行词频统计。

⑤输出、打印功能。可将编辑好的叙词表产品按给定的版面参数,排列成规定的版面格式,逐页显示并从打印机上输出。打印过程中还可以逐页在每页的上端打印本页的起止汉字及拼音的字符和承接前页的各级上位类,也可以自动记录中断的页码以及补打其中任何一页。

⑥维护管理功能。通过管理软件,可对机内词表进行词和词间关系的增、删、改,并可以把修改后的词表打印出来。

⑦标引和检索功能。在 TFCACS 的基础上予以扩充,如增加

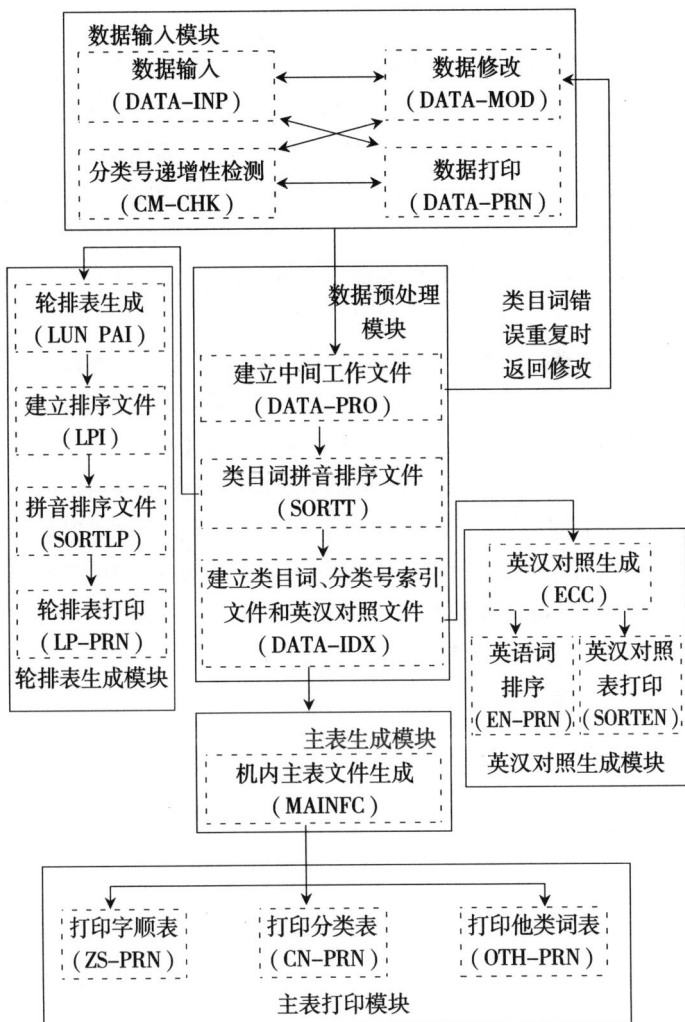

图5-8 分面叙词表计算机辅助生成系统（TFCACS）工作流程示意图

标引和检索操作接口,就可以用于本词表的计算机辅助标引和检索。

计算机辅助编制叙词表的各种优越性详见第九章第二节。

根据《社科表》等分类主题一体化词表的经验,用计算机辅助编制汉语叙词表还有一个突出的优点,即可以革新词表的版面。具体表现在:①机器自动排序,可以省去每一款目词的汉语拼音,加之计算机辅助编辑、排版可以提高排版的密度,这二项大约可以节省整个词表的1/4 到1/3 的篇幅;②利用机器自动编配地址代码的功能,可以为每个叙词(包括非叙词)及参照项的叙词编配字顺序号和分类号,从而大大提高查词的速度。这对于查检速度很慢的汉语叙词表来说,具有重要的意义。③可以根据用户的需要,输出有特殊要求的版面形式,诸如参照系统实行等级关系全显示或混合显示,删减词表中的某些项目以避免分类表部与字顺叙词表部的重复反映等等。总之用计算机辅助编表,不仅可以推动词表机读化的发展,而且可以改变汉语叙词表的编制往往工程浩大、兴师动众、旷日持久和质量平平的状况。

第六章　主题标引工作

第一节　主题标引工作概述

所谓标引工作,是指根据文献的特征,赋予某种检索标识的过程。其中,根据文献具有检索意义的内容和其他特征,赋予相应语词标识的过程,称为主题标引。

主题标引工作作为文献标引的重要组成部分,是建立主题检索工具和检索系统的基础和前提。它和分类标引一起,构成从内容出发揭示文献的两种基本方法,对文献利用具有重要的意义和作用。通过对文献赋予主题标识,主题标引可以利用标识的顺序,将原来无序的文献信息转化为有序的、便于查找的集合,从而为从主题角度进行文献检索提供了可能。因此,主题标引是文献检索和利用的关键环节之一。

主题标引虽然和分类标引一样,都是从内容着手对文献进行揭示的,两者在文献标引对象、标引要求以及标引技术上,也都存在着一定联系,但是作为一种特定的标引方法,主题标引具有不同于分类标引的特点,因而必须根据其本身的要求进行,不能照搬分类标引的方法。

一、主题标引的方式

主题标引依据不同的区分标准,可以分成多种不同的标引方

式(见表6-1)。其中,按照对文献内容的揭示特点,主题标引可以分为以下几种:

1. 整体标引

表6-1　主题标引方式

区分标准	标引方式
按标引的机械化程度	人工标引
	机械标引
	结合标引
按标识受控程序	受控标引
	自由标引
	混合标引
按标引阶段是否组配	先组式标引
	后组式标引
按标引深度	深标引
	浅标引
按对文献内容揭示的特点	整体标引
	全面标引
	对口标引
	综合标引
	分析标引
按标引时选词的特点	专指标引
	上位标引
	靠词标引
	增词标引
按标引组织方式	集中标引
	分散标引

整体标引,亦称浅标引,是一种概括揭示文献基本主题内容的标引。这种标引只揭示文献中具有检索价值的整体性主题内容,不揭示文献涉及的各种从属主题。例如,对《图书馆学基础》一书,在进行整体标引时,只要根据文献的整体性内容,用"图书馆

196

学"和"教材"两个主题词进行组配标引就可以了,对该书中论述的各个附属主题,则不一一揭示。

如果文献同时论述几个主题,则可视需要对几个主题分别进行标引。例如,对《汽车与拖拉机液压传动系统》这一文献,就应根据文献论述的主题对象,标引为:"汽车——液压传动系统";"拖拉机——液压传动系统"。

整体标引主要用于手工检索系统,是综合性图书馆或情报机构对普通图书标引时采用的基本标引方式。

2. 全面标引

全面标引,亦称深度标引,是一种充分揭示文献论及的所有重要主题概念的标引。这种标引不仅要求揭示文献论述的整体主题,而且要求揭示文献论述的符合检索需要的各个从属主题概念。例如,对《图书馆学基础》一书进行全面标引时,除采用"图书馆学"和"教材"进行标引外,一般还应对书中论述的各个有检索价值的主题概念,如"图书馆事业"、"图书馆网"、"图书馆目录"、"读者工作"、"图书馆管理"、"图书馆业务辅导"、"图书馆现代化"等一一予以揭示。

全面标引可以加深对文献内容的揭示程度,有利于提高检全率,但要花费较大的人力和物力,适合于通过计算机检索系统处理论文、技术报告、专利等类型文献。

3. 对口标引

对口标引,亦称重点标引,是一种只对文献中适合本专业需要的主题内容进行揭示的标引。例如,上文提到的《汽车和拖拉机液压传动系统》一书,汽车制造或研究单位在采用对口标引的情况下,可只使用"汽车"和"液压传动系统"两个主题词进行标引,对于拖拉机液压传动系统这一主题内容则一般不予揭示。

对口标引可以使主题标引有较强的针对性。有明确服务对象的专业情报机构通常采用这种标引方式。

4. 综合标引

综合标引是一种以整套丛书、多卷书、论文集、会议录等为单位进行的概括性标引。综合标引一般应同时标出表示文献类型因素的主题词。例如,《中国近代史资料丛刊》一书,在对整套书进行综合标引时,应当用"中国"、"近代史"、"丛书"三个主题词进行组配标引。

综合标引可以把按某一专题或某一目的编制的一组文献集中加以揭示,从而方便读者从相应角度完整检索和使用。

5. 分析标引

分析标引是一种根据文献中部分章节或丛书、多卷书等整套书中每一种书或每一卷书等进行的标引,相当于分析编目。例如,《西行漫记》一书中记述毛泽东生平的篇章,对研究毛泽东生平活动有较大资料价值,可以在对全书进行整体标引的同时,将这一部分内容以分析标引的方式加以揭示,标引为:"毛泽东——传记"。

分析标引是与整体标引和综合标引相对应的标引方式,其作用在于,可以在进行整体标引或综合标引的同时充分揭示文献中有检索价值的主题内容。

文献标引方式的确定是和文献单位的设备条件、收藏范围、文献特点、用户需求等多种因素相联系的。在各种标引种类中,国内大多采用手工标引,以受控标引为主;手工检索工具中多数采用先组式标引,机检系统则以后组式标引为主,结合采用先组方式编制各种手检目录或索引。在各种类型文献的处理中,综合性文献单位对普通图书资料一般采用整体标引方式,必要时以分析标引加以补充;对丛书大多同时采用综合标引和分散标引方式;对多卷书、论文集、会议录等通常只采用综合标引,必要时才适当进行分散标引;一般只对特定领域的科学论文、技术报告等进行全面标引。专业文献单位则多为对口标引或全面标引。

二、主题标引工作程序

为了保证标引工作的质量,主题标引工作必须遵守一定的操作程序。主题标引工作包括下列基本步骤:查重—主题分析—查表选词—确定主题标识—给范畴号—复核。(见图6-1)

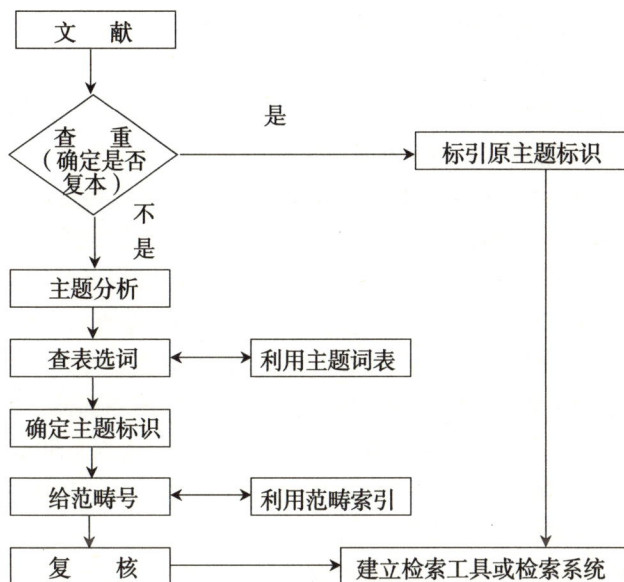

图6-1 主题标引程序图

1. 查重

和分类标引相同,对进行主题标引的文献,首先必须查重,即根据公务书名目录,判定该文献是否为已进行过主题标引的复本,以便区别情况进行处理。科技情报部门的文献资料很少重复,此程序可以省略,但如处理的对象是图书,则必须重视这一步骤。如属复本或一书的不同版本,可仍使用原书的主题标识,如系新书,再按标引要求进行操作。

查重的目的主要是为了减少标引误差,使同一文献的主题标识一致。在主题标引和分类标引同时进行的文献单位,两者的查重工作可结合进行,一次完成。但应注意,不少单位主题标引工作开始较晚,许多已分类的藏书,并未作过主题标引,对这类书的复本,仍应和其他新书一样,重新进行主题标引,可结合利用分类标引的成果,将其转换成主题标识。

2. 主题分析

要标引文献主题,首先必须对文献内容特征进行分析,确定需要揭示的主题概念。和分类标引相比,主题标引中主题分析的特点,一是不受学科体系的限制,比较直接;二是不受类目系统的束缚,对主题成分的揭示比较充分,可以在深入分析主题构成因素的基础上对主题概念作出取舍。因此,必须根据主题标引的特点,应用概念分析的方法,对文献主题类型及其构成因素进行分析,在充分了解文献内容和研究对象的基础上,依据检索工具采用的标引方式,对具有标引价值的主题概念进行概括、提炼和选择。

和分类标引相同,对文献的主题分析主要应依据文献篇名、前言、目次、文摘、简介及参考文献等,必要时可浏览正文,切忌单凭书名或题名进行主题分析。

在主题分析阶段,对文献内容的分析和提炼不受词表限制,标引人员可以自由选择相应名词术语表示文献论述的各种主题概念。

3. 查表选词

查表选词是利用特定的受控词表,将析出的主题概念用词表中规范化的主题词加以转换的过程。目前各国使用的受控词表,主要有标题表和叙词表两种,其中,尤以叙词表的使用较为普遍,因此本章侧重介绍使用叙词表对主题概念进行转换的方法。本章中所说的主题词,一般均指叙词。以叙词表为工具查表选词,对复杂主题概念可以采用两个或多个主题词进行组配标引,和标题法相比,标引精度高,转换过程复杂,要求遵守一定的程序和方法。一般应在了解词表各个组成部分功能和特点的基础上,根据查词规则、组配规则等进行转换。目前国内最典型、使用最广的叙词表是《汉表》,为便于说明,本章对查表选词方法的介绍,主要依据《汉表》。

在查表选词过程中,应注意根据词表管理的要求,作好主题词标引的各种记录,例如:标引词使用频率记录、上位词标引记录、近义词标引记录以及新增词标引记录等,为词表的发展和完善创造条件。

4. 确定主题标识

在完成主题概念转换的同时,必须对主题词进行处理,确定输入检索系统的主题标识。确定主题标识主要应根据本单位建立主题目录、索引或机检文档的具体规定,对主题词分组,拟定标题或对机检标引词进行处理。

主题词分组是指根据检索需要,将标引同一文献的主题词按照主题概念之间的关系分成若干组。分组的目的是为了避免主题词之间可能出现的错误联系,通常对并列多主题文献的主题标识,以主题为单位分为若干小组,主题索引也经常根据组配级别的规定,将属于同一复杂主题的构成成分分组标引。

在主题词分组的同时,先组式标引还应根据手工检索工具的要求,选择具有独立检索意义的主题词作主标题,同时根据其它主题词与主标题的关系,确定标题,以此作为手检工具中主题款目的标识。后组方式的标引,则直接以各个主题词为标引单元,必要时为主题词加上联号、职号等辅助符号,以揭示主题词之间的联系及其性质、作用等,供检索使用。同时建立机检、手检系统的单位,则可结合两者的不同要求进行标引,通过一次性处理,获得两种主题标识。

5. 标范畴号

进行主题词标引的同时,还应根据需要确定文献所属的学科范畴,赋予相应的范畴号。通常可以根据主题的主要学科属性,依据词表范畴索引确定其学科归属。一个标引单元至少应给出一个范畴号,必要时可以同时给出两个或多个范畴号。范畴号的作用主要是便于按学科范畴组织文献记录、编排分类检索工具,在机检或手检系统中按范畴,或与标引词结合进行检索。

在同时进行分类标引的单位,一般不必再标引范畴号,可直接根据现行分类法号码,建立分类检索工具。

6. 审核

审核是保证文献标引质量,减少标引误差的重要步骤。应根据标引要求,对主题标引工作的各个主要环节逐一进行核查,内容包括:主题概念的提炼是否准确,是否符合标引方针? 选用的主题词是否确切表达了文献主题概念? 主题标识的转换是否符合标引规则? 主题标识的拟定是否符合检索工具的要求等,通过审核,使标引结果保持一定的质量水准,并将其输入检索系统。

为保证审核质量,这一工作应由有工作经验和较高标引水准的标引人员担任。

三、主题标引的质量控制

1. 衡量主题标引质量的因素

主题标引工作质量的衡量,涉及到多种因素,如:标引的准确性、针对性、适用性、相关性、成本费用等,但其中最核心、最关键的因素则是标引的专指性、网罗性、一致性。

①专指性 亦称专指度,是指主题标识与文献主题概念的相符程度。它是根据对主题概念揭示的精度衡量标引质量的一个因素,较高的专指度,有助于提高检准率,满足用户对特定主题文献的查找。例如:对"个人微处理机"这一主题的文献,如直接用"个

人微处理机"这一专指主题词标引,用户可以直接从该主题词下检出相应文献;而如果用"微处理机"这一上位词标引,用户就必须找遍"微处理机"下的全部款目,才能检全有关"个人微处理机"的所有文献,从而必然会增加查找时间,影响检准率。当然,过于专指,也会造成文献分散,影响检全率。因此,应当采用适当的专指度。标引的专指度通常应根据文献标引和检索的需要,通过词表加以控制。要保持适当的专指度,必须在准确提炼主题概念的基础上,选择词表中与待标概念内涵、外延最接近的主题词加以转换,在系统允许的范围内达到较高的专指度。

②网罗性 亦称标引深度,是指一篇文献所论述的各个主题概念被确认并转换成检索标识的完备程度。通常指一篇文献被赋予主题词的平均数量。在先组式检索工具中,则是指一文献占有的平均主题款目数量。标引深度是根据对文献主题内容揭示的广度衡量标引质量的一个因素。较高的标引深度有助于提高检全率,但会影响检准率。假设一个文献在重点论述 A、B 两个主题的同时,也论及了 C、D、E、F 四个主题内容,如标引时将六个主题全部析出,用主题词加以转换,就达到了完全的网罗度。这样做,可以从不同论题出发检出该文献,实现高检全率。但提高标引深度,必然会把一些未作重点论述的次要主题包括进去,从这些主题角度检出的文献包含该主题的信息量较少,从而会影响检准率。此外,随着对主题内容揭示的增加,主题词之间误组的可能性也随之增大,也会造成检准率的降低。相反,降低标引深度,可以提高检准率,但不利于从次要主题角度检出文献,必然会影响检全率。因此,关键是应当采用适当的标引深度。不同检索系统应当根据其设备条件、文献类型、服务需要,规定相宜的标引深度。机检系统容量大、组配灵活,宜采用深标引;手检工具受检索手段和条件的限制,宜采用浅标引;专业单位应对专业文献进行详尽标引,综合性文献单位则可在对一般文献概括标引的同时,有针对性地对某

些学科或文献类型进行深度标引,使得对文献主题的揭示在现有条件下取得较好的效果。

③一致性　所谓一致性,是指标引人员对同一主题内容文献标引的一致程度。标引的一致性可以指不同标引人员之间的一致性,也可以指同一标引人员本身的一致性,即在不同时间标引同一主题文献所给主题词的一致程度。提高标引一致性,有助于集中同一主题内容文献,提高检全率和检准率。最常见的对标引一致性的测度为配对测度:两个标引人员标引的一致度,是将两人对同一文献共同标引的主题词数和两人使用的标引词总数之比。即

$$一致度 = \frac{AB \text{ 两人共同标引的词数}}{A \text{ 或 } B \text{ 或 } AB \text{ 同时标引的词数}}$$

按照这一公式,如 A、B 两人分别用 abcdef 和 abcdgh 等主题词标引同一文献,则其一致度为:

$$\frac{abcd}{abcdefgh} = \frac{4}{8} = 50\%$$

一致度的最高值为 1,但实际上很难达到。这一方法也可以用来计算标引人员本人的标引一致性。

影响一致性的因素主要包括:标引的专指度、标引深度、词表类型、文献主题领域特点以及标引人员的水平等。可以利用对标引一致度的测算,对造成不一致的原因进行分析,有针对性地加以改进。例如:可以通过试验,对容易造成不一致的主题类型或主题词的类型进行分析,以便发现规律,予以解决。当然,主题标引的一致性,必须在标引准确的基础上实现,否则,即使达到较高的一致度,也不能提高检全率和检准率。

从上面分析可以看出,主题标引的专指性、网罗性、一致性是相互联系的。其中,专指性与网罗性的关系尤为密切。必须根据检索系统特点和需要加以确定,使标引结果既不遗漏有价值的主题,又详略得当。此外还应注意结合检索工具的设备条件和检索

方式,对标引词进行适当处理。例如,在机检条件下,可在深度标引的同时对主题词赋予一定权值,在充分揭示文献主题的同时指明其重要程度,提高检全率和检准率。

2. 控制主题标引质量的因素

要保证标引质量,使标引结果达到适当的专指度、合理的标引深度、较高的一致性,主要取决于标引人员素质、标引工作管理水平、词表质量以及标引规则的完备程度。

①提高标引人员素质 主题标引工作是一项专业性强,有相当难度的技术性工作。要胜任这一工作,标引人员必须具备下述知识和素养:

其一,应当具有熟练的业务技能。必须熟悉使用的词表,充分了解词表的编制原理、结构组成,熟练掌握标引规则和词表使用方法。同时,还应重视对图书馆学、情报学、文献检索以及主题法基本知识的积累,不断丰富自己的业务知识,提高对各种标引问题的分析和处理能力。

其二,应当建立合理的知识结构。应具有所标引专业的一定学科知识。同时,知识面要广,对与标引有关的各个知识领域的研究对象、学科分支、发展状况以及新学科、新技术、新方法等,也应当有所了解,能够自如地处理各种内容的文献。

其三,应当善于了解用户要求。能够通过与用户接触、进行用户调查等方式,了解读者的检索特点和查找习惯,根据对检索效果的分析改进标引质量,加强标引的针对性和适用性。

其四,应当具备一定程度的语文水平。除掌握本国语言外,一般还应掌握一到两门外语,对外文资料具有一定的阅读和处理能力。

②加强标引工作的组织管理 提高标引工作的组织管理水平,包括如下几方面内容:

其一,尽可能实行专业分工。分工目的是使标引人员工作范围相对稳定、职责明确,便于工作人员熟悉标引业务、了解标引规律、提高标引质量。

其二,加强标引过程的管理。严格遵守标引程序,每一工作环节均按标引要求进行,并指定有经验的标引人员把关校验,尽量减少不必要的误差。

其三,进行质量分析和管理。除及时解决标引中出现的具体问题外,还应注意发现影响标引质量的带有普遍性的问题,有针对性地予以解决。例如,可以针对某一文献类型的网罗性、一致性进行检测,以总结标引规律,提高质量。

③作好词表的选择与管理　词表是主题标引的工具和依据,词表水平的高低,直接影响标引质量。因此,要作好主题标引工作,必须根据标引需要选择或编制适用的词表。综合性文献单位一般可选择使用《汉表》,专业部门则可根据需要,编制相应专业词表。为了有利于不同词表的兼容,专业表的编制可在吸收《汉表》相应专业词汇的基础上,根据专业标引要求对主题词及其词间关系加以适当调整、充实,使其适合标引实践的需要。同时,对使用的词表应加强管理,定期修订,不断加以完善。

④制订明确的标引规则　一般应根据本单位专业特点、设备条件及入藏文献情况,对主题标引方式、标引深度、主题分析要求、查表选词、标识确定的规则等作出具体规定,以便对标引质量加以控制。

第二节　主题标引方法

一、主题分析

所谓主题分析,是指根据主题标引和检索的需要,对文献内容特征进行分析,提取主题概念的过程。具体而言,就是在分析文献主题类型、主题结构的基础上,对具有检索意义的主题概念进行提炼和取舍的过程。

主题分析是主题标引的基础。主题分析的质量如何,直接影响文献标引的效果。因此,必须掌握对主题类型和主题结构的基本分析方法,在充分把握文献内容对象及其构成因素的基础上,按照检索系统的要求,对主题概念作出取舍,确定待标概念。

1.分析主题类型

按照不同划分标准,文献主题可分为下述类型:

①单主题和多主题

根据文献中论述主题的数量,可以将文献主题分为单主题和多主题。

单主题是指一篇文献中只研究一个中心对象或问题。单主题可以概括论述某一特定事物对象,如拖拉机、图书馆;也可以论述一事物对象的一个或几个方面,以及与其他事物对象的联系,如拖拉机修理、图书馆现代化与管理等。对单主题文献,一般还应根据主题构成,区别情况进行分析。

多主题是指一篇文献同时研究两个或多个独立的事物对象或问题。例如,图书馆和情报所,汽车和拖拉机的维修与使用等。对多主题文献,也应以主题为单位,分别对各个主题的构成进行分析。

②单元主题、复合主题和联结主题

依据一主题中主题概念的数量和关系,可以分为单元主题、复合主题和联结主题。

单元主题是指只需要一个基本概念就可以概括的主题。例如,图书馆学概论、社会心理学等,论述的只是一个概括的对象或问题,可以直接用相应主题概念加以归纳。对这类主题的分析比较简单,只要把这一基本概念析出就可以了,不必进一步分析主题概念之间的关系。

复合主题是指由两个或两个以上基本主题概念结合构成的主题。例如："图书馆统计分析"、"中国石油的开发"等,都必须用两个或两个以上的基本主题概念进行描述和表达。对这类主题一般还须进一步分析其构成,弄清主题概念之间的关系,以便在此基础上对主题概念作出取舍。

联结主题,亦即相关系主题,是一种涉及到两个主题对象之间联系的一种主题类型,例如,"算图法在机械工程中的应用"、"唯物论与唯心论比较"、"天气对飞行的影响"等。此类主题中不同主题因素之间的联系比较松散,不像一般复合主题那样已经融合成一个整体。常见的有应用关系、比较关系、影响关系、倾向关系等。对这类主题,不仅要分析主题构成,还应进一步区分不同主题对象之间的关系类型,以便正确加以揭示。

③主要主题和次要主题

按照文献论述的重要程度,可以分为主要主题和次要主题。

主要主题是文献论述的主题内容中,作者重点论述的主题或称中心主题。一个文献一般至少有一个主要主题,有时也可以有两个或多个主要主题。例如,"公路运输和铁路运输"这一文献中,就包括公路运输和铁路运输两个主要主题。主要主题是主题分析的重点,一般应善于抓住主要主题,根据标引需要对其充分揭示。

次要主题是文献论及多个主题时不属于重点论述的主题。假如一篇论述主题标引的文献中,对分类标引的特点也作了概要说明和比较,在这一文献中,分类标引就属于次要主题。对于次要主题,应根据标引要求及其实际标引价值,确定是否将其析出。

④专业主题和相关主题

按照文献主题与检索系统专业的相关程度,可以分为专业主题和相关主题。

专业主题是指与检索系统专业性质一致的主题。它可以是主要主题，也可以是次要主题。对这类主题，一般应予充分揭示。如上例所举的情况，在图书馆专业情报系统中，只要该文献对分类标引的论述有一定参考价值，就可以考虑将它和主题标引这一主要主题同时析出。

相关主题则是指与检索系统专业性质不相一致的主题。例如，上文提及的"公路运输和铁路运输"这一文献，在铁道部门的检索系统中，"公路运输"这一主题就属于非专业的相关主题。对这类主题，专业检索系统往往不予揭示或只在对该专业的研究有联系、有启发、有一定使用价值时才酌情析出。

⑤显性主题和隐性主题

按照文献论述的直接程度，可以分为显性主题和隐性主题。

显性主题是指文献明确阐述、表达的主题。例如，"文献标引标准化"、"中国经济体制改革"这两篇文献中，明确包含"文献标引"、"标准化"、"经济体制改革"、"中国"这些主题概念。对显性主题的分析比较容易，可以根据文献论述直接加以提取。

隐性主题则是指文献没有用直接语词加以描述，而是隐含在不同字面形式中的主题。例如，用"加压素治疗休克引起冠心病"这一文献，除了休克、加压素、冠心病这些直接的主题概念外，还隐含着药物副作用、致病化学因素等主题概念。隐性主题往往容易漏标，一般应当在深入了解文献内容、并熟悉主题分析规律的基础上予以提炼。

上述对主题类型的划分，是根据主题标引的需要，从不同角度进行的，目的是便于根据各种主题类型的特点，从不同角度加以识别。一篇文献的主题，往往不限于某种划分中的一个类型，而是可以分属于几种划分中的不同类型。例如，"电子数字计算机原理"不仅是单主题，同时也属于复合主题、主要主题、显性主题，在计算机专业的检索系统中，属于专业主题，从而可以根据其特点，进一步进行分析、提炼和取舍。

2. 分析主题结构

主题结构是指构成主题的各个基本主题因素以及它们之间的相互关系。所谓分析主题结构，就是在分析主题类型的基础上，对文献中的复合主题进行分析，弄清其构成成分以及相互的联系，以便在明确主题构成的基础上，对主题概念进行提炼。

文献主题结构有其本身的规律性。为了便于正确、有效地分析文献主题构成，各国学者对主题结构及其关系进行了深入的探索，提出了许多主题分析的结构模式。目前国内影响较大的主题分析结构模式是刘湘生提出的主题分面公式和张琪玉的主题层次结构图。由于刘湘生的主题分面公式已为国家标准《叙词标引规则》所采用，下面我们主要依据该公式对主题结构分析的方法进行介绍。

对刘湘生的主题分面公式，前文已作概要介绍。其基本特点是把所有文献主题因素归纳成五个基本方面：主体面、通用面、位置面、时间面、文献类型面。其中，主体面是文献研究和论述的关键性主题概念，包括各种事物、学科、问题、现象等具有独立检索意义的基本概念；通用面是指和主体因素密切联系、但没有独立检索意义的一般概念；后三个面则分别表示文献论述对象所处的地理位置、时间以及文献类型概念。五个组面的主题因素中，主体因素是中心因素和主要检索入口，其余因素则对主体因素起限制修饰作用。根据五种因素的关系，作者确定主题分面公式为：A 主体面——B 通用面——C 位置面——D 时间面——E 文献类型面。

这一公式是确定组配次序的依据，同时，也可以用于概括、一致地分析文献的主题构成。

例如，对于"八十年代中国经济体制改革规划文集"这一主题，可以依据这一公式将其分解为：

A 主体面　　　B 通用面　C 位置面　D 时间面　E 文献类型面
经济体制改革　规划　　　中国　　　八十年代　文集

按照这一基本结构模式,就可以以统一的方式,对文献中的主题因素及其关系进行分析,并以此作为提炼主题概念的依据。

在实际主题分析过程中,文献主题涉及的范畴有时不足五个,对这类情况,可根据文献论述内容自动加以调整。例如,"拖拉机修理"这一主题,只涉及主体面和通用面。又如,"中国明代风俗习惯"这一主题,涉及本体、位置、时间三个面;"中国现代拱桥工艺"这一主题则涉及除文献类型外的其他四个面。

其次,文献主题因素所属的范畴是和不同学科的特点相联系的,应按照学科特点和论述情况而定。例如,"中国秦汉时代"这一主题中,地区概念"中国"和时代概念"秦汉时代",都属于文献研究对象,应将其作为主体面对待。又如,"年鉴研究"这一主题中,文献类型概念"年鉴"为文献研究对象,也应作为主体因素对待。

此外,有时文献的主体因素往往不止一个,此时,主体面主题概念可进一步按对象、材料、方法、过程、条件等次序展开。上述展开的因素中,对象是各种成分中的中心因素,其他因素则为对中心因素起修饰作用的辅助因素。这就把原来的公式进一步展开为:

$$A(A_1—A_2—A_3—A_4—A_5)——B——C——D——E$$

对主体面的这一区分和序列并不理想,但可在一定程度上扩大对主题结构的分析能力。例如,现有①"车床对铝合金螺帽加工"、②"混凝土跑道快速施工方案"、③"铝制高压锅的电视广告"等主题,可按这一公式分析如下:

A_1 对象	A_2 材料	A_3 方法	A_4 过程	A_5 条件	B 通用面
①螺帽	铝合金	加工		车床	
②跑道	混凝土	施工			方案
③高压锅	铝	广告		电视	

从上面介绍可以看出,这一公式对主题因素的划分特点是概

211

括、简明、便于掌握;同时,主体因素由具有独立检索意义的主题概念构成,可以作为确定主标题和进行轮排的依据,对确定手检标题有一定实用价值。使用这一公式,就可以根据文献主题一般规律,逐一查明文献包含的主题因素和它们的关系,并根据主题因素的性质和检索价值作出取舍。在五种主题因素中,主体因素是文献论述的关键内容,应作为析取主题概念的重点;其他因素则应根据文献论述的情况和检索需要,适当作出取舍。

当然,这一引用次序也存在着需要进一步改进和完善之处。必须注意在实际使用中吸收、利用国内外引用次序的各种研究成果,加以充实、改进,使其能适应各种情况。

这一分面公式的一个比较突出的问题是,过分强调概括性、简明性,对主题范畴划分不够充分,因此,在处理复杂主题,特别是在主题因素超出其划分组面时,对有关主题因素的次序,往往难以确定。例如,"直升飞机螺旋桨质量检测"这一主题中,"直升飞机"和"螺旋桨"均属文献研究对象,究竟应以哪一个为主? 又如,"汽车发动机燃油系统修理方法"这一主题中,汽车、发动机、燃油系统也都属于文献研究对象,应如何确定其次序? 上述情况虽然可以进行轮排,但第一,轮排会增加检索工具篇幅;其次,即使轮排,也应有一种主要排列方式。如果缺乏统一原则,在实际处理中就容易造成分歧。对这类情况,可参考国内外其他引用次序加以解决。例如,依据柯茨的显著性引用次序,这两个主题构成因素的关系次序应分别确定为:"直升飞机——螺旋桨——质量检测";"汽车——发动机——燃油系统——修理"。

此外,这一主题分析模式对主体面和通用面的划分,是以是否具有独立检索意义为出发点,而不是根据主题概念之间联系为基础的。在同时涉及几个主体因素的情况下,如果机械地按照主体因素和通用因素的次序分析文献主题,往往不能客观反映主题概念之间的联系,必须加以适当调整。例如,"中国工业经济发展规划的数学模型"这一主题中,"经济体制改革"、"数学模型"均为主体因素;"规划"、"中国"分别为通用因素和位置因素。如严格按上述公式分析,就会出现"经济体制改革——数学模型——规划——中国"这一次序,这显然是不恰当的。对于这类情况,不能机械地照搬分面公式,必须按主题概念之间联系,参考其他通用引用次序,将其确定为:"经济体制改革——规划——中国——数学模型"。

总之,分析主题结构,必须根据文献主题规律进行。可以依据一定主题分析结构模式,在查明主题因素及其关系的基础上,确定其中心部分和边缘、限定部分,重点选取中心主题概念,适当选取次要概念,根据检索的要求,作好对主题成分的确认和取舍。

3. 主题分析方法

目前使用的主题分析方法主要有下述四种:

①常规分析法。即根据通用主题类型和结构模式分析文献主题的方法。采用这一分析方法,一般应根据预先确定的通用主题类型和结构模式,查明文献论述对象和相关主题概念,在明确主题概念之间关系的基础上,对待标主题概念作出选择。这种方法比较适用于一般综合性文献单位;同时对专业文献单位,以及进行深度标引的单位也具有一定的适应性。

②提纲分析法。即根据预先确定的主题分析提纲,分析文献主题的方法。采用这种方法,一般应结合专业特点和情报需要,详细规定主题分析的各种要点和注意问题,作为主题分析的共同规范,以保证文献分析的一致性,避免遗漏有价值的情报概念。

例如,对于教育文献的分析内容,一般应包括:该文献是论述教育基本理论问题的文献,还是论述各级各类教育的文献?如属基本理论文献,其论述的内容、观点是什么?如果是后者,则应弄清受教育的对象是什么?他们的教育程度、教育类型是什么?是否涉及课程、教学方法、教师、教育环境、行政管理或建筑、设备等内容？是否涉及到和其他主题对象的关系？其关系类型是什么？文献中有没有重要数据？文献论述对象的地域或学校名称以及时间等。

又如,工业技术部门对工业产品制造文献的分析内容一般应包括:文献论述的产品是什么,何种类型和型号？是否涉及有关该产品的部件、材料和性能等主题内容？采用何种生产工艺？使用了哪些生产设备？是否有重要数据或新技术、新方法、新材料的信息,以及有关厂家的信息等。

主题分析提纲可以由各种提问组成,也可以是详细序列的组面或要点,远比通用结构公式详尽、并且可以在应用过程中不断完善。使用时,根据提纲的提示,对主题概念进行分析和选取,比较符合专业单位的需要。

③职能符号分析法。即通过为主题概念配置职能符号,分析、提炼文献主题概念。这种方法一般须按照一定的主题结构模式预先拟定一个详细的职能号表。标引时,根据主题概念的含义性质赋予相应职号。利用职号表,可以避免漏标重要的概念,同时可以直接排定主题词的组配次序。比较典型的例子是奥斯汀的保留上下文索引系统对主题概念的标引。该系统按照上、下文从属次序,为各种主题成分设置了详细的职能号和插入符号等。使用时,为每个主题概念配置相应职能符号,利用职能符号自动形成上、下文从属次序。例如,"印度棉纺织业职工培训"这一主题,在使用职号标引时方法如图6-2所示。

概念分析

词　语	职　　能	职能号
培　　训	及物动作	2
职　　工	动作的对象,和关键系统的一部分	P
印　　度	位置	0
棉纺工业	关键系统、即整体,包括动作的对象	1

输入串

(0)印度　　　　　　(P)职工

(1)棉纺工业　　　　(2)培训

图6-2　职能号的使用

④列表分析法。即根据主题分析中涉及的各种范畴及其联系,预先设计一种类似标引工作单的表格,使用时,利用表中所列的若干组面对文献主题概念进行分析。下面就是这种工作单的一种样例。表中横列为按照概念之间联系列出的各有关组面,纵栏数字表示该文献包含的不同主题。主题分析时,按照文献论述内容,将概念填入相应组面。例如,现有一论述四川水污染防治的文献,其中并重点论及岷江工业废水污染问题,对该文献的分析见下表。

主题	事物	部分	性质	过程	操　作	施动者	地点	时间	形式
1	水污染				污染防治		四川		
2	岷　江				污　　染	工业废水			
3									
4									
5									
6									
7									
8									

使用这一方法可以简化主题分析过程,减少分析误差和遗漏,

节省主题分析的时间,使分析结果尽可能一致。

上述四种方法各有特点,除常规分析法外,提纲分析法和列表分析法适用于学科范围较窄的专业主题领域,在覆盖面较宽的系统中可能作用不大。职能符号分析法则方便易行,适用面较广,并可以和机编结合进行。不同单位应根据情况选择使用。

4. 主题分析应注意的问题

（1）主题分析误差

主题分析可能出现的误差主要有下述三种：

①主题概念提炼不足。即提炼的主题概念少于应提炼的主题概念,没有把符合检索系统要求的所有主题都提炼出来。出现这一误差,会造成漏标、漏检,影响检全率。

②主题概念提炼过度。即提炼的主题概念多于应提炼的主题概念。这包括两种情况,一种是提炼了文献未论述的主题概念,其二是提炼了文献虽然作了论述,但不符合检索系统需要的主题概念。出现这一误差,会造成误标和过度标引,影响检准率。

③主题概念提炼错误。即提炼的主题概念与文献主题概念不相符,没有把文献中的主题概念正确提炼出来。出现这一误差,会同时造成误标和漏检,影响检全率和检准率。

（2）克服误差的办法

①要根据文献论述情况进行提炼。所提炼的主题概念必须是文献加以论述的内容。同时,应注意其是否有检索价值,重点选取新的有参考价值的情报,对于文献论述过程中涉及的回溯性主题内容,则一般不予提炼。

②要根据检索系统的分析水平进行提炼。主题分析按照其深度,可以分为概括分析和描述分析。概括分析一般只需析出该文献的整体性主题。描述分析则要求提炼出文献论述的全部有检索价值的主题概念。如检索系统采用的是浅标引,可按照概括分析的方法,只析出文献的中心主题和有较大检索价值的主题;如检索

系统采用的是深度标引,则应按描述分析方法,对文献论述的各种有检索价值的内容进行充分的提炼和选取。

③要根据检索系统的专业性质进行提炼。不同专业文献单位对主题分析的角度和取舍要求不同。一般来说,综合性文献单位要求根据文献整体内容,全面析出有检索价值的主题对象;专业文献单位则根据用户需要,重点选取与本专业有关的情报内容。因此,应当根据本部门的标引原则、重点、要求等,有针对性地对主题概念进行提炼。

④注意隐含概念的分析。隐含概念是指字面上没有直接揭示主题含义的概念,它们反映文献的隐性主题。作好对隐含概念的分析,有助于克服主题概念提炼不足和提炼错误,对改进主题分析质量十分重要。分析隐含概念的关键在于,应善于根据文献的字面描述把握文献论述的内容实质:

例:防止工厂废气扩散
　　(隐含污染控制)
利用养殖某种益虫消灭害虫
　　(隐含生物防治)
利用某种药剂驱除害虫对人体的危害
　　(隐含药剂防护)
利用废渣、废液制成某种产品
　　(隐含废物综合利用)

对隐含概念的分析,有一个逐步总结和积累经验的过程,应在了解专业知识的基础上,通过标引实践,掌握其规律性,不断提高。

二、查表选词

主题分析得到的主题概念,是以自然语言方式表示的。为了有利于标引的规范和一致,必须以词表为工具,将析出的主题概念转换为规范化的主题词,即叙词。要做好这一工作,一般应当在熟悉词表结构组成以及各部分功能的基础上,掌握查表抽词的规律。在使用《汉表》的情况下,对主题概念的转换一般应在注意了解各部分之间联系的同时,掌握查词途径及分解转换的方法。

1. 词表各部分之间的联系

《汉表》是由主表、附表以及辅助索引等部分组成的有机整体,可以从不同角度对叙词进行查找和使用。因此要正确、有效地使用《汉表》对主题概念进行转换,必须首先了解词表各部分之间的联系。

词表各部分之间的联系如下:

(1)主表与范畴索引的联系

主表与范畴索引之间的联系,是通过主题款目中的范畴号和汉语拼音建立的。主表叙词后均附有该叙词在范畴索引中所属类目的范畴号。从主表查范畴索引,可以通过该叙词的范畴号,了解其学科属性或查找属于同一范畴的其他叙词。例如,叙词"静电复印"后的范畴号为"07HA",根据该范畴号可以查出"07HA 文献复制"的叙词如下:

放大复印

复制中心

胶印复印

静电复印

卡片复印

热敏复印

缩微复印

文献复印

油印复印

照像复印

重氮复印

从范畴表回查主表,则可按所查叙词的汉语拼音在相应主表中查找。例如,上述"07HA"的叙词均可按拼音在自然科学部分的字顺主表中查找。

(2)主表、附表与词族索引之间的联系

词族索引是将主表、附表中按属分关系处理的叙词抽出,以词族为单位,按族首词字顺予以编排。为了便于从主表、附表查找词族索引,凡具有属分关系的叙词,叙词款目中均设有 Z 项(族项)和族首词标志"﹡"。凡 Z 项参照中的叙词、或带有族首词标志的叙词,均为族首词,可以按该词的拼音字顺,在相应词族索引中查找。其中附表的入族叙词收入社会科学部分的词族索引。

例一:激光显示

    S   大屏幕显示

    Z   显示﹡

例二:工具书﹡

    F   百科全书

         词典

         年鉴

         人名录

         手册

例三:东亚

    F   朝鲜

         蒙古

         日本

         中国

    S   亚洲﹡

上述叙词款目中"Z"项叙词和带﹡号的叙词"显示"、"工具书"和"亚洲"均为族首词,可按其拼音在相应词族索引中查找特定词族。例如,按族首词"显示"的拼音,可在自然科学词族索引中查出下述词族款目:

显示

　·大屏幕显示

　··动态幻灯片

　··光阀显示

　··激光显示

　·全息显示

　·数字显示

　·图像显示

　·微光显示

　·阴极射线管显示

从词族索引回查主表,则可按叙词的拼音字顺在相应字顺表中查找,以便可以通过叙词款目中的其它项目进一步了解该词的其它关系。其中,社会科学词族索引中,凡地理、人名等未配置范畴类号的少数词族,均为附表的组成部分,应在相应附表中查找。

(3)主表、附表与英汉对照索引之间的联系

主、附表与英汉对照索引的联系主要是通过英文名和汉语拼音建立的。

字顺表中的叙词下一般均注有该词的英文译名,供标引英文文献时参考查核。从字顺表查英文索引,可通过该词的英文译名,在相应英汉对照索引中查阅该英文的不同汉译词汇。例如,社会科学主表中的叙词"二重奏"、"调拨"的英译名分别为"Duet",和"Allocation",据此查社会科学部分的英汉对照索引,即可查出上述两词的全部汉语词汇:

Duet

　二重奏

　二重奏曲

　二重唱

Allocation

调拨

布局

配置

从英汉对照索引查阅主、附表,则仍按叙词拼音,在相应主表或附表查找,从而可以根据主、附表中该叙词款目的构成,进一步明确其词义及各种语义联系。

(4)辅助索引之间的联系

《汉表》辅助索引之间存在着下述直接联系:

①为便于直接从词族索引查找范畴索引,社会科学词族索引中除抽自附表的叙词外,其余词族的叙词后均注有范畴类号,可据此直接查找范畴索引:

例:Wenyu huodong

文娱活动	07B
·歌咏会	07B
·故事会	07B
·赛诗会	07B
·音乐会	11JA
··独奏会	11JA
·游艺晚会	07B
·游园晚会	07B

但自然科学部分的词族索引,主题词后未注明范畴类号,因此如需查范畴表,必须通过主表。

②范畴索引中凡属族首词,词后均注有族首词符号*,以便可以通过该词直接查找其族系关系。例如,社会科学中,"11FA 戏剧一般概念"类下的"剧本"、"迁换"、"人物造型(舞台)"、"舞台美术"、"舞台效果"、"戏剧""戏剧流派""戏曲""演员"等词后都注有族首词符号,可在必要时直接查词族索引。

③英汉对照索引中的汉语译名,凡族首词也均注有族首词符

号＊,可以在必要时通过该词直接查找族系关系。

《汉表》各组成部分之间联系可图示如下：

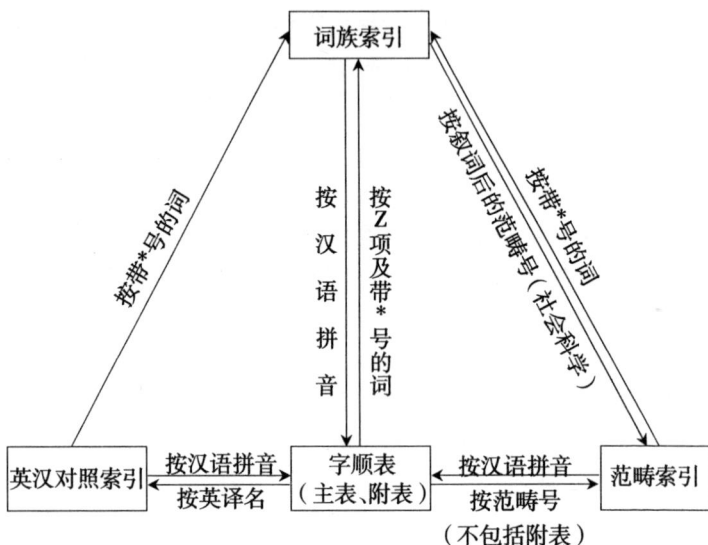

图6-3　《汉表》各部分之间的联系

2. 查词途径

使用《汉语主题词表》将主题概念转换成相应叙词,大体包括下述基本查词途径：

第一,直按查字顺表。这是进行主题概念转换的主要途径。只要析出的主题概念比较稳定,能够使用明确的语词形式表达,就可以通过字顺系统进行探索性查找。在查出有关的叙词后,如有必要,还应通过参照系统或词族索引进一步查核,确定与该主题概念相对应的专指叙词。

例如,在转换"学校组织管理"这一主题概念时,可根据概念性质,在社会科学主表中按拼音字顺查找,发现"学校组织管理"

222

为非正式叙词,对应的正式叙词应是"学校行政"。通过对该词进行查核后,确定"学校行政"即为所需的叙词,直接加以选用。

又如,在标引"载重15吨的汽车"这一主题概念时,可先通过自然科学部分的字顺表查出"载重汽车"这一叙词,然后,再利用该叙词的参照系统,对其下位词"重型载重汽车"进行查核,根据该叙词下"载重大于7.5吨"的注释,确定可以使用"重型载重汽车"进行标引。

依据字顺系统进行查找,使用的语词必须和词表叙词一致或接近。此外《汉表》中叙词严格按照逐字母排列,同一个字形开头的词汇,往往是分散的,中间有时跨几页,查找时应注意。

第二,先查范畴索引。主要用于两种情况:其一是,某些文献涉及的主题概念集中于某一学科时,为提高标引效率,可直接查范畴索引;其二是,语词形式一时无法确定,但知其学科归属,或没有相对应的叙词,须选用近义词加以标引时,也可查范畴索引。

前一种情况,如在一文献同时论及"水体污染"、"污水处理"、"生物化学处理"、"水质指标"等属于相同主题范畴的主题概念时,为便于集中查找、可根据其学科内容使用自然科学部分的范畴索引,在"91 环境科学"类下"91D 水污染及其防治"中查出相应叙词"水污染"、"污水处理""生物处理"、"水质指标"等。

后一种情况,如在转换"水道工程施工"这一主题概念时,该词无法在字顺表中直接找到,可根据其学科范畴,利用自然科学部分的范畴索引,在"71 交通运输工程"类下的"71DD 航道及其建设"中查出相对应的叙词"航道工程"。

又如,在转换"藏书剔除"这一主题概念时,词表中没有与其相对应的叙词,可按其内容,在社会科学范畴索引"07JC 图书文献补充、典藏"类中查找。通过对相关词的分析、比较,可选择与该主题概念关系最接近的叙词"馆藏管理"作标引词。

比较而言,范畴表上述第二种用法可以弥补从字顺角度查词的不足,便于进行相关词的查找,因此更加重要。

第三,查英汉对照索引。一般在标引英文文献时使用。可根据析出的英文语词直接使用相应英汉对照索引查找,然后再以对应的中文主题词回查主表,利用主表叙词款目确定确切词义,加以标引。对英文文献直接使用英汉对照索引查找,有利于避免专业术语翻译过程中可能出现的误差,提高标引的效率和准确度,对进行西编或英文技术资料处理的部门十分有利。此外,在对根据英文翻译出版的文献进行标引时,也可在必要时参照英文原文,利用英汉对照索引进行查核,使主题标引尽可能确切。

第四,查词族索引。词族索引主要从等级角度查找专指叙词时使用。由于词族索引是按照族首词字顺排列的,因此,一般须通过其他途径查出族首词后才能使用。

例如,在转换"商业部门企业的会计"这一主题时,可根据其基本含义,先在社会科学主表中查出"会计"这一叙词,在确定该词为族首词后,再使用该词在社会科学的词族索引中查出"会计"这一词族,并根据词族的等级显示,确定和待标概念最接近、最确切的叙词:"商业企业会计"。

又如,在转换"具有多种用途的运输船"这一主题时,可先在相应主表中查出"运输船"这一叙词,再根据该词下族项中"船舶"这一族首词,在自然科学词族索引中查出相应词族,并根据其等级显示,确定和该主题相对应的叙词为"多用途货船"。

在使用上述途径进行转换时,应注意:

①《汉表》包括社会科学、自然科学两部分主表和四个附表,使用时,应注意根据主题概念的性质特征,在相应部分查找。其中,尤其应注意对附表的使用,凡涉及地理、政区、人物、组织机构名称的主题概念,均应从相应附表查找。

②词表中叙词的词义,是通过词义注释以及参照系统、范畴号、英译名等由多个方面、多种角度组成的语义网络限定的。这一

224

网络最集中体现在字顺表的叙词款目中,各种辅助索引都只揭示其语义联系的一个侧面。因此,在利用范畴索引、词族索引、英汉对照索引查出某一主题词后,一般应回查主表,根据该词的各方面联系及注释等进行复核,以免造成误差。

③《汉表》是以字顺表作为主要查词途径的,因此应当根据字顺系统的特点,掌握各种查词方法,不仅对语词的提炼必须尽量准确,而且应善于根据汉语语词的特点,采用多种方式进行查找。如:

善于利用同义词、近义词进行查找。用"分类标引"查不到,可查一下"图书分类";用"国外投资"查不到,可查一下"海外投资"或"对外投资",后者均为收入表内的叙词。

善于对某些复合词通过变换词序查找。在查不到"库存物资量"时,可变换词序,查一下"物资库存量";在查不到"脑力劳动与体力劳动对立"时,可变换一下词序,试查一下"体力劳动与脑力劳动对立",后者均为正式叙词。

善于采用扩大外延的方式进行查找,在查不到"周刊"时,可查一下它的上位概念"期刊"或"定期期刊";在查不到"讲师"这一叙词时,可查一下它的上位概念"教职"。

注意多音词的查找,例如,在"行会"、"行业工会"中,"行"字发 hang 音,而在"行动思维"、"行政管理"中,"行"字发 Xing 音;在"重复运输"、"重建援助"中,"重"字发 Chong 音,而在"重工业"、"重点建设"中,"重"字发 Zhong 音,应根据其正确发音进行查找。

此外,在按字顺系统查找过程中,还应善于利用词表的属分关系、相关关系、范畴号等随时伸缩、调整查找范围,确保以最确切、最专指的主题词对主题概念进行转换。

3. 主题概念的分解转换

《汉表》对主题概念的转换可以分为两种基本形式:其一是直

接转换,其二是分解转换。

直接转换是一种只需要使用词表中一个叙词就可以表达文献主题概念的转换。例如,把论述消费资料生产规律的文献,直接用相对应的叙词"第二部类"进行转换;把论述无线电干涉仪的文献,直接用相对应的叙词"射电干涉仪"加以转换,均属直接转换。这种转换方式比较简单,只要主题概念提炼正确,采用适当查词途径,就可以完成转换过程。

分解转换则是一种根据词表收词情况,将复杂主题概念分解成相应基本概念的基础上进行的转换。这是主题标引的难点之一,应当注意掌握其基本规律和方法。

第一,必须进行概念分解,避免字面分拆。概念分解是概念组配的逆过程。概念组配是通过对概念的限定,加深其内涵的过程;概念分解则是通过减少复杂概念的内涵,将其分解成相应简单概念的过程。因此应当根据其含义,按照概念内涵进行分析,而不能简单地进行字面分拆。例如,"小儿肺炎"不能简单按字面分拆成"小儿"、"肺炎"或"儿童"、"肺炎",而应按其含义,分解成"小儿疾病","肺炎"或"儿童疾病"、"肺炎"。又如,"铁路集装箱运输"不能简单按照字面分拆成"铁路"、"集装箱"、"运输",而应按其含义,分解成"铁路运输"、"集装箱运输"。在上述分解过程中,如过分着眼于词形上的相同,往往容易造成概念上的误差。

字面分解有时也可能与概念分解的结果相同,例如,将"汽车发动机"这一概念分解成"汽车"与"发动机"。但两者的出发点和依据是不同的,使用时要谨慎。

第二,必须按照相应的概念关系类型进行分解。按照复合概念构成成分之间的关系,主题概念有两种基本分解方法:其一是交叉关系分解法,其二是限定关系分解法。所谓交叉关系分解法,是指将复杂概念分解成两个或两个以上外延部分相交的属概念。所谓限定关系分解法,则是将复杂概念分解成邻近的属概念及其限定部分。一般来说,可以采用交叉关系分解法的复合主题,其概念的各部构成成分都有一个共同的上位概念,可以分解成两个或多个相应的并列子概念,而只能采用限定关系分解法的复合主题,概念的构成成分中不存在共同的属概念,通常由表示事物及部分、材料、性质、方法的概念组成。例如,"高空密封试验"这一主题中,各个构成成分中存在着"试验"这一上位概念,应当采用交叉分解法,分解为"高空试验"、"密封试验"这两个外延相交的并列子概念。又如,"肺脓肿"这一主题中,各个构成成分中都包含着"疾病"这一共同的上位概念,因此可以优先将其分解成"肺疾病"和"脓肿"这样两个交叉关系的子概念。相反,在"直升飞机起落架"和"汽车设计"这两个主题中,其构成成分之间不存在共同上位概念,因此不可能采用交叉关系分解法,应按照限定关系分解法,将其分别分解成"直升飞机"、"起落架"和"汽车"、"设计"等种概念。

第三,必须根据词表收词情况,确定分解转换层次及方案。对一个复杂主题概念,无论是采用交叉关系分解法还是属种关系分解法,有时往往可以有多种分解形式。例如,"水下慢速特技摄影"这一复杂主题,可分解为"水下摄影"、"特技摄影"、"慢速摄影"或"水下特技摄影"、"慢速特技摄影"、"水下慢速摄影"等多种形式。又如,"英文图书编目"这一主题,可分解为"英文"、"图书"、"编目"、"英文图书"、"图书编目"等多种形式。为保证标引结果的一致性,在进行分解转换时,一般要求根据词表收词情况,以其中最专指、关系最密切的主题词进行转换。由于现代叙词表不仅收入单词,也收有大量词组,为了保证在具有多种组配可能的情况下使用词表中最专指的叙词进行标引,避免标引的不一致性,必须严格掌握分解转换的程序,按照从专指到泛指的次序进行查找,通过这一方式保证使用词表中最专指的主题词进行分解转换。

例如,"水下慢速特技摄影"这一复合主题的分解转换次序应依次为:①水下慢速摄影、慢速特技摄影或水下特技摄影;②水下摄影、慢速特技摄影或慢速摄影、水下特技摄影或特技摄影、水下慢速摄影;③水下摄影、慢速摄影、特技摄影。按照《汉表》收词情况,标引结果为:水下摄影、慢速摄影、特技摄影。

又如,"英文图书编目"这一复合主题的分解转换次序应依次为:①英文图书、图书编目;②英文、图书编目或英文图书、编目;③英文、图书、编目。由于《汉表》未收入"英文图书"一词,实际转换结果应是"英文"和"图书编目"。

总之,只要严格采用上述分解转换次序,不管词表收词情况如何,都可以确保以词表中最专指的叙词进行组配标引。

第四,必须根据概念含义析出最专指的分解形式。在按照从专指到泛指的次序进行分解转换时,一个突出的问题是,一些标引人员往往不能根据复合主题特点,确定其最专指的分解形式,从而造成标引的不一致。因此必须注意根据主题概念的不同特点,掌握确定专指分解形式的规律。某些复合概念,其最专指的分解形式比较明确。如"航天器可靠性试验",最专指分解形式应是"航天器试验"、"可靠性试验"。又如,"汽车结构设计",最专指的分解形式应是"汽车结构"、"结构设计"。但对一些字面上没有直接显示其最接近的上位概念的复合主题,则往往容易忽略,造成标引误差。对这类复杂概念的分解,应当注意严格按逐步减少内涵方式,用最接近的上位概念进行分解。

例如,"回族史"这一主题分解时,由于回族史最接近的上位概念是民族历史,因此最专指的分解形式不是回族、历史,而应是回族、民族史。

又如,"病理学史"这一主题分解时,由于病理学史最接近的上位概念是医学史,因此最专指的分解形式不是病理学、历史,而应是病理学、医学史或自然科学史。

再如,"制糖厂"这一主题分解时,由于它最接近的上位概念

228

是食品厂,因此最专指的分解形式不是制糖、工厂,而是制糖、食品厂。

采用这一方法,就可以比较容易地分析出隐含的专指概念形式,保证分解的一致性,确保主题词转换的质量。

此外,还应注意主题分解的结果不得冗余和缺损,使其和被分解的主题概念含义吻合。

主题概念的分解是主题标引的难点之一,但一般来说,只要注意掌握好上述分解转换的基本方法,就可以较好完成对主题概念的组配标引。

三、标引词的处理

在使用词表对主题概念进行转换的同时,还必须根据检索系统的要求,对标引词进行处理,加以著录。

按照检索系统设备条件的不同,目前国内的主题检索工具大致可分两种类型,其一是以计算机为工具的机器检索系统,其二是卡片目录或书本式索引等手工检索系统。机检系统容量大,对主题内容揭示较深,一般采用后组方式,要求使用适合后组方式的句法手段加以处理。手检系统由于篇幅和操作特点的限制,对主题内容的揭示相对较浅,大多采用先组形式,须根据检索要求确定标题的形式和级别。实际操作中,不少机检系统往往也利用机检文档自动编制各种手工检索工具。下面,本书根据这两种检索系统的特点,对标引词的处理分别予以介绍。

1. 机检词的处理

现代主题法是根据计算机检索的需要逐步发展起来的,对机检系统具有较大适应性。因此,标引词的主要用途之一,就是作为机检系统的主题标识,输入机检文档。

计算机的机检文档主要由两部分组成,其一是顺排档,其二是倒排档。所谓顺排档,又称文献档,是对文献各种数据的详细记录,包括文献顺序号、篇名、作者、出处、索取号、文献提要或文摘、分类号、叙词等,以文献为单元,按输入次序编列。所谓倒排档,又称索引档,是利用专用程序将顺排档中叙词等文献标识抽出,于每一标识后纪录文献序号,并按照标识顺序组成的索引文档。检索时,计算机通常先按检索提问在倒排档中依据标识查出文献序号,然后按序号从顺排档中输出详细文献记录。

计算机存储和检索的特点是:存储量大、对数据处理具有高度机动性、灵活性;可以利用文献记录提供的各种数据,从任何一个可能的方面检索;一次输入,多样化输出。因此,对输入的每篇文献,应力求著录详尽、项目完备、标识充分。叙词作为一种揭示文献主题内容的检索标识,具有通过组配、灵活检索的特点,是机检文档检索数据的重要组成部分,必须根据机检特点加以选择和处理。

为了发挥计算机灵活检索的能力,充分揭示文献主题内容,机检系统一般对主题词采用深度标引,每篇文献的叙词数量较手检工具为多。国内通常保持在每篇文献 5—15 个叙词之间。同时,采用上位词登录技术,即由计算机自动登录标引词的各个上位词,以便可以从上位词入手检索文献。由于标引词数量多,并按后组方式使用,为避免错误的组配关系,在提高检全率的同时提高检准率,对机检主题词的处理一般包括:对标引词分组、配置联号;使用必要的职号以及根据文献论述的重要程度采用加权等措施。

关于联号、职号、加权的方法,本书已在第二章概要介绍。机检系统可根据需要有选择地加以使用。凡采用上述句法措施的文献单位,应根据情况预先对相应句法形式,如联号、职号、权值及其使用要求等作出明确规定,尽量采用各种手段简化操作过程,提高处理质量。例如,国外的某些系统设计了一种专用表格帮助标引员简化对标引词的句法处理。表 6-3 是"美国船舶局船舶分析和检索项目系统"使用的标引编码单。表格中每一个横列表示属于同一联号,每一个纵列表示主题词应使用的职号。标引时,标引

表 6-3　船舶局 SHARP 系统文献编码单*

	职号8	职号1	职号2	职号3	职号4	职号5	职号6	职号7	职号9	职号10	部类	职号0	连接	卡片号	二级卡片号
	基本论题 主要论题	输入	输出	不合要求的 当前的 不必要的	当前的用途 可能的用途 以后的用途	中介 副词 形容词 地理位置	自变量 原因	应变量	被动接受者的地点	完成任务的手段					
	1-7	8-14	15-21	22-28	29-35	36-42	43-49	50-56	57-63	64-70	71	72-77	78	79	80
1															
2															
3															
4															
5															
6															
7															
8															
9															
10															

* 引自兰开斯特《情报检索词汇规范化》。

231

员可以根据文献主题概念之间的联系和每个主题词的职能,填入表格中的相应位置,从而使操作过程变得十分简便,为标引词著录提供了方便。

此外,在结合机读文档自动编制书本式、卡片式主题检索工具的部门,还应为机编主题目录或索引确定标题。这一内容将在下面介绍。

总之,为标引词配置联号、职号、加权以及确定机编标题等措施,是机检标引词处理的基本内容,目的是根据机检的特点,降低检索误差,提高检索精度,同时可以利用计算机编制手工检索的主题目录或索引。上述各项处理项目中,目前国内使用较多的主要是加联号和确定手检标题词两项。各个检索系统应根据自己的实际需要和规定进行处理,并在必要时增加处理项目,改进检索系统的功能。

2. 确定标题

标引词的另一个用途,就是建立标题,编制供手工检索用的主题目录或索引。

所谓标题,是指先组式主题款目中作为排检依据的主题标识。早期的标题目录通常是依据传统的标题表编制的,但是随着电子计算机的广泛应用和文献检索实践的发展,传统标题法已逐渐为叙词法所取代。各种机检系统在使用叙词语言进行标引的同时,往往选择一部分标引词,利用机编文档编制手工检索使用的主题目录和索引。在我国目前没有通用的中文标题表的情况下,各种文献单位对主题目录或索引的编制也大多使用叙词表。因此必须对使用叙词语言建立标题的基本知识有一定了解。

(1)标题的结构形式

根据表达文献主题的需要,文献的标题可由单个叙词构成,也可由两个或多个叙词构成。由多个叙词构成的标题中,排在最前列的叙词称为主标题。主标题是标题的检索入口,是标题的主要排检依据。其余的叙词,统称副标题。副标题是对主标题的修饰和限定,可以按其级别称为副标题、次副标题……,也可以直接按其在标题中的次序分别称为二级标题、三级标题、四级标题。

按照标题的构成,在采用《汉表》进行标引时,一般包括下述标题形式:

①单一标题 亦称单级标题,即手检工具中直接由一个叙词构成的主题标识。单一标题根据叙词构成特点,又可以分为:

单词标题 例如:商品、图书馆

词组标题 例如:集成电路、人口普查

带限义词的标题 例如:精神(哲学)、静力性工作(运动生理学)

②复合标题 亦称多级标题,即由两个或多个主题词按一定逻辑关系组合在一起,并使用一定组配符号相连接的标题形式。

我国关于叙词标引的国家标准规定,复合标题的组配符号主要有三种,其一为冒号":",用于表示两个或多个并列的交叉概念之间的组配。其二为短横"——",用于表示事物和相应限定、细分、修饰概念之间的组配。其三为逗号",",用于限定关系的标题进行轮排需要时,表示概念所限定的事物对象。交叉组配轮排后使用的符号不变。例如:

超音速飞机:轰炸机

(表示超音速轰炸机)

电子计算机——硬件

(表示"电子计算机的硬件")

发动机,汽车

(表示"汽车发动机")

③复杂标题 指同时使用两种或两种以上组配符号的一种标题形式。例如:

超音速飞机:轰炸机——结构设计

（表示"超音速轰炸机的结构设计"）

发动机,汽车——维修

（表示"汽车发动机维修"）

晶体管电路:数字电路,电子计算机——性能

（表示"电子计算机晶体管电路的性能"）

（2）标题的级别及拟定

机检系统可以从不同叙词入手,通过组配方式,按需要的专指程度检索,具有较大灵活性。手检目录和索引由于形式和条件的限制,如选用叙词过多,组配级别过深,过度采用轮排方法,必然会增加检索工具的篇幅和编制难度,因此必须规定适宜的级别和标题拟定方法。

目前国内在主题目录和索引的编制中,对标题的级别及其处理大致有下述方法:

其一,只采用一级标题。即在目录或索引编制中,不管对一篇文献标引了多少叙词,一律不使用组配标题形式,分别按各个标引词组织单一标题。例如,"汽车发动机设计"这一文献,在采用一级标题的情况下,可根据主题概念的构成,分别用"汽车"和"发动机"两个叙词加以标引。

一级标题形式的主题目录和索引编制比较简单,但对文献主题的揭示过于概括,专指性差,一般只在后组式检索系统中使用。

其二,采用二级标题。即主题目录或索引编制中,允许采用组配方式,但组配数量不得超过两级,如出现两级以上的复杂主题,一律将其分解成两级标题形式。例如,上面提到的"汽车发动机设计"这一主题,在采用二级标题的情况下,可根据叙词的检索意义及叙词之间关系,组成:"汽车——发动机"、"发动机——汽车"、"发动机——设计"三个标题。

二级标题能以相对较为专指的方式揭示文献主题,并可以通过轮排方式为具有检索意义的叙词提供检索入口。但是,由于级

234

别限制过死,影响了对文献主题揭示的专指性;同时,在对复杂主题轮排时,同一个主题词有时须重复作入口词,增加了款目数量,往往无法适应大型文献检索系统的实际需要。

其三,采用三级以上标题。即容许在主题目录和索引编制中,根据揭示文献主题的需要,通过三个或三个以上主题词的组配来揭示文献主题。例如,上文提到的"汽车发动机设计"这一主题,在这类检索系统中,可以直接用"汽车——发动机——设计"这一标题加以充分揭示。又如,"航空动力装置可靠性试验的数学模型"这一主题,则可以用表达相应主题概念的四个叙词组成,"航空——动力装置——可靠性试验——数学模型"这一四级标题加以揭示。

采用多级标题形式,可以根据检索需要,对主题内容进行充分揭示,比较符合对现代文献主题揭示的要求。因此一般大型检索系统往往根据手工检索系统的特点和文献主题情况,将标题级别规定在三级,最多不超过五级,使其既能有效揭示文献主题,又不至于使组配级别太深,增加标引和查找难度。

当然,在允许采用三级以上标题的情况下,存在着一个标题拟定,即确定主标题以及标题轮排形式的问题。在采用全面轮排的情况下,三级标题可以有六种排列形式,四级标题可以有24种排列形式,五级标题则有120种排列形式,这是任何形式的手检工具都无法接受的,必须根据检索需要,对其加以控制。一般应合理解决下述问题:

其一,作好主标题的选择,只选择有独立检索意义的叙词作主标题,其余叙词只作副标题,从而对标题数量进行控制。

其二,对叙词的引用次序作出规定,避免标题中主题词之间排序出现混乱。一般可依据国家标准中使用的分面公式,按主体因素、通用因素、位置因素、时间因素、文献类型因素的次序或通用引用次序确定标题。

其三,规定轮排原则和模式,确保以最佳方式,提供有效检索点。国内一般采用轮替法进行轮排,即依次将具有检索意义的叙词轮流排作主标题,标题中其他词的位置不变。例如,"昆虫生态学数学分析"这一文献,可使用轮替法组成下述标题:

昆虫学:生态学——数学分析

生态学:昆虫学——数学分析

数学分析,昆虫学:生态学

通过上述几方面的限制,就可以在多级标题中以有限标题数量,充分、有效地从不同角度揭示文献主题。

(3)关于标题词的选择

建立手检标题目录或索引必须作好标题词的选择。在同时建立机检工具和手检目录的情况下,手检标题词一般可以直接从机检标引词中选取。

在机检标引词的基础上选定标题词,应注意以下问题:

①应注意按文献论述的中心主题内容选词。机检系统大多采用深标引,收词较多,应选择其中能反映文献中心内容的主题词作标题。例如,"工业企业计算机管理系统"这一文献,在机检工具中可标引"工业企业管理"、"电子计算机应用"、"信息处理"、"数据管理"、"系统设计"、"文件系统"、"信息"等多个叙词,但在确定手检词时,一般只选用其中揭示文献基本内容的叙词"工业企业管理"、"电子计算机应用",组成"工业企业管理——电子计算机应用"这一标题,其他主题词只供机检使用。

②应注意按检索级别选词。标题词的选定应和检索工具规定的标题级别相一致。一般情况下,单级标题只选择有专业独立检索意义的主题词作标题,两级标题可选择少量与中心主题概念直接相关的主题词作副标题,多级标题则可适当放宽选词范围,选取一定数量起限制、修饰作用的主题词作副标题。例如,"日本航空发动机叶片测量"这一文献,单级标题一般只选"航空发动机"和

"叶片"两个主题词,二级标题则可选择"航空发动机"、"叶片"、"测量"三个主题词,组成"航空发动机——叶片"、"叶片——航空发动机"、"叶片——测量"三个标题;而三级以上标题,则可同时选择"航空发动机"、"叶片"、"测量"、"日本"四个主题词,以便组成"航空发动机——叶片——测量——日本"这一较为专指的标题。

③应注意按检索工具的专业范围选词。手检工具可以根据实用需要,有针对性地按某一主题领域或某一课题进行编制,其学科范围不一定和机检系统完全一致。在这一情况下,标题的确定应注意根据专业范围进行选择,一般只收入机检词中符合手检工具需要的叙词,对相关知识部门的标引词不予收入。例如,在广播电视部门机检系统的基础上编制有关电视文献的手检工具时,可只选其中涉及"电视"这一领域的叙词作标题,对专论"广播"的叙词不予选取。

④应注意按揭示主题内容的需要选词。从对主题内容揭示的角度看,二级标题或多级标题都应当通过叙词的组配,明确揭示一个完整的主题内容。因此,选择标题词时,除应选择其中反映文献中心主题概念的标引词外,还应选择与该叙词最密切相关的标引词,使得选择结果能完整表达文献的一个主题内容。只起一般修饰作用的叙词,可只供机检使用,不宜选作标引词。例如,"化肥厂废水生物化学处理"这一文献,机检工具中可收入"化肥厂"、"工业废水"、"生物处理"、"分析"、"数据"等叙词。手检工具应选择其中联系最密切、最能揭示主题内容的"化肥厂"、"工业废水"、"生物处理"作标题,而不能选择"化肥厂"、"工业废水"、"分析",或"化肥厂"、"生物处理"、"数据"等组成标题。

以上对手检标题词的确定方法,虽然主要是从机检、手检结合标引角度提出的,但上述方法也适用于只建立手检工具的文献部门对标题的选择。

3. 标引词的著录

根据检索工具的不同,标引词的著录有两种基本形式,其一用于手检工具,其二用于机检系统。

手检工具的著录比较简单,可直接将确定的标题著录在目录卡片上或直接将文献记录或代号记录在相应标题之下(具体著录形式见下章)。

机械检索系统的著录,则应严格按标引工作单规定的格式,在填写标引词的同时,根据著录要求赋予联号、职号或权值等(国内多数只用联号)。对于利用机读文档自动编辑卡片式目录或书本式索引的单位,还应在确定为手检词的叙词之后,根据其在款目中的级别,标注相应主副标题符号。

情报部门的标引工作单还设有自由词一栏,此栏专填表外自由词,作为受控标引的补充。

按国家标准《叙词标引规则》(GB890 - 1989)规定,主、副标题的标记符号,依据相应英文名称的首字母分别表示如下:

M(Main heading)——表示主标题;

Q(Qualifier)——表示副标题;

S(Subqualifier)——表示三级以上副标题。

在三级以上副标题中,又可以根据需要进一步分出:

SA——表示三级标题;

SB——表示四级标题;

SC——表示五级标题。

根据上述标题符号,机编系统可以按 M——Q——SA——SB——SC 形式自动生成复合标题。

在进行主、副标题符号标示时,一般应注意:

①如果一篇文献需要拟定几个标题,可在标题符号后以数字对不同标题加以区分,具有相同数字的叙词属于同一标题。例:

M_1——Q_1——SA_1——SB_1——SC_1

M_2——Q_2——SA_2——SB_2——SC_2

②一个副标题词可以同时为多个主标题共同使用。在这种情况下,该副标题可以有多个标记。例如,"脉冲辐射 Q_1、Q_2、Q_3"表示该主题词可以分别与 M_1、M_2、M_3 三个主标题结合组成标题。

③一个主标题词有时可以同时结合多个副标题,组成多个标题。在这种情况下,如属二级标题,只要在相应副标题下标上和主标题一致的符号,就可以在手检工具中形成多个标题。例如,主标题"汽车 M_1"和副标题"驾驶 Q_1"和"维修 Q_1"可组成"汽车——驾驶"、"汽车——维修"两个标题。但如属多级标题,则应在该主标题词后标上多个标记,以使各个标题之间区分明确。

④一个叙词有时可以同时用作主副标题。此时,可使用不同标题符号,以逗号分开。例如,"铁 M_2,Q_3"表示主题词"铁"不仅为主标题,而且是 M_3 的副标题。

⑤如一个主标题后没有副标题,则只标 M,不标数码,表示其后无副标题。

为了便于说明机检标引著录特点,现试举一例:

《用微型计算机控制的大规模集成电路测试系统》

〔文摘〕本文叙述了一种国产 DJS－051 微型计算机控制的测试系统在硬件和软件方面的考虑。系统设计的宗旨是要达到成本低、收效快,能测试比较复杂的大规模集成电路。为了能极大简化系统、降低成本,在系统设计中放弃了高速动态参数。由于使用了微型计算机,使测试系统的可靠性有所提高。

〔主题分析〕

本文主要介绍了微型计算机控制的大规模集成电路测试系统,并说明了对其硬件、软件及其系统设计的一些处理。

〔标引叙词〕

微型计算机 2 SQB_1

硬件 2

表6－4　中国科学技术情报研究所数据库工作单（学报）

CSJA 工作单	记录标识							记录状态	文献类型	目录级别	发行范围	载体类型	文摘情况	词表代码	学科代码
	001	C	S	9	0	0	0		N	J	A	A B / C D	P	Y N	A
	论文识别号	002					/					/	CS		
	语　种　代　码				学会代码			馆藏号							
	040		chi		0B0			111							

汉语拼音刊名	2B1	A				
外文刊名		B				
ISSN	101		CN		CODEN	
			103		102	
出版地	400	A		出版日期		
				440		
出版者		B				
主办单位	430					
卷期号 A/页次 B/ 参考文献 C	490	A		B		C
中图法分类	610					
主题词	620					
自由词						
篇　名	200					
个人作者	300					
第一作者工作单位	330					
文摘	600	编辑栏	制作时间	制　表	审　校	录　入
主题词(中)						

程序系统　2

控制　1　SQA$_1$

试验设备　1　Q$_1$

大规模集成电路　1　M$_1$

系统设计　2

性能　1

可靠性　1

上述标引叙词后的符号,分别为联号和主副标题符号。根据上述标引结果,除可以利用机检系统进行组配检索外,还可以自动生成下述手检款目:

大规模集成电路——试验设备——控制——微型计算机

第三节　主题标引规则

一、主题标引的基本规则

要将文献的主题概念转换成相应的主题标识,需要经过查表选词、对标引词进行处理等步骤,过程比较复杂。必须根据词表的特点,按其本身的规律和要求进行。为了保证主题标引的正确、一致,防止和减少各种可能出现的错误,在利用叙词表对文献主题概念进行转换时,必须严格遵守叙词标引的基本规则,包括选词规则和组配规则。

1. 主题标引的选词规则

要将待标主题概念正确、一致地转换成相应的叙词,必须遵循下述选词规则:

(1)标引文献的叙词,一般应是词表中的正式叙词,其书写形式必须与词表中的词形一致。词表中的非叙词只起指引查找叙词

的作用,本身不得直接用来进行标引。例如:

学校教育制度

　　Y　学制

中医

　　Y　中国医药学

上例中的"学校教育制度"、"中医"均为非叙词,不能作为标引依据,应以它们所指向的正式叙词"学制"、"中国医药学"作为标引词。

(2)应选取词表中与文献主题概念相对应的最专指的叙词进行标引。在词表收有相应专指叙词时,不得以该词的上位词或下位词进行标引,以免出现标引过宽或过窄的错误。例如,对于一论述冶金工业的文献,既不能用它的上位词"重工业"进行标引,也不能用它的下位词"钢铁工业"进行标引,而必须选用相对应的专指叙词"冶金工业"予以标引。

(3)在词表中没有相对应的专指叙词时,可选用词表中含义最近、关系最密切的两个或两个以上的叙词进行组配标引。例如,在标引"发动机结构设计"这一文献主题时,词表没有收入相对应的专指叙词,须采用两个或两个以上的叙词进行组配标引。词表中与这一主题相关的叙词包括:"发动机"、"结构"、"设计"、"发动机结构"、"结构设计"等,应选用其中最接近、关系最密切的叙词"发动机结构"和"结构设计"进行标引。遵循这一规则,有助于实现标引的规范和一致,并可以减少组配级别。

(4)在词表中没有相应的专指叙词,也无法以词表中含义最接近、关联最直接的叙词进行组配标引时,可选用最接近的上位词进行标引,即上位词标引。例如,在标引《中国人民大学图书馆图书分类法》时,词表未收入相应专有名词,也无法用组配方式标引,可直接选用其最接近的上位叙词"图书分类法"进行标引。同时应根据情况,在需要时将该词按非叙词的要求设置款目,通过 Y

项参照和上位词"图书分类法"建立联系，以备以后使用时参考。

（5）在词表没有相应的专指叙词，也无法用适合的叙词组配标引或上位词标引时，可选用含义相近的叙词进行标引，即靠词标引。例如，在标引"图书注销"这一主题时，词表没有收入相应叙词，也无法使用组配标引或上位词标引的方式进行揭示，可考虑选用"图书登记"这一含义相近的叙词进行靠词标引。靠词标引选词应该慎重，并应将被取代的词与选用的近义词建立参照关系，设置非叙词款目记入词表，以备查核。

（6）如待标主题概念为未收入词表的新概念或本身具有较大标引和检索价值，不适宜采用除标引相应的专指叙词以外的任何一种标引方法时，则可考虑直接采用自由词标引，亦即增词标引。

增词标引一般包括下述情况：

①词表中明显漏收的重要主题概念。例如，《汉表》编制时漏收了"数学"、"社会学"、"思维科学"等极为重要的常用主题概念，对这些主题概念，应采用增词方式进行标引。

②具有重大标引价值的表达新学科、新理论、新技术、新材料、新方法的概念。例如，"人才学"、"传播学"、"低温超导技术"、"横向经济联合"等均为新出现的有标引价值的主题概念，可根据标引需要逐步收入词表。

③虽然可以采用组配标引、上位标引、靠词标引等方式，但如该主题概念标引频率较高，具有较大检索价值时，也可改用增词标引。如"个人微处理机"、"单片处理机"等主题概念，尽管可以用上位词"微处理机"进行标引，但由于这些概念本身有较高标引频率，可考虑直接采用自由词标引。

④组配标引可能出现二义性结果时，也可以根据需要直接采用复合词形式进行自由词标引。例如"计算机分析"这一主题，在使用"电子计算机应用"和"分析"两个叙词组配标引时，可以出现应用计算机分析和对计算机应用情况进行分析两种含义，为避免

歧义,可考虑直接用自由词"计算机辅助分析"进行标引。

此外,词表中未收入的专有名词,如地理区划、国家行政区划、人物、组织机构,产品型号等的名称以及时间概念、重要数据等,必要时也可直接作标引词使用。

新增词应尽可能选自其他词表或比较权威的参考书、工具书,具有词形规范、概念明确的特点,并符合科学性、通用性的要求。在确定增词标引以后,一般还应按词表款目的要求,确定与该词有关的各种语义参照关系,并报词表管理机构审定,以备词表修订之用。新增叙词的款目应包括新增叙词、汉语拼音、英译名、范畴号以及有关的各种参照关系项。下例是新增叙词"个人微处理机"的款目:

> Ge renwei chuliji
>
> 个人微处理机　　58CF
>
> Personal computer
>
> S　微处理机
>
> Z　电子计算机

新增词应按其款目词的汉语拼音记入相应主表或附表,并根据其范畴号、英译名、等级属分关系等分别记入范畴索引、英汉对照索引和词族索引,以备以后标引时查核。

(7)每一文献标引的叙词数量应视情况而定,但应注意标引深度的一致性。一般情况下,每一文献的叙词标引数量,在手检工具中可保持在1—8个之间,如使用机检方式,则可在5—20之间。

2.主题标引的组配规则

在主题标引过程中,将两个或两个以上的主题词按照一定的逻辑关系结合在一起表达文献主题,称为组配标引。组配标引是叙词法准确揭示文献主题的一种基本标引方法。

为了保证组配标引尽可能取得一致,避免出现标引误差,一般应遵循下述组配规则：

（1）叙词的组配应当是概念组配，而不是单纯的字面组配。所谓概念组配，是指参加组配的叙词之间必须符合一定的逻辑关系，而不是简单的字面分拆或随意的语词组合。按照概念之间的逻辑关系，概念组配主要包括交叉组配和限定组配两种形式。交叉组配通常以符号"："为组配标识，例如，"动物遗传学"可标引为"动物学：遗传学"。又如，"混凝土墙板"可标引为"混凝土板：墙板"。限定组配则以符号"——"为组配标识，例如，"北京园林建筑"可标引为"园林建筑——北京"，又如，"高等教育理论"可标引为"高等教育——教育理论"。

限定组配的范围很广，是组配的基本类型。常见的限定组配包括：

①事物及其部分。例如"飞机螺旋桨"可标引为"飞机——螺旋桨"。

②事物及其材料。例如，"铝金属板"可标引为"铝——金属板"。

③事物及其性质。例如，"电子计算机的稳定性"可标引为"电子计算机——稳定性"。

④事物及其现象、状态。例如，"社会主义商品生产"可标引为"社会主义经济——商品生产"。

⑤事物及其工艺、方法。例如，"滑动轴承锻造"可标引为"滑动轴承——锻造"。

⑥事物及其理论。例如，"红外线遥感仪理论"可标引为"红外线遥感仪——理论"。

⑦事件及其人物、机构。例如，"辛亥革命中的孙中山"可标引为"辛亥革命——孙中山"。

⑧事物及其地区。例如，"美国核电站"可标引为"核电站——美国"。

⑨事物及其时代。例如,"唐代农业"可标引为"农业——唐代(618—907)"。

⑩事物及其文献类型。例如,"环境工程论文集"可标引为"环境工程——论文集"。

(2)叙词的组配应优先采用交叉组配,在不能使用相应叙词交叉组配时,才采用限定组配。例如,"人口社会学"这一主题,可以采用交叉组配方式,标引为"人口学:社会学",在这种情况下,就不能使用限定组配方式,以"人口——社会学"进行标引。而"拖拉机维修"这一主题,不存在交叉组配的可能,应采用限定组配方式,将其标引为:"拖拉机——维修"。

(3)叙词的组配不得采用越级组配,即在可以使用相应专指叙词组配标引时,不得使用该词的上位词或下位词进行组配。例如,"工业管理手册"这一主题,在词表收有"工业管理"这一对应叙词的情况下,无论是使用上位词"经济管理"和"手册"进行组配标引,还是采用下位词"工业企业管理"和"手册"进行组配标引,均属越级组配,必须选用相对应的叙词,标引为:"工业管理——手册"。

(4)叙词的组配,必须选用与文献主题关系最密切、最确切的词进行组配。例如,在标引"淡水鱼类养殖"这一主题时,利用各种含义相关联的叙词,可以形成下述几种组配形式:

淡水鱼类——鱼类养殖

淡水鱼类:养殖鱼类

淡水养殖:鱼类养殖

淡水养殖——养殖鱼类

应根据文献主题内容,选用最能确切表达文献主题概念的叙词进行组配标引,标引为:"淡水养殖:鱼类养殖"。

(5)叙词组配结果必须明确,具有单义性。凡有可能产生二义性组配的叙词,应通过明确词序、使用职能符号或增词标引等方

246

法加以处理,以免出现误差。例如,"美术学校"这一主题,在使用"美术"和"中等专业学校"这两个词组配标引时,在手检工具中应明确标引为"美术——中等专业学校",而不是标引为"中等专业学校——美术"。

(6)对并列多主题文献,可采用分组组配方式,并以相应符号揭示主题词之间的联系,以避免出现虚假组配。例如,"日本的经济发展和美国的经济危机"这一并列主题,在手检工具中可分组标引为:

①经济发展——日本
②经济危机——美国

在机检系统中,则可使用联系符号,标引为:

经济发展₁   经济危机₂
日本₁   美国₂

分组组配时允许同一主题词在不同组配中重复使用。例如,"黄土高原森林与草原的变迁"这一文献,在手检工具中可分组组配为:

①森林——变迁——黄土高原
②草原——变迁——黄土高原

(7)当某一主题概念在词表中已明确规定相应组代词时,应采用规定组代的相应叙词进行组配标引,不得另选其他叙词。例如,在使用《汉表》进行标引时,主题概念"出生登记"应按词表规定,用"出生"和"人口登记"进行组配标引。

(8)在能选用专指的单个叙词标引时,不得采用组配形式进行标引。例如,"植物分类学"这一主题,《汉表》已收入相应的专指词,不得再以"植物学"与"分类学"两个叙词进行组配标引,而必须根据词表规定,直接标引为:"植物分类学"。

(9)叙词的组配词序,一般可依据国家标准中采用的分面公式,按主体因素、通用因素、位置因素、时间因素、文献类型因素的

247

次序确定,如标题中出现多个属于主体因素的叙词时,可按照它们之间的依存关系,依次按对象、部件、材料、过程、操作、工具的次序加以序列。例如,"如何用示波器检测收音机"这一主题中,收音机属于处理对象,检测属于操作,示波器属于工具,均为主体因素,可根据上述次序标引为:收音机——检测———示波器。

（10）标题的级别应根据手检工具的具体需要加以限定,通常可保持在三级以下,一般不超过四级。

二、各种主题、文献类型的标引

文献主题的标引方法是和各种主题、文献类型的特点密切联系的,不同主题类型、写作方式、编辑出版形式的文献,具有不同的标引要求和规律。由于我国主题法的使用正处于发展阶段,不少单位的文献主题标引工作刚刚开始,对各种文献的标引方法尚在探索之中,还不够成熟。下面本书参考现有的一些做法,对各种基本主题、文献类型的标引方法作一概要讨论。

1. 各种主题类型文献的标引

如前所述,根据文献研究主题的数量,可以分为单主题和多主题两种基本类型。主题数量的不同,其标引特点也存在着差异。

（1）单主题文献的标引

单主题文献只论述某一特定的事物、对象,一般应根据文献对事物、对象研究的特点,按照主题成分及其关系进行标引。具体可以分为以下几种情况:

①全面论述某一特定事物、对象的文献,应直接按文献论述的事物、对象进行标引。如论述对象为复杂主题概念,则可根据需要采用组配标引。

例:《低温技术》

标引为:低温技术

《数字动态,滤波器》

标引为:数字滤波器; 动态滤波器

②论述一个主题的一个或若干方面的文献,应根据文献论述的事物对象和方面进行组配标引,一般以事物对象为主标题,方面为副标题,必要时可以进行轮排。但从多方面全面论述一个事物的文献,通常仍按该主题对象标引。

例:《图书馆古籍编目》

标引为:古籍——图书编目

《拖拉机故障分析与排除》

标引为:拖拉机——故障检测

拖拉机——修理

《家用电器的原理构造和维修》

标引为:日用家用电器

③对于相关系主题,即具有应用、比较、影响、倾向关系的主题,除使用表示相应主题概念的叙词外,通常还应根据其关系类型,使用一定的关系词和介词(其中介词一般不作为排检依据),按照主题概念之间关系进行组配标引。

应用关系主题的文献,一般应以被应用到的主题作主标题,以应用的理论、技术、方法为副标题进行组配标引,并加以轮排。

例:《微型计算机在书刊情报资料工作中的应用》

标引为:情报资料工作——微型计算机——计算机应用

微型计算机——计算机应用,情报资料工作

《现代控制理论在工程中的应用》

标引为:工程技术——应用——控制论

控制论——应用,被工程技术

比较关系主题的文献,一般应以文献作者主要论述的对象为主标题,并进行轮排。

例:《唯物论与唯心论》

标引为:唯物论——比较——唯心论

唯心论——比较——唯物论

《美苏军事技术比较》

标引为:军事技术——美国——比较——苏联

美国——军事技术——比较——苏联

苏联——军事技术——比较——美国

影响或因果关系主题的文献,应以被影响或表示结果的叙词作主标题,以影响或表示原因的叙词作副标题进行组配标引,并视需要轮排。

例:《环境污染与生物》

标引为:生物——影响——被环境污染

环境污染——影响,生物

倾向关系主题文献,是指根据一定读者对象的需要论述特定主题内容的文献,一般应以论述的对象作主标题,以阅读对象为副标题进行组配标引。

例:《流体力学》(土木工程人员用)

标引为:流体力学,土木工程用

(2)多主题文献的标引

多主题文献同时论述两个或两个以上事物或对象,一般应依据所论述的主题对象进行分组标引。在实际处理过程中,根据不同主题之间的关系,具体又可以分为下述几种情况:

①并列关系主题。由两个各自独立的主题构成的文献,一般应以其论述的主题对象为单位进行分组标引。

例:《辩证唯物主义和历史唯物主义》

标引为:辩证唯物主义

历史唯物主义

《水稻、小麦、玉米的栽培技术》

标引为:水稻——栽培技术

小麦——栽培技术

玉米——栽培技术

②从属关系主题。凡同时论述一个大主题和一个小主题的文献,应按并列主题的要求分别对所论述的主题进行分组标引;如只论述一个小主题,而未对大主题进行论述者,手检工具中一般只需标引该小主题。

例:《物理学与声学》

标引为:物理学

声学

《工程数学:概率论》

标引为:概率论——教材

③相关系主题。涉及多个主题对象的相关系主题,应按照主题关系类型和涉及的各个主题对象,分别进行组配标引。

例:《激光在医学和生物学中的应用》

标引为:医学——应用——激光

激光——应用,被医学

生物学——应用——激光

激光——应用,被医学

④多个并列主题的文献,如同属一个上位主题词,必要时可根据文献论述范围用上位词标引。但在深度标引或对口标引时,则可将各个具体主题分别予以揭示。

例:《家禽饲养》(介绍猪、马、牛、鸡、鸭、鹅、兔的饲养)

标引为:家畜——饲养管理

家禽——饲养管理

《棉花害虫防治》(介绍棉蚜、棉蛉虫、棉红蛉虫、棉叶虫等的防治)

标引为:棉花害虫——防治

2. 论及地区、时代文献的标引

论及地区、时代的文献,是指论及某一地区或时代的有关主题内容的文献。它们可以是论述一个地区或时代的某一学科领域,如经济、政治、文化、教育、风俗习惯等,也可以论述一个地区或时代的几个方面,乃至于整个历史、或地理的全面情况。由于这类文献同时涉及专业内容与地域、时代的因素,存在着是从主题或科学内容角度揭示,还是从地域,时代角度揭示的问题,应当根据文献论述对象的特点和检索系统的具体需要加以处理。

对于涉及地区、时代文献的处理,综合性文献单位一般可采用下述办法:

(1)在论述某一地区历史、地理、政治、社会科学领域基本情况的文献中,地区因素是中心因素,一般应以地区为主标题,以论述的学科内容作副标题加以标引。

例:《法国史》

标引为:法国——历史

《意大利政府机构》

标引为:意大利——政府机构

如有必要可根据需要以文献论述的学科内容作主标题,分别对上述文献进行轮排,以备从主题对象角度检索。

例:历史——法国

政府机构——意大利

(2)对于论述某一地区的经济、教育、科学技术领域情况的文献,以及社会科学领域中各种具体机构、部门、问题的文献,一般可按分面组配公式,以主题内容作主标题,以地域的主题词作副标题,加以标引。

例:《日本的教育》

标引为:教育——日本

《四川省图书馆概况》

标引为:图书馆——四川

（3）在以地域为副标题时,对国家以下的地理概念有两种处理办法,其一是直接复分法,即直接将文献论及的地域标于主题内容之后;其二是间接复分法,即先用国家名称标引,再标上论及的地名。标引时,可参考 LCSH 的做法,结合我国情况加以规定。如,可规定国内除直辖市、省会、单立市(如深圳、珠海等),直接标引外,其他具体地名均在省、自治区名后标示;国外地名除少数国家如美国各州,苏联各加盟共和国及著名国际城市直接标引外,其余具体地名均采用间接标引法标引。

例:《乌克兰农业概况》

　　可标引为:农业——乌克兰

　《苏黎世戏剧纵览》

　　可标引为:戏剧——瑞士——苏黎世

（4）涉及时代概念的文献一般以内容对象为主标题,以表示时代的主题词作副标题进行标引。如文献涉及的时间有明确的年代范围,可以直接将年代标于相应时代主题词后,以便供目录排档

例:《秦汉史》

　　标引为:中国——历史——秦汉时代(前 221—220)

　《明代农学史》

　　标引为:农学史——明代(1368—1644)《1932—1972美国实录》

　　标引为:美国——历史——1932—1972

（5）对于论述中国某一朝代的历史或专门史的文献,必要时也可用表示时间因素的主题词作主标题进行轮排,以便从时代角度集中有关文献。例如上例中的前两种文献可以轮排为:

秦汉时代(前 221—220)——历史(主题词"中国"可省去)

明代(1368—1644)——农学史

　　对涉及地区、时代的文献,是按地区、时代集中,还是按主题内容集中,一般应根据文献部门专业特点和读者检索需要决定。具

体文献单位也可以根据本单位的需要,对地区、时代的揭示作出明确规定和调整。例如,自然科学部门的检索系统,对国外的地名可规定一般只用国名,但对某些涉及本专业需要的地域名称,如测量地点、对研究有直接影响的地理、地貌、气候状况等,则要求直接标引具体地名。

3.传记文献的标引

传记是一种以人物生平活动为记载对象的书籍,包括自传、画传、评传、年谱、纪念文集等。这类文献一般同时涉及人物对象以及他们的活动领域两个方面,一般应根据其侧重,区别情况标引。

(1)以记载特定人物生平活动为主要内容的传记书籍,应以人物名称和写作形式进行组配标引。一般以人物名称为主标题,必要时,也可以进行轮排,以便从形式的角度加以集中。

例:《牛顿传》

标引为:牛顿,I——传记

传记——牛顿,I

《我当小演员的时候》

标引为:新凤霞——回忆录

回忆录——新凤霞

(2)侧重从某一学科专业或历史事件角度研究某一人物的文献,则应同时从人物名称及学科或事件角度进行组配标引,并根据需要进行轮排。

例:《孙中山经济思想》

标引为:孙中山——经济思想

经济思想——孙中山

《陶行知一生》

标引为:陶行知——生平事迹

陶行知——教育思想

(3)多人合传,通常将超过四个人以上的传记集按被传人的

254

范围、特点作整体标引。广泛涉及不同地区及科学领域的传记集可直接用"传记"作主标题进行标引。某一特定地区、民族及专业领域的人物传记,可以用表示相应地名、民族名、专业名的叙词作主标题,和"传记"组配标引,并根据需要进行轮排。

例:《中华民族杰出人物传》

    标引为:中国——传记

    《维吾尔族人物传》

    标引为:维吾尔族——传记

    《当代著名经济学家》

    标引为:经济学家——生平事迹——中国——现代

          经济思想史——中国——现代

    《明清人物论集》

    标引为:中国——明代——传记

          中国——清代——传记

4. 文学文献的标引

文学领域包括两类文献。其一以文学为研究对象的文献,其二为文学作品。对这两类不同性质的文献,应当分别根据其特点加以标引。

(1)以文学为研究对象的文献是探索文学领域规律的著作,包括文学理论、文学评论和文学史。应按文献论述的内容对象加以标引。

例:《文学与现实生活》

    标引为:文学——关系——现实生活

    《中国文学批评史》

    标引为:中国文学——文学批评史

(2)文学作品不同于科学著作,对已进行分类标引的单位,可考虑不再作主题标引,但如确有必要,则可按作品体裁、国别、时代进行。和分类相同,文学作品对国别、时代的划分,不以其反映的国别、时代为依据,而应以作者所属的国别、时代为准。

例:《绿化树》

标引为:中篇小说——中国——现代

《乾隆韵事》

标引为:长篇小说——中国——现代

历史小说——中国——现代

《何为散文集》

标引为:散文——中国——现代

(3)对以特定人物、历史事件为记载对象的写实的文学形式,如报告文学、文学回忆录以及民间传说等,除必要时从体裁、国别、时代角度标引外,一般应同时从内容角度加以标引,但仍应以相应文学体裁作副标题,以示区别。

例:《大海:记朱德同志》

标引为:报告文学——中国——现代

朱德——报告文学

《我们从朝鲜来》

标引为:报告文学——中国——现代

抗美援朝战争——报告文学

(4)对于文艺体裁的儿童文学作品,为便于从儿童文学角度查找,可一律用儿童文学或有关的叙词进行标引,并视需要进行轮排。

例:《现代优秀儿童小说选》

标引为:儿童文学——短篇小说——中国——现代

《木偶奇遇记》

标引为:童话——意大利

《二十一世纪的故事》

标引为:儿童文学——科学故事——日本

5.丛书、多卷书、论文集的标引

（1）丛书的主题标引

丛书是将多种单独著作汇集成一套,并具有一个总书名的出版物类型。一套丛书整体上或围绕一个中心题目,或有其某些共同特征,但丛书中的每一种书都是一部完整的、独立的著作,内容上并无多大连贯性。对丛书的主题标引应与其著录方式一致,区别情况进行。一般来说,对于那些内容广泛,没有确定读者对象和目的性的丛书,可按单书标引;只有内容上有密切联系,或有明确读者对象和目的性的丛书,才同时采用综合标引和分析标引两种方式,在以每种单书为单位进行标引的同时,以整套丛书为单位进行综合标引。综合标引可在第一种单书下进行,一般应标上表示编辑出版形式的叙词"丛书",并视需要进行轮排。按单书标引时,则不必揭示其编辑出版形式。

例:《图书分类》(图书馆学丛书)

分析标引为:图书分类

综合标引为:图书馆学——丛书

《苏轼》(中国历史小丛书)

分析标引为:苏轼——生平事迹

综合标引为:中国——历史——丛书

（2）多卷书的标引

多卷书是一种将同一著作分为若干卷出版的出版物类型。通常有总书名,各卷册自成一个单位,有的还有分书名,全书内容连贯,构成一个完整的整体。多卷书根据其内容、出版特点,有下述两种标引方法。

①既有总书名,各卷又具有独立研究对象,并有分书名的多卷书。一般应在对整套书的主题作综合标引的同时,以各卷为单位进行分散标引。综合标引时应标上表示编辑出版形式的叙词"多卷书",并视需要进行轮排。

例:《四川植物志 第四卷 种子植物》

综合标引为:植物志——四川——多卷书

分散标引为:种子植物——四川

《现代理论物理导论 第二卷 量子物理与统计物理学》

综合标引为:理论物理学——多卷书

分散标引为:量子力学

统计物理学

②对只有总书名,没有分册名,或有分册名但没有独立研究对象的多卷书,则只以整部多卷书为单位进行综合标引,标引时也不必标上"多卷书"一词。

例:《中国哲学史新编》(共七册,无分册书名)

标引为:哲学史——中国

中国——哲学史

《淮南旧注校理》(共四卷)

标引为:淮南子——注释——校勘

《中国药用植物志》(共九册)

标引为:药用植物——植物志——中国

(3)论文集的主题标引

论文集是指收入多篇论文的书籍,包括文集、全集、选集、会议录等。

综合性的文献单位对论文集均以全书的主题内容为对象作整体标引,对其中的单篇论文不再进行分析标引。有关编辑形式的主题词,如"论文集"、"全集"、"选集"、"会议录"等,只作副标题使用,不得作为主标题。

例:《图书分类学文集》

标引为:图书分类学——文集

《第四次企业管理国际讨论会议文选》

标引为:企业管理——国际会议——会议录

以特定个人的著作为收录范围的全集、选集、文集等,如属综合性的,可由著者名称为主标题进行标引;如属专门性的,则以主题内容为主标题,以著者名称为副标题进行组配标引,必要时可以进行轮排。

例:《刘少奇选集》

　　　　标引为:刘少奇——选集

　　《朱光潜美学文集》

　　　　标引为:美学——朱光潜——文集

　　　　　　　朱光潜——美学——文集

　　《郭沫若全集:历史编》

　　　　标引为:郭沫若——全集

　　　　　　　史学——郭沫若

6. 词典、百科全书、年鉴、手册的主题标引

词典、百科全书、年鉴、手册都是汇集一定知识、资料,按一定方式编排,供查阅使用的参考工具书。按照其包括的内容范围,一般都可以分为综合性和专科性两种基本类型。此外,词典还包括语文词典,可根据各种类型的不同特点分别加以标引。

(1)综合性的词典、百科全书、年鉴、手册均分别以"词典""百科全书"、"年鉴"、"手册"作主标题,以国家地区名称及表示时代的叙词作副标题加以标引,年鉴一般还应标明其具体年代。

例:《辞海》

　　　　标引为:词典——中国

　　《简明不列颠百科全书》

　　　　标引为:百科全书——英国

　　《中国百科年鉴》(1984)

　　　　标引为:年鉴——中国——1984

　　《人民手册》

　　　　标引为:手册——中国

(2)专科性的词典、百科全书、年鉴、手册应从主题内容和编

制形式两方面进行标引,通常以表示主题内容的叙词为主标题,必要时可进行轮排。

例:《社会学词典》

　　　标引为:社会学——词典

　　《简明数学百科全书》

　　　标引为:数学——百科全书

　　　　　高等数学——百科全书

　　　　　现代数学——百科全书

　　《中国历史学年鉴》(1986)

　　　标引为:史学—中国——年鉴——1986

　　《农机商品检验手册》

　　　标引为:农业机械——商品检验——手册

(3)普通语文词典,应以语言文种与词典类型两方面进行标引。一种语文的词典应以该语言文种的叙词为主标题,与表示词典类型的叙词进行组配标引。两种语文对照的词典,如属中外文对照,一律以表示外文的叙词作主标题;如属汉语和少数民族语文对照,一律以表示少数民族语文的叙词作主标题;如属两种外文对照,则应以被注释说明的语言文种的叙词作主标题,分别与表示词典类型的叙词以及表示相应对照文种的叙词组配标引。

例:《新华字典》

　　　标引为:汉字——字典

　　《法汉词典》

　　　标引为:法文——词典——中文

　　《俄英词典》

　　　标引为:俄文——词典——英文

(4)语文词典中的专门词典,如词表已收入该专门词典的叙词,可用该叙词标引,否则,应使用相应叙词和"词典"组配标引,并视情况进行轮排。

例:《北京方言辞典》

　　　标引为:北京话——方言词典

　　　方言词典——北京话

　　《汉语外来语词典》

　　　标引为:汉语——外来语——词典

　　　外来语——汉语——词典

(5)各学科的名词术语、词汇解释等,一般均按词典方法加以标引。

例:《俄汉科技新词汇》

　　　标引为:科学技术——俄文——词汇——中文

　　《经济学名词解释》

　　　标引为:经济学——词汇

7.目录、索引的主题标引

目录、索引是提供文献查找线索、指导阅读的工具书,对目录、索引的标引应根据其揭示的对象、范围分别情况进行。

(1)凡综合性目录、索引应以相应目录、索引的叙词作主标题,以涉及的地区、年代作副标题进行组配标引。

例:《全国总书目(1980)》

　　　标引为:国家书目——中国——1980

　　《中国近代期刊篇目汇录》

　　　标引为:期刊目录——中国——近代

(2)专科性目录、索引应从主题内容和文献类型两方面进行标引,并互为主副标题。

例:《中国地方志联合目录》

　　　标引为:地方志——联合目录——中国

　　　联合目录——地方志——中国

　　《中国分省医籍考》

　　　标引为:中医——古籍——目录

目录——中医——古籍

《世界经济论文篇目分类索引:1978—1983.4》

标引为:世界经济——论文——分类索引

分类索引——世界经济——论文

《布哈林著作目录》

标引为:布哈林,N. I.——著作——目录

目录——布哈林,N. I.——著作

(3)专书索引应分别从专书名和索引两个方面进行标引,并互为主副标题。

例:《〈汉书〉人名索引》

标引为:《汉书》——人名索引

人名索引——《汉书》

中国——历史——秦汉时期——人名索引

《〈全唐诗〉作者索引》

标引为:《全唐诗》——著者索引

著者索引——《全唐诗》

唐诗——著者索引

(4)对于器物目录,如产品目录、金石目录、动植物目录等,均以目录反映对象的叙词作主标题。

例:《中国优质产品:1984》

标引为:工业产品目录——优质——中国——1984

《大足石刻内容总录》

标引为:大足石窟——石刻——目录

第七章　主题检索工具

利用主题法揭示文献内容的目的是建立文献检索系统,包括传统的手工方式的主题检索工具与自动化的检索系统。主题检索工具按揭示对象的文献单元划分,有主题目录、主题索引、分类目录字顺主题索引等。按使用的检索语言分,有标题目录/索引、元词目录/索引、关键词目录/索引和叙词目录/索引。

第一节　主题目录

主题目录通常指图书馆目录体系中,以表示文献内容的规范化语词为检索标识,并按字顺排列组织的一种文献目录。以往主题目录多以标题语言为标引工具,所以也称之为标题目录。现在多以叙词语言为标引工具,但款目上的标目多采用标题形式。

主题目录与分类目录虽然都用于揭示文献内容,但由于主题法和分类法在检索语言结构和标引方法上存在着差异,使主题目录与分类目录在功能上各有所长、互为补充,均成为图书馆目录体系中不可缺少的组成部分。主题目录为读者提供了直接从具体的事物、对象或问题入手查找图书资料的一条重要途径。

主题目录通常由各种主题款目、指导片和参照片组成。

一、主题款目编制法

主题款目是以反映文献内容的主题词为标目的款目。按其作用的不同,又可分为主要款目、分析款目和综合款目。

主要款目是以表达图书主要主题内容的主题词为标目的款目,它可通过在通用款目上添加主题标目而产生。

例:主题主要款目(1)

```
西安事变
    西安事变与周恩来同志/罗瑞卿等著.
—北京:人民出版社,1979
    (以下省略)
```

主题主要款目(2)

```
周恩来——传记
    西安事变与周恩来同志/罗瑞卿等著.
—北京:人民出版社,1979
    (以下省略)
```

主题分析款目是以单独著录的某一文献中的部分材料的主题概念为标目的款目,可以把通过分析标引获得的析出材料的主题词加在通用分析款目上形成。

例:主题分析款目

```
毛泽东——传记
    一个共产党员的由来/(美)斯诺著.
    //西行漫记/(美)斯诺著;董乐山译.
—北京:三联书店,1979.—第103～108页
```

主题综合款目是以包括若干出版单位的多级出版物的整体主题内容的主题词为标目的款目,可在通用综合款目上加上综合标引得出的主题词构成。

二、主题目录参照编制法

参照是用来揭示标题之间的关系和联系的方法。编制参照是主题编目工作的重要组成部分,如果缺乏参照或参照系统不完善,将会直接影响主题目录的质量。

1.编制主题目录参照的目的

(1)便于读者检索。由于主题语言一般都要经过规范化处理,而读者往往不能准确掌握标引用语的规范情况,为使读者能从非规范化词汇查到所需文献,要通过参照指引读者从不使用的词汇形式去查找使用的正式主题词。

(2)避免与其它目录重复。虽然主题目录与分类目录在功能上有明显差别,但往往主题目录中的一些标题与分类目录中的一些类目完全相同,因而它们所聚集的文献也完全相同。这种重复完全没有必要,可通过参照从一种目录指向另一种目录,既避免重复,又满足了读者从不同途径检索的需要。

(3)避免目录体积过于庞大。主题目录中有许多标题可以采用不同的排列方式或书写方式,这需要为一种文献编制多条款目。编制参照可减少款目编制数量,同时也达到从不同入口检索文献的目的。

(4)建立标题之间的联系。由于主题目录是按主题标目的字顺组织起来的,因而内容相关而字面形式不同的标题往往分散在各处,编制参照可便于读者检索相关文献。

2.主题目录参照的类型及其编制方法

尽管现在叙词表中有用、代、属、分、参等多种参照,但主题目录中只编制以下三种参照:

（1）单纯参照（See reference）。也叫见参照。在主题目录中有两类词，一类是用作主题标目的标题，另一类是不用作主题标目的非标题。由非标题指向标题的参照就是单纯参照。另外，在主题目录中只设标题而不编制款目，指示读者去查找分类目录的有关类目也属于单纯参照。以下几种情况应编制单纯参照：

①从非正式主题词指向正式主题词。在主题语言的词汇控制中，许多同义词、准同义词和具有组代关系的词都采用同义控制的手段选择其中一个为正式主题词，其余为非正式主题词。在主题目录中，应为非正式主题词编直接参照。

例：在《汉表》中"国际投资 Y 对外投资"，主题目录中可编下列参照：

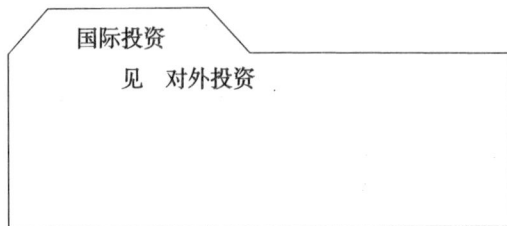

```
国际投资
    见  对外投资
```

除了根据标题表的见自参照（See from）或叙词表的代项（UF）参照编制单纯参照外，必要时还应为上位标引或靠词标引中未使用的主题概念编制单纯参照，指向标引时所使用的上位词或准同义词。例如，在使用《汉表》标引时，我们将有关"胎教"这一主题的文献用"优生学"来标引（靠词标引），如有必要，应编制"胎教 见 优生学"的参照。

②从不使用的标题形式指向所使用的标题形式。如使用一些倒置标题时，为使读者从正装标题也能查到，应编制参照，有时还可加说明语。

例：

```
小型×××
    见×××,小型
    例:小型水电站
        见水电站,小型
```

```
成语词典
    见  词典,成语
```

③为标题的各种轮排形式编制参照。轮排是增加检索入口的一种方式,但若同一多级标题下款目较多,要为每种文献编制若干轮排款目的话,款目数量将十分可观。在这种情况下,可只为每一种文献编一张基本款目,不同的轮排标题只需编制相应参照即可解决。

例：

```
低毒农药:高效农药
    见  高效农药:低毒农药
```

镁合金:铝合金-合金分析
　　见　铝合金:镁合金-合金分析

合金分析——铝合金:镁合金
　　见　铝合金:镁合金——合金分析

合金分析——镁合金:铝合金
　　见　铝合金:镁合金——合金分析

④从主题目录指向其他目录。当主题目录中一些聚集文献较多的标题与分类目录或著者目录中的类目或著者名称完全相同时,可只在主题目录中设立标题导片,通过参照指向其它目录。

例:

鲁迅——著作研究
　　见　分类目录　I 210.97

（2）相关参照（See also reference）。也叫参见参照，是从一个用作主题标目的标题指向另一个被目录用作主题标目的正式标题，以扩大或缩小读者的检索范围。如果说单纯参照是显示标题之间的等同关系，那么相关参照则是显示标题之间的等级关系及相关关系。

显示等级关系的相关参照分为两类：一类是由表示上位概念的上位标题指向表示下位概念的下位标题。另一类是由下位标题指向上位标题。为了节省篇幅，在主题目录中一般只做前者，不做后者。用相关参照显示等级关系，一般只指向等级系列中与它直接相邻的下位标题，不能跳跃显示。编目时可根据标题表中的参见自（See also from）和叙词表中的分项（NT）参照及参项（RT）参照进行编制。

为了避免编制工作重复进行，可在首次为一个标题编制参照时，将与该标题有关的所有参照全部加以著录，并在已藏有文献的参照标题旁加上注记符号，以便与未藏有文献的参照标题区别开来。有关文献入藏后，只需加注标记即可。例：

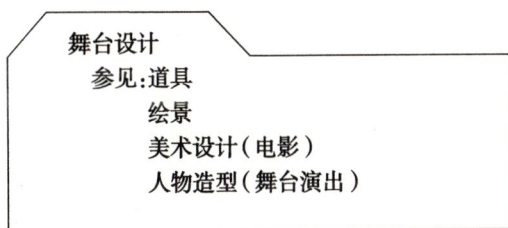

> 舞台设计
>   参见:道具
>   绘景
>   美术设计（电影）
>   人物造型（舞台演出）

利用叙词语言标引的组配标题在词表中没有现成的参见参照，因而其参照的编制比较复杂，要依靠编目人员所具有的专业知识并结合标题的实际内容来编制。

例：

```
┌─────────────────────────────┐
│  工人运动——中国             │
│  参见  安源路矿罢工（1922）  │
│       京汉铁路罢工（1923）   │
│                             │
│                             │
└─────────────────────────────┘
```

（3）一般参照（General reference）。也叫说明参照。一般参照实际上是把许多参照合并在一起，或是某种编制体例的说明，或是目录查找方法的指示。在 LCSH 中通常分为两大类，即一般参见参照（General See also reference）和一般见参照（General use reference）。例如：

Dog breeds

　　SA names of specific breeds, e. g. Bloodhounds, Collis

Chemistry

　　SA heading beginning with the word Chemical

Access control

　　USE Subdivision Access control under subjects e. g. Computers—Access control

一般可以根据 LCSH 的 SA 参照项及本馆的情况，编制必要的一般参照。

编制参照时应当遵循下列几点：

①同一内容的参照只需编制一次，以后就可以一劳永逸了。假如为第一本有关索引法的书编制了"主题法 参见 索引法"的参照，以后再进有关索引法的书，就不必再编上述参照了。

②要根据本馆读者情况及编目的条件，选编有关的参照，不必机械地完全照搬词表。例如，词表中规定：

马铃薯

D 土豆

　　洋芋

　　洋山芋

　　……

如果是专业图书馆,考虑到读者不可能用"洋芋"、"洋山芋"查找,就可以只编一条单纯参照,即:

　　土豆　　见　　马铃薯

　　③参照只能指引读者查阅已入藏文献的主题词,不能指引读者去查看无文献的主题词。也就是说编制参照的出发点是想方设法指引读者来看手中正在编目的文献。假如正在为一本关于主题法的书编目,就要求编制如下两条参照:

　　索引法　　参见　　主题法

　　分类法　　参见　　主题法

而不允许编制如下参照:

　　主题法　　参见　　索引法

　　主题法　　参见　　分类法

因为此时馆里可能还没有入藏索引法、分类法的书。只有以后收藏了索引法、分类法方面的书,才允许编制上述两条参照。

　　④一个标题一般不同时参见具有属分关系的两个主题概念。如"工人运动——中国"这一标题若参见了"安源路矿罢工(1922)"和"京汉铁路罢工(1923)",就不再参见"中国工人罢工",因为"中国工人罢工"是前二个主题词的上位词,它包括了前二个主题词的内容。

三、主题目录指导片编制法

　　主题目录指导片是用以区分不同标题的款目的标志。主题目录指导片除标题导片外,还有字顺目录通用的字母和单字导片。标题导片的著录项目应包括:标题名称(中文标题还应有汉语拼音）、标题注释和标题参照。这些项目一般只在单级标题导片和多级标题的主标题导片上全部著录，专业图书情报单位也可根据需要与可能为整个多级标题编制参照。

单级标题的导片制作比较简单，多级标题导片的制作有两种方法：

(1)将主副标题列在一张导片上。

例：

工人运动
  参见　工人斗争
        工会运动

工人运动—中国
  参见　中国工人
        罢工

工人运动—美国
  参见　美国钢铁
        工人大罢工
        （1959）

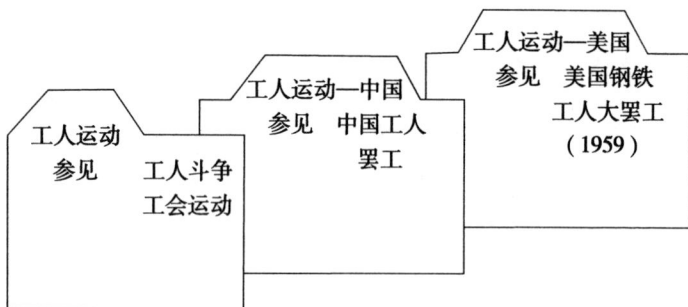

(2)主标题与副标题分级单列，可用不同颜色或不同导耳的导片来区分。例：

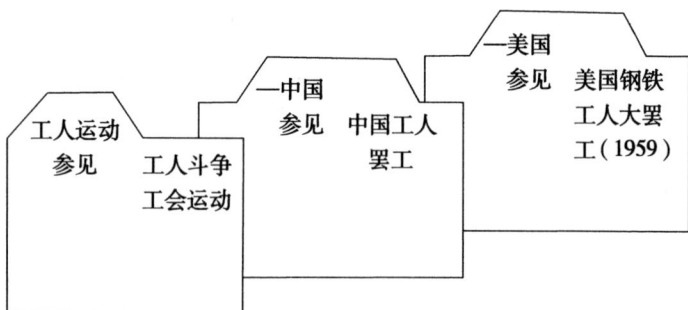

工人运动
  参见　工人斗争
        工会运动

—中国
  参见　中国工人
        罢工

—美国
  参见　美国钢铁
        工人大罢
        工（1959）

字母与单字导片的制作与其它字顺目录相同，如果首字相同的标题太多，还应适当增加词组导片。

例:

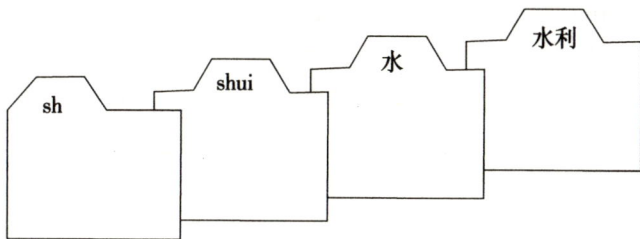

四、主题目录的组织

主题目录是一种字顺目录,在分立式目录中,它是单独组织的,在词典式目录中,各种主题款目与题名款目、责任者款目混排在一起。中文文献主题目录的字顺排列,目前多按汉语拼音的音序排。组织目录时,通常先将同标题的款目集中在一起,然后先按标题字顺排,再排同标题下的款目。

1. 标题字顺组织法。首先按主标题字顺排列。主标题相同,再按副标题排列。

中文标题目前多采用汉语拼音排序,具体方法有三种:

①逐字母排列法。即按标题的汉语拼音字母顺序,严格地逐个字母比较其先后次序。这种排列法完全脱离汉字结构与特点,同一个汉字不能集中在一起。

②逐音节排列法。又称"同音、同调、同汉字"排列法。以标题的每个汉字的汉语拼音的音节为单位,结合四声、笔划、笔形的一种混合排列方法。即首先依标题的第一个汉字音节的字母顺序排,同音节者再依四声排,同音、同调者再依汉字的笔形、笔划排。这种方法结合了汉字的特点,使相同的汉字集中在一起,符合我国读者的查找习惯。

例:逐字母排列法　　　　逐音节排列法

Shandong kuaishu	Shandong kuaishu
山东快书	山东快书
Shangbiaofa	Shange
商标法	山歌
Shangcengjianzhu	Shanqu kaifa
上层建筑	山区开发
Shange	Shangbiaofa
山歌	商标法
Shangfa	Shangfa
商法	商法
Shangguyin	Shangpin
上古音	商品
Shangpin	Shangcengjianzhu
商品	上层建筑
Shangshu	Shangguyin
尚书	上古音
Shangsu	Shangsu
上诉	上诉
Shanqu kaifa	Shangshu
山区开发	尚书

③逐词排列法。以标题中的单元词为单位进行排序。这种方法可将同一单元词集中,但单元词划分标准不一致会导致排序的不稳定性。

英文标题的排列方法分为两种,一是逐字母排比法,一是逐词排比法。例如:

逐字母排比法	逐词排比法
Behavior	Behavior
Behavioral science	Behavior control

274

Behavior control	Behavior disorders
Behavior disorders	Behavior modification
Behaviorism	Behavior therapy
Behavior modification	Behavioral science
Behavior therapy	Behaviorism

同一主标题下副标题的排列有两种方法。一种与主标题排列方法相同,也按字顺排列;一种按一定的系统性或逻辑关系排列。前一种方法排比简单,多为综合性图书情报单位采用,后一种方法需根据不同标题的性质决定排列次序,如工业产品按生产过程排,次第性副标题按次序递增排等。但地域性副标题多按地区远近排,时间性副标题多按顺纪年排。

例:副标题按字顺排	副标题按系统性排
茶——花色品种	茶——选种
——商品养护	——育种
——选种	——作物栽培
——饮料加工	——植物病虫害
——育种	——饮料加工
——植物病虫害	——商品养护
——作物栽培	——花色品种

2.标题中符号的排列次序

标题中各种符号的排列顺序为:

——	短横	(组配符号)
:	冒号	(组配符号)
,	逗号	(倒置符号)
( )	括号	(限定符号)
《》	书名号	
" "	引号	

例:数控机床

数控机床—机械设计

数控机床:铣床

数控机床,大型

《数控机床》

3.同标题下的款目排列法

(1)字顺法。即按文献题名或责任者名称字顺排列；

(2)时序法。即按文献出版年代或标引编目的先后次序排。

(3)分组法。即按文献内容或观点分组排列。如在"书次号"这一标题下,按文献内容分成论述著者号的、种次号的、出版年代号的三组。

时序法能反映同一主题文献的出版情况或入藏顺序,便于读者选择新到文献；分组法虽能按内容相对集中某些文献,但划分难度大,若文献量小,分组意义不大,若文献量大,则不如增加副标题；字顺汰虽与标题导片排列方法一致,但款目字顺排比量大,手工排序时速度较慢。

第二节 分类目录字顺主题索引

一、分类目录字顺主题索引的功能

分类目录字顺主题索引是将分类目录中所收资料内容的主题概念,连同它们的分类号按字顺排列,通过主题概念词语查找分类号的一种工具。完善的分类目录应配备字顺主题索引,其主要功能是:

1.帮助读者使用分类目录。

分类目录为读者提供了一条按学科系统检索文献主题的途径,但由于这种学科系统是按主题之间的内在联系与逻辑体系组织起来的,往往不为读者熟悉。因此读者在使用分类目录时,经常因为不能确定所查主题在分类体系中的准确位置而颇费周折。分类目录字顺主题索引则将主题概念从学科系统排列转换成字顺排列,提供了一条按主题名称字顺确定其在分类体系中所处位置的途径,为读者使用分类目录提供了方便。

2.具有从主题角度检索的功能。

在分类目录中,从不同学科角度研究同一对象的文献往往分散在不同类目中,读者要通过分类目录来查找有关研究这一类对象的全面资料比较困难。分类目录字顺主题索引可以通过字面成族将分散在不同学科中的有关类目集中显示于一处,编制完备的索引还有参照系统。在没有设置主题目录的情况下,无疑等于增加了一条简易的主题检索途径。

3.可作为多种分类目录兼容的中介。

由于历史原因,我国不少图书情报单位使用过若干种分类法。不同语种、不同载体以及新旧文献往往分别编有分类目录,读者要检索某一特定主题的全面资料,必须熟悉多种分类体系。分类目录字顺主题索引可在一个索引款目上注明该主题概念在不同分类目录中的有关分类号或载体代码,便于读者同时使用多种分类目录及各种文献资料。

4.可作为提高标引一致性的辅助工具。

文献分类要求前后一致,然而对那些复杂主题、新主题的分类,往往会因时间和人员的变迁而产生差异。藉助于分类目录字顺主题索引,可以了解以往处理的办法,保证分类的一致性。

分类目录字顺主题索引与主题目录在编制原理和方法上有相同之处。如都使用规范化的语词作为表达主题概念的标识,都按语词的字顺排检等。但二者并不完全相同,它们之间的差别主要是:

1.利用文献的便捷程度不同。主题目录中的每个标题后都反映了具体文献,读者可直接选择利用;分类目录字顺主题索引中的每条索引款目后只注明分类号,读者要了解具体文献,还必须去查阅分类目录。

2. 主题目录一般不具备分类目录字顺主题索引兼容多种分类体系、联系主题概念与分类号,以及提高分类标引一致性的作用。当然,若在主题目录的主题标目之后加注相应的分类号,则有助于加强这方面的作用。

3. 分类目录主题索引反映主题的专指度和提供多个检索入口的能力可以等于、甚至大于主题目录。由于前者采用的是标识单元方式,不必编制具体文献的款目,尤其是采用叙词语言编制时,索引款目的标目可方便地采用轮排标题。而后者采用的是文献单元方式,为了减少款目编制量与目录体积,往往不便进行多种轮排,或者要通过编制标题参照来反映轮排标题。在这一点上,主题目录又不如分类目录字顺主题索引来得便捷,其专指度也受到一定影响。

由于分类目录字顺主题索引同样具备主题检索的功能,编制起来却比主题目录方便得多,可以节省大量人力、物力、财力,而且在主题检索与分类检索之间建立起联系。因此,在我国目前情况下,要增加主题检索途径,编制分类目录字顺主题索引不失为一条比较简捷的途径。

二、分类目录字顺主题索引的类型

分类目录字顺主题索引有两大类型:

1. 按索引的功能,可分为直接索引与相关索引;

2. 按索引采用的检索语言,可分为标题词式索引、关键词式索引和叙词式索引。

直接索引又称类名索引。即将分类目录中所使用的类目概念及相应类号按类名字顺排列。直接索引难以反映类表中隐含的细

278

小主题,也不容易集中某一主题的相关事项,但编制比较简便。

例:B   冰川作用   P 512.4

      病理生理学   R 363

      兵站勤务   E 235

L   劳动生理学   R 131

      劳动卫生   R 13

R   人体生理学   R 33

      人物肖像画   J 211.26

Y   运动生理学   G 804.2

相关索引则将分类目录中分散于各学科的有关同一研究对象的全部类目集中显示,其索引款目除收录类目名称和注释中的概念外,还收录类目中隐含的主题概念,甚至文献中反映出的细小主题概念。相关索引能较好地发挥主题检索的功能,但编制比较复杂。

例:生理学   Q4

    生理学,病理   R 363

    生理学,劳动   R 131

    生理学,人体   R 33

    生理学,运动   G 804.2

标题词式索引,即从选定的标题表中摘取索引标题,再将相应的分类号加注在这些索引标题之后。此种索引受已编标题表的局限很大,但可在使用同一标题表的主题目录与分类目录之间建立更为密切的联系。用多级标题的形式来组织索引款目,也可使同一主题标目下的文献得到合理划分,提高索引款目的专指性。

关键词式索引,即将各类目的含义转译成一些具有语法意义的短语或词组,再从这些短句或词组中抽取关键词作为索引款目的标目。关键词式索引可利用计算机辅助编制。

叙词式索引主要是在作为索引款目的主题词之间增加各种参

照项,以显示主题概念之间的联系。此类索引既可利用分类表所显示的类目关系来编制,也可用特定叙词表中的叙词及它们之间的关系作为编制依据。

三、利用链式索引法编制分类目录字顺主题索引

编制分类目录字顺主题索引可采用多种方法。其中简便易行的是链式索引法。链式索引法是一种半自动的编制字顺主题索引的方法。它是印度阮冈纳赞通过对分类表的类目与主题词表的主题词之间对应关系的调查研究后提出的。链式索引法通过对类目链的逐级解析,直接利用分类表的类目生成索引款目,不必另外进行复杂的主题标引。类目链又称类系,是指一组具有单纯从属关系的类目。例如,R 医药卫生→R5 内科学→R57 消化系疾病→R575 肝胆疾病→R575.6 胆囊疾病→R575.61 胆囊炎。利用链式索引法编制主题索引,即在为分类目录中最专指的主题概念编制索引款目的同时,可依据其类目链逐级向上逆推,择取其各级上位类目中有实际检索意义的主题概念,转换成相应的索引款目。这样每编制一条专指概念的索引款目,就可以同时产生若干条概念内涵逐级宽泛的索引款目。而且许多宽泛概念在第一次生成索引款目后,以后不必重复编制。如依上例类目链编出了"消化系疾病"、"内科学"、"医药卫生"等索引款目之后,以后再为"胃炎"编制索引款目时,只需逆推到"胃疾病",再往上的"消化系疾病"等就不必再编制索引款目。

利用链式索引法编制分类目录字顺主题索引的步骤与方法是:

1. 展示类目链

首先依据文献主题在类表中所属的类目,分析出该类目的各级上位类。分析时应注意避免遗漏其中任何一级。如文献主题"无机化学微量容量分析方法"可分析成这样一条类目链:06 化

学→065 分析化学→0653 无机分析→0655 无机定量分析→0655.2 无机容量分析→0655.21 无机微量容量分析。根据这一类目链可生成如下几条索引款目：

微量分析:无机分析　　　0655.21

容量分析:无机分析　　　0655.2

定量分析:无机分析　　　0655

无机分析　　　　　　　0653

分析化学　　　　　　　065

化学　　　　　　　　　06

由于分类号并不能完全表达类目等级结构,因此在分解类目链时必须注意类目本身的等级关系。

2. 补正链环

由于分类法的类目概念往往受上位类目的控制,下位类目概念有时表达不完整。类目划分时又经常为展开一组类目的需要而设置了一些无检索意义的上位类目。因此在展开类目链,择取索引款目时,需要对其中一些类目链环进行补正。链环补正主要有以下几种情况：

(1)删去无检索意义的链环

例:类目链

J　　　艺术

J3　　　　雕塑

J 31　　　　雕塑技法

J 313　　　　各种题材和体裁雕塑法

J 313.1　　　　肖像

在这个类目链中,应删去"J 313 各种题材与体裁雕塑法"这一无检索意义的链环,生成如下索引款目：

肖像—雕塑技法　　　J 313.1

雕塑技法　　　　　　J 31

雕塑　　　　　　　　　　J3
艺术　　　　　　　　　　J

（2）增补链环　如果文献主题比所属类目更为专指，则可以延伸类目链，并将其作为生成索引款目的依据。

例：文献主题"我国大豆的产销"类号为 F 326.12

其类目链可展开为：

F 3　　农业经济
F 32　　　中国农业经济
F 326　　　　农业部门经济
F 326.1　　　　种植业
F 326.12　　　　　经济作物
F 326.12　　　　　　油料作物
F 326.12　　　　　　　大豆

类表上的最专指类目为"F 326.12 中国经济作物的产销"，将其延伸两级链环则得到最符合文献主题的专指概念。按延伸后的类目链可生成如下索引款目：

大豆——种植业经济：中国农业经济　　　F 326.12
油料作物——种植业经济：中国农业经济　F 326.12
经济作物——种植业经济：中国农业经济　F 326.12
种植业经济：中国农业经济　　　　　　　F 326.1
中国农业经济　　　　　　　　　　　　　F 32
农业经济　　　　　　　　　　　　　　　F3

这里不仅增补了两级链环，还删去了无检索意义的"农业部门经济"一环。

（3）订正不宜作索引标目或简化的类名

例：文献主题"《红楼梦》诗词研究"类号为 I 207.411

其类目链可展开为：

I　　文学

I 2　　中国文学

I 207　　　各体文学评论与研究

I 207.4　　小说

I 207.41　　　古代小说

I 207.411　　　《红楼梦》研究

I 207.411　　　　《红楼梦》诗词研究

在这个类目链中,除了应删去"I 207 各体文学评论与研究"这一链环外,还应将"I 207.4 小说"的类名订正为"小说研究",将"I 207.41 古代小说"的类名订正为"古代小说研究",然后生成如下索引款目:

诗词研究:《红楼梦》研究	I 207.411
《红楼梦》研究	I 207.411
古代小说研究——中国文学	I 207.41
小说研究——中国文学	I 207.4
中国文学	I 2
文学	I

3. 择取索引款目。链式索引的款目包括专指款目、上位词款目和同义词款目三种。专指款目以类目链末端最专指的主题概念作为索引标目的主标题词。如"胆囊炎"、"诗词研究:《红楼梦》研究"。上位词款目以最接近专指款目主标题词的上位词作为索引款目的主标题词,而且应逐级编制。为了给读者提供更多的检索入口,还应为链环中出现的同义词编制索引款目,即同义词款目。

4. 编制参照及排序。由于采用链式索引法编制的分类目录字顺主题索引是分类目录的辅助工具,在分类目录中已展示了主题之间的等级关系、交替关系和相关关系,在字顺主题索引中又集中了分散在不同学科中的相关主题,因此一般没有必要再在分类目录字顺主题索引中编制过多的参照。必要时可为某些多处出现的同义词、近义词编制直接参照,成为形式复分或通用复分的主题概念编制说明性参照。

分类目录字顺主题索引排序时,先按标目中的主标题词排,主标题词相同的,再按副标题词排。

5.索引的管理。为了使分类目录字顺主题索引与分类表的修订保持一致和择取索引款目时措词一致,应建立一套主题索引的分类备查卡,作为管理这套索引的工具。分类备查卡是将每一条索引款目按分类号排列,即可在每一个分类号下集中已列为索引标目的全部主题词,在以后择取索引款目时可作参考。当分类法修订时,如类目和类号发生变化,可按原有类号下列出的索引标目对每条款目进行订正,不致造成遗漏。

链式索引法的最大优点是为编制分类表索引与分类目录字顺主题索引提供了一条简便易行而且比较经济的道路,它突破了主题标引必须依赖主题词表的常规,藉助分类表的类目链来生成主题标目,大大降低了编制分类目录字顺主题索引的难度。然而它完全依赖于特定的分类表,因此分类表的质量直接影响索引的质量。

除了利用链式索引法编制分类目录字顺主题索引外,还可利用特定主题词表对类目概念进行规范化处理和直接对文献主题进行标引,并按照叙词法的原理与方法来编制索引款目。浙江工学院图书馆从 1982 年起,综合采用多种检索语言为该馆的分类目录编制了字顺主题索引,并取得成功。他们主要采用叙词法,并用标题法、键词法和链式索引法加以补充,充分发挥各种方法的优势,使分类目录字顺主题索引的功能更加完备。其主要做法如下:

①根据分类目录中的类目进行主题标引。即对需编制索引款目的类目进行规范化处理,将那些复合主题进行分解转换,构成叙词组配式的标题,如"化工机械:压缩机 TQ055.4"、"化工机械——机械设计 TQ050.2",还可以有意识地利用倒置标题的形式来集中被分类目录分散了的有关主题。例如,"食品保鲜 TS

284

205"、"食品保鲜,蛋制品 TS253.2"、"食品保鲜,豆制食品 TS 214"等。

②利用链式索引法编制有关上位类目的索引款目。例如,为主题"建筑工程施工管理"编制索引款目"建筑工程——施工管理 TU71"及上位类目的索引款目"建筑工程——工程施工 TU7",可降低复合主题的组配级别,减少索引的轮排款目,同时提供了上位检索途径。

③对类表或词表中没有的新概念,直接从图书中选取关键词编制索引款目。

④由于词表中各专业的专指词收词情况不同,类似的主题可能出现不同的标题形式,因此要根据索引款目积累的情况,在这些不同标题形式之间建立单纯参照,以方便读者检索。例如:由于词表中没有"建筑塑料",则用"建筑材料:工程塑料"标引,词表中有"建筑陶瓷",则不用"建筑材料:陶瓷"标引。这样,同是建筑材料,其标题形式却不一样,则应编制"建筑塑料 见 建筑材料:工程塑料"与"建筑材料:陶瓷 见 建筑陶瓷"的参照。

在编制分类目录主题索引时,应首先整顿已有的分类目录,确保分类目录质量,如增加细分程度以及必要的附加款目、分析款目。除了为整套分类目录编制主题索引外,如果受到人力、物力等条件的限制,也可选择那些为本馆读者生产与科研所需的部分分类款目的内容来编制主题索引。如浙江工学院图书馆确定与本院专业相关的基础学科和工程类为索引收录重点,而历史、地理、文艺小说等类则基本不收入索引,使分类目录中 40% 左右的图书内容排除在索引之外,大大减少了编制索引的工作量。

除上述方法外,还可利用分类表与主题词表对照索引以及分类主题一体化词表提供的主题词与类目的对应关系来编制。PRECIS 索引系统更使分类目录字顺主题索引的编制实现了自动化。

第三节　检索刊物主题索引

一、检索刊物及其索引

检索刊物通常指期刊式的检索工具。即在一个名称下，定期连续刊行的检索某一专业范围文献的工具。它是一种长期性、累积性的工具。检索刊物除报道文献核心内容外，还具有提供文献地址、便于读者筛选文献的作用，因而成为科学交流和图书情报部门开展读者服务的重要工具。

检索刊物按其揭示文献的深度划分为题录刊物与文摘刊物两种。题录是最简单的文献报道形式，虽仅描述文献的外部特征，但通过分类编排或主题编排，亦可初步揭示文献的中心内容。文摘是以提供文献内容梗概为目的，不加评论和补充解释，简明、确切地记述文献重要内容的短文。文摘刊物能比较充分地揭示文献内容，而且大多编有完善的辅助索引，因而成为检索刊物的主要类型。

检索刊物的内容一般由说明、正文（文摘或题录）、索引、文献来源构成。

检索刊物的正文大多按分类编排。其所用分类纲目一般根据刊物收录文献的范围，结合检索需要自行编制。

检索刊物的索引是为给读者提供多种检索途径而编制的。按所提供的检索特征划分，有主题索引、著者索引、分子式索引、报告号索引等。按其与正文的关系划分，有期末索引与累积索引两种，累积索引又可按累积时间的不同分为半年索引、年度索引、多年索引等。我国检索刊物的索引主要为期末索引与年度索引。

二、检索刊物主题索引的类型

检索刊物主题索引是以刊物正文反映的文献内容主题概念为标目,按字顺排列的索引。按其使用的检索语言可分为标题式索引、关键词索引、叙词式索引;按其编排方式可分为字顺主题索引、分类主题索引。此外,还可按其编制方式、著录方式等划分为多种类型。

(1)标题式索引。索引款目的标目采用标题语言,利用特定的标题表,选用单级标题或多级标题形式。例如:

单级标题式索引(摘自《地震文摘》)

地震对策　2456　2556　3410　3415　6300

地震预报　1449　1451　2003　2507　2508

　　　　　2514　2515　2526　2531　2532

　　　　　2533　2535　……

地震预报对策　5426　6316

地震预报模型　5036

多级标题式索引(摘自《中国医学文摘(儿科学)》)

板蓝根——副作用　891742

肺炎——并发症　890453　891233……

　　——病理生理学　890107

　　——免疫学　891307……

　,病毒性　890457

　　——并发症　890456

标题式索引的标目直接性好,单级标题式索引编制比较简单,通常一篇文献只标一个标题词,标引比较容易,但同一标题下所反映的文献数量有时很多,读者查阅不便,而且标引深度不够,致使读者要花较多时间来筛选文献。多级标题式索引使同一主标题之下反映的文献按不同方面进一步区分,有助于提高文献查准率,但增加了标引与编制的难度,也使索引篇幅增大。

(2)关键词索引。索引款目的标目由若干个描述文献内容的关键词构成,这些关键词一般选自文献题名或正文,编排时一般将各关键词轮流移至标目位置处,作为不同检索入口。

例:

个人计算机——信息处理——基础知识——图书　393

信息处理——个人计算机——基础知识——图书　393

关键词索引的标引深度大,编制也比较容易,但索引款目的可读性较差,而且带有关键词语言本身的缺点。

(3)叙词式索引。索引款目的标目采用特定叙词表的叙词,在印制成书本式检索工具时,往往采用组配标题的形式,组配标题中的副标题也可经轮排后作为主标题。

例:叙词式索引(摘自《中国学术会议文献通报》)财务管理

工业企业管理∥数据库 371014

管理信息系统∥计算机管理 069048,085009

计算机管理∥程序设计 449004

记帐程序∥计算机管理 069024

数据库∥电力工程 371013

数据库∥计算机管理 346051

管理信息系统

财务管理∥计算机管理 069048, 085009

计算机管理

财务管理∥程序设计 449004

记帐程序

财务管理∥计算机管理 69024

此种索引便于读者从不同主题词入手检索,但词间关系不如标题式索引的标目明确,限制了对款目的准确理解。

分类主题索引采用分类法与主题法混合编排的形式,即先将

288

索引款目分成若干大类,大类下按主题标目的字顺排列二级类,同类下再按文献篇名字顺或时间顺序排。

例:分类主题式索引(摘自《分析仪器文摘》)

A、动态和一般问题

动态

……

分析方法

885011　黄金分析方法现状

分析化学

881025　最新钢铁状态分析

881027　稻麦质量分析

881028　生物化学实验

881030　天然气工业分析

883005　论文特集

……

此类索引可集中同一范畴的主题词,起到某种族性检索的作用,但在编制索引时须先将主题词分类,这种分类往往与检索刊物正文的分类有相似之处,而且重复列出文献篇名,既不利于直接以主题字顺方式检索,又增加了索引篇幅。

诸多类型的主题索引中,叙词式索引与关键词索引能达到较大的标引深度,对计算机的适应性强,适用于机编索引与计算机检索;标题式索引虽然标引深度略浅,但其标目的可读性强,因而即使采用叙词语言编制的机编索引,在编成书本式索引时,也采用标题的形式建立标目。如上所举《中国学术会议文献通报》的例子。

三、检索刊物主题索引的结构

检索刊物主题索引一般由说明、索引款目、参照、辅助索引构成,有的还编有附录。

说明是对索引内容特点及使用方法的解释。包括索引收录范围(时间范围)、所用主题词来源(使用何种词表、自拟标题或使用自由词)、索引款目结构、文摘号的构成特点、索引中所使用的符号以及附录的介绍等。

　　索引款目是索引主体的构成单元,是对所指示的主题及其文献出处的一条记录。索引款目由标目(检索标识)、说明语和材料出处(文献地址)三部分组成。标目提供检索人口,是索引款目排检的依据,也起着聚集文献的作用。说明语既是对标目的进一步解释或限定,也起着区分同一标目下的文献、提高标引专指度的作用。说明语不同于标目中以标题形式出现的副标题词,副标题词可以是规范化词汇,也可以是未经规范的自由词,但大多采用名词或名词性词组,而且根据需要可与主标题词交换位置,形成轮排标题。主标题词与副标题之间的关系要依靠读者所具有的专业知识来判断。说明语大多采用自然语言,与主标题词之间的关系多通过语法关系词来显示,也不能轮排作为检索入口(见下例)。材料出处提供款目中所揭示主题的文献准确位置,是读者使用索引的直接目的。材料出处可直接著录文献篇名和文摘号,但通常只著录文摘号,读者可通过所提供的文摘号到检索刊物正文中查阅并选择文献。

　　例:采用副标题词　　　　　采用说明语
　　葡萄糖　　　　　　　　　　葡萄糖
　　　——测定　　　　　　　　测定
　　　——测定——色谱法　　　测定,色谱法
　　　——测定——干酪　　　　测定,搓碎干酪中的
　　　——测定——黄瓜　　　　测定,黄瓜中的
　　　——分离　　　　　　　　分离
　　　——分离——混合物　　　分离,从混合物中
　　参照是索引的一种内部连接方式。由于主题索引是按主题词

的字顺组织的,要依靠参照揭示主题之间的联系。主题索引中的参照主要是直接参照与相关参照。大型累积索引也经常采用一般参照。直接参照使用"见",如"奶牛"见"乳牛",也有的索引用"→",如"奶牛"→"乳牛"。相关参照用"参见"。

辅助索引是使用主题索引的辅助工具,如主题词首字检字表(汉语拼音或笔划笔顺)。

附录多为主题索引的补充材料。如《分析化学文摘》的主题索引为了在索引款目中不多次重复各种分析方法,编有一个"分析方法代号表"。许多检索刊物采用全年大流水编号法编文摘号,为了方便读者查阅,在累积主题索引后附有"各期文摘号分布表"和缩略语一览表。

四、检索刊物主题索引的编制

手工编制检索刊物主题索引一般按以下步骤进行:①确定标引语言、标引深度、标引方式及标目形式;②主题标引;③款目编制;④款目组织;⑤编辑加工。

(1)在编制主题索引之前,首先要确定标引语言,选用一部或几部主题词表,并应根据标引与检索需要随时增删。标引深度的确定要依据索引的编制方式而定,手工编制主题索引不可能标引过深。专业检索刊物在编制主题索引时一般采取全面标引与重点标引相结合的方式。对专业文献全面标引,对相关文献重点标引。索引款目的标目若采用标题形式,则需规定标题符号或组配符号。

(2)主题标引。对刊物正文所收文献进行主题标引时不能仅凭文摘的内容,应当浏览原始文献,以免遗漏重要的主题概念。在实际工作中,如果文摘由文摘员编写,则最好同时进行标引。

(3)款目编制。索引款目的著录比较简单,手工编制时只需先在编制好的文摘卡片上添加主题标目,若有轮排标题,则应同时在同一文献的其它题录卡片上加注轮排后的标目,然后将全部文摘与题录卡片按标题字顺排列,即可按拟定的款目著录格式著录。著录时,多级标题可采用行列式,也可采用段落式。前者标题醒目,查阅方便,但占篇幅较多;后者排列紧凑,但标题不明显,影响查阅速度。

例:　　段落式著录

佝偻病——并发症　4166　18429　38382　病因学 38383　代谢　23622　38383　儿童　48408　饮食 疗法　2429　血液　58412　诊断　23622　23623 治疗　23623

行列式著录

佝偻病

——并发症　4166　18429　38382

——病因学　38383

——代谢　23622　38383

——饮食疗法　2429

——血液　58412

——诊断　23622　23623

——治疗　23623

, 儿童　48408

标题中的符号应按文献主题标引的有关国家标准规定使用。

(4)款目组织。主标题词按字顺排列,副标题词或说明语也应按字顺排列,目前有些检索刊物主题索引中的副标题词按某种逻辑关系排,不仅增加了排序的困难,也容易造成排序的不稳定与不一致。标题中符号的排列次序与主题目录的组织相同。

(5)编辑加工。期末索引都附在检索刊物正文之后,累积索引有的以单行本形式刊行,有的附于最后一期刊物正文之后。编辑加工时除注意版面编排格式外,还应规定主标题、副标题及说明语、文摘号的不同字号,以使其醒目,便于判读与查检。

第四节　机编索引系统

人工辅助计算机编制索引系统,简称机编索引系统,从计算机角度看属于人机共生系统。机编索引系统以标引员和计算机的分工为基础,保证了系统构成元素即人和计算机潜能的最大发挥。

机编索引系统的一般工作过程为:基于人对自然语言的理解,由人将用自然语言书写的主题描述句标记成形式化主题句(或称词串),然后由机器完成从形式化的主题句到索引款目的转换生成过程。人承担需要智能的主题分析和标引工作,计算机承担轮排款目生成、排序、数据统计等纯机械性事务性的工作。

准确地说,基于布尔逻辑的现代计算机尚不具有理解自然语言的"智能",自然语言计算机理解的研究目前虽然取得了一些进展,但还从未出现过严格意义上的实用系统。故而自动标引也只能一直处于现今的实验室阶段。这是发展机编索引系统的前提。人工辅助机编索引系统,避开了现代计算机的弱点,在合理分工的基础上,充分发挥人、机各自的优势,既保证了索引质量,又提高了编制速度。可以预料,在新型的智能机器出现之前,最切实可行的道路,仍然是人机共生的人工辅助系统。

60 年代末 70 年代初以来,机编索引系统发展迅速,陆续出现了保留上下文索引系统(PRECIS)、挂接主题索引系统(ASI)、嵌套短语索引系统(NEPHIS)、基于假设的轮排主题索引(POP - SI)、关系号索引等。本书重点介绍著名的 PRECIS 系统。

一、PRECIS 的发展

PRECIS(PREserved Context Index System),国内译作"保留上下文索引系统",是 60 年代末 70 年代初产生于英国的一种新型字顺主题索引系统。它最初是为英国机读目录计划而专门设计的，其设计目标包括：

（1）能为机读目录数据库中的每篇文献提供专指的主题索引款目。

（2）适用于计算机操作，使书本式的《英国国家书目》主题索引能够像目录款目一样，直接从机读目录磁带中产生。

英国分类法研究小组成员奥斯汀（Austin, D.）主持了这项研究工作，于1969至1970年研制成PRECIS Ⅰ，1974年又研制成PRECIS Ⅱ，并被《英国国家书目》正式采用。同年，出版了《保留上下文索引系统：概念分析和主题标引》（以下简称《PRECIS手册》）（第一版）。它给奥斯汀带来了世界性的声誉。1984年，又出版了《PRECIS手册》（第二版）。

PRECIS的研究借助了现代语言学和情报检索语言的最新成果，设计了一套简单易学、使用方便的职能号，用于标明文献主题描述句中的各主题的句法功能，得到一个代表文献主题的PRECIS词串。然后，由计算机（也可以是手工）根据词串中的职能号生成近似于自然语句的索引款目。

作为一种机编索引系统，PRECIS具有以下特点：

①PRECIS的款目为双行形式，款目中的词都处于既定的上下文中，打破了传统的主、副标题型款目的限制，可以容纳众多的主题词。这样，标引的专指度便不至过多地受到款目形式方面的限制，而完全取决于文献主题本身。

②索引款目的可读性强。这首先表现在PRECIS的引用次序与自然语言贴近，款目中的上下文对主题词的限定与自然语言中语境对语词的限定完全一样。此外，PRECIS的轮排过程不影响款目意义，轮排生成的款目与自然语言贴近。

③PRECIS标引能力强。标引能力，可以从标引深度和标引一致性两方面考察。PRECIS的平均深度大于一般的主题标引方式。

而在标引一致性方面,由于 PRECIS 职能号系统严谨完备,规则翔实统一,能标引各种类型的主题,减少了标引的主观臆想,保证了标引的一致性。PRECIS 的良好标引能力特别表现在对复杂主题的描述和处理上,这是其它索引系统难于企及的。

④ PRECIS 具有多语种适应性。这不仅表现在 PRECIS 的原理和思想适用于包括英语在内的所有自然语言,而且不同语种的索引款目可以在 PRECIS 词串级别上作对应转换。

目前,PRECIS 已成功地应用于汉语、德语、法语、荷兰语、丹麦语、波兰语、印地语等。汉语 PRECIS,是对英语 PRECIS 中不适用于汉语的职能号及使用规则加以修正、调整而得到的专门用于汉语文献的 PRECIS 标引系统。它保留了英语 PRECIS 的基本特点,并具有与英语 PRECIS 同样良好的性能。与之配套的汉语 PRECIS 软件也已在国内微机上研制成功。

1974 年以来,英国、加拿大、澳大利亚、南非、德国、荷兰、丹麦、印度等国的几十种文摘索引机构先后采用 PRECIS 编制检索刊物的主题索引。这些国家的一些图书馆也用它编制主题目录或分类目录的主题索引。

PRECIS 世界性的成功使它获得了克特之后近百年来"主题标引方面最重要的建树"的赞誉。奥斯汀本人也因此获得国际文献联合会颁发的阮冈纳赞奖和美国图协颁发的玛格丽特·曼恩奖。

二、PRECIS 的款目结构

PRECIS 的双行格式款目,由领词、限定词、展示词三部分组成(另外还有文献地址)。

领 词	限 定 词

展 示 词

领词,是用户查找款目的入口。限定词,从领词角度看,是由连续的含义较宽泛的上下文关系术语构成的。展示词包含的则是含义较窄的上下文术语。在某些款目中,可能没有限定词或展示词。也可能两者都没有,只有领词。

在 PRECIS 词串和款目中,词与词之间的次序按照"上下文从属"原则建立的,即前面的术语把后面的术语置于比较广泛的上下文关系下。这就保证了轮排生成的每条款目都清晰易懂,明白无误地表达主题,同时做到了款目结构的前后一致,以便能与其它同类主题的词串所生成的款目排在一起。这两点,是题内关键词索引和题外关键词索引所不可能同时做到的。

在生成过程结束后,PRECIS 款目中只剩下语词序列,词串标引时所用的职能号在款目中一个也不出现。一般情况下,PR – ECIS 款目生成遵循奥斯汀称作"换轨法"的操作过程。通过这些操作,PRECIS 词串中的词依次换轨轮排至领词位置。譬如,设有下述形式的词串:

* (0)英国　　　(* 表示其后的词要轮排至领词的位置)

* (1)中学

* (P)教师

* (2)报酬

这一词串代表了"英国中学教师报酬"这一主题。首先将这一词串放入展示词的位置,领词和限定词的位置暂空。

英国　中学　教师　报酬

然后开始款目生成过程。首先将首词"英国"换轨轮排至领词位置,剩下的词仍在展示词位置,但需向前滑动以占据"英国"一词空出的位置。这样,就生成了第一条款目:

英国

中学　教师　报酬

下一步,领词"英国"换轨至限定词位置,原展示词中的第一个词"中学"进入领词位置,展示词中剩下的词继续向前滑动。第二条款目便产生了:

中学　　英国

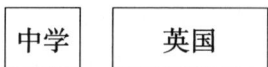

教师　报酬

整个过程一直持续到展示词中每一个词都轮排到领词的位置。本例的最后两条款目为:

教师　中学　英国

报酬

报酬　教师　中学　英国

大多数情况下,并非词串中的每个词都有必要作领词生成款目。具体哪些词须作领词,由标引员自行决定。在这里,作领词的词前冠有"＊"号。

完全遵循换轨轮排法生成的款目,叫标准格式款目。此外,为了适应各种复杂的句法关系和保持款目中的上下文从属原则,PRECIS还有非标准格式款目(谓语转换格式、倒置格式、双向作用格式等)和变体格式款目。

三、PRECIS 的标引

PRECIS标引,即编写词串,并为每个主题概念编配相应的职能号。

编写词串,即按PRECIS方式对文献主题作概念分析,包括以下几个步骤:标引员首先要在充分阅读、理解原始文献的基础上,写出一条能代表文献主题意义的主题描述句。然后,标引员须对主题描述句中各个词在句中承担的逻辑功能作详尽的划分。这一过程与语言学中的自然语句分析没有什么区别。语言学理论把语句中的逻辑语义单位叫做深层格。PRECIS词串的编写过程,便是划分主题描述句的深层格,并将各深层格及内部组成要素用形式化的符号(职能号)予以标记的过程。标记好的词还须按上下文从属关系排成竖行。最后,标引员应选择一些简单代码对款目形式作出规定。这些代码包括:标明某个词是否用作领词的"＊"号;指定多个词组成完整语义团(即短语)的连读构件和替代;还有限制某词在上、下行中出现的"NU"、"ND"等。

以下是最常用的PRECIS职能号简表。按7个主要职能号从小到大的次序排成竖行,词串便形成了上下文从属关系。其中,1、2、3之间的顺序可颠倒,其余则须严格按大小排列。表中其它职能号可插在主要职能号之间。

像表中这样的职能号在PRECIS中共有二十几个。它们看似复杂,事实上掌握起来并不困难。一个从未接触 PRECIS 的标引员,只需花上几个小时便可大体掌握。若要达到熟练运用的程度,则需要一个星期的训练。

表7-1　保留上下文索引系统职能号表

	0	地　　名
主要职能号	1	1. 关键系统(及物行为承受者/不及物行为发出者)
	2	2. 行为/作用
	3	3. 及物行为的发出者/方面
	4	形式观点
	5	研究地区/样本总体
	6	读者对象/文献形式
辅助职能号	p	部分/属性
	q	准类属关系
	r	"群"
	g	标准并列概念
	f	定界并列概念
	s	工具/方法/间接作用和影响
	t	著者赋予的联系
	u	双向联系/双向作用
区分职能号	数字区分职能号	第一和第二字符: $\$_0$ 不作领词,生成空格 $\$_1$ 不作领词,不生成空格 $\$_2$ 作领词,生成空格 $\$_3$ 作领词,不生成空格 第三个字符:1—9 的自然数,标记区分的等级
	$ d	日期区分词
	$ n	带括号的非领词区分词
	$ o	带括号的领词区分词

PRECIS 的全部职能号按其功用可以分为四类:

其一为控制款目形式的职能号,包括连续构件、替代、是否领词等。它们或限制词在款目中出现的位置,或指定由二个或二个以上的词组成语义团。其作用是为了使款目形式美观,并可引入少量的虚词,使款目易于理解,更贴近自然语句。这类职能号在表中未列出。

其二,标记各深层格的职能号,包括 0、1、2、3、s、t、u 等。

第三类职能号用于标记非核心因素。它们包括著者观点(用职能号 4 标记)、阐述核心主题的样例(用职能号 5 标记)、文献的形式和读者对象(用职能号 6 标记)。它们不对应于任何深层格,但却是一个完整主题的基本成分。

含有非核心因素主题的标引,在传统标引方式中尚无成熟、易行的方法。例如,设有一题为《图书馆员用微机程序设计手册》的文献*,若用传统方法标引,恐怕困难重重。而在 PRECIS 中可以引入介词及破折号,以标明文献的读者对象及形式,其词串形式为:

　*(1)程序 $ 31 微型计算机
　　(2)设计
　　(6)用 $ 31 图书馆员
　*(6)手册

生成如下四个语意明确的款目:

①程序

　　　微型计算机程序 设计——图书馆员用——手册

②微型计算机程序

　　　设计——图书馆员用——手册

③图书馆员用

　　　微型计算机程序 设计——手册

---

　* 如词表中有"程序设计"一词,此词串也可标引为:(1)微型计算机(2)程序设计(6)用 $ 31 图书馆员(6)手册。这里破折号是机器自动生成的。

④手册

微型计算机程序 设计——图书馆员用

第四类职能号用于标记深层格内部的各个要素。在主题描述句中,充当深层格的可能并不仅是单词,而可能是词组,甚至可能是子句。标引员对深层格内部的各组成要素亦应用职能号一一予以揭示。这些职能号包括:标记从属成分的 p、q、r(前例中"教师"一词前标了(p),表示教师是中学的从属成分);标记并列概念的 g、f;标记复合词内部修饰关系的区分职能号等。

这里,最体现 PRECIS 特色的是区分职能号。例如,用区分职能号标记的词串"土壤 $ 31 皮棉 $ 32 高产"可生成以下两个复合词:

皮棉土壤

高产皮棉土壤

此时,"土壤"是中心词,"高产"和"皮棉"都是区分词。"高产"限定"皮棉","皮棉"又限定"土壤",形成多级限定。

长期以来,复合词的处理一直是标引实践中的难点。传统标题法中采用的倒置修饰方法,不可避免地带来了歧义和款目排列时前后不一致的弊端。对于多级修饰的情形,倒置修饰法更是无能为力。PRECIS 的数字区分职能号,实际是把自然语言中的前置修饰构词法直接借鉴到主题标引中。并且,原则上可以以基本语词为基础构造任意复杂的复合词组。这就为将无歧义的字面组配方式引入 PRECIS 提供了可能。

我们所称的"无歧义字面组配",包括以下几方面的含义:①用前置修饰法及字面组配构造复合词;②轮排款目生成的不再是语词无规律的全排列,而是形成与自然语句一致的既定词序;③将少量的虚词直接引人款目,以解决某些时候单靠既定词序不能完全确定主题意义的困难。字面组配经如此处理,将象自然语句一样清晰易懂。

PRECIS 中还有专用于处理多主题文献的论题连件 x、y、z。在标引过程中,任何复杂的主题描述句,可以首先用 x、y、z 拆分成多个相互独立的单一主题;每个主题再标记出深层格;若存在复合概念(甚至于一个完整主题)充任的深层格,则对其作进一步标记。这一过程一直进行到划分出单词为止。故此,从理论上说,PRECIS 具备无限的标引能力,凡能用自然语句表达的语意,PRECIS 均能标引。这是其它标引方式所不及的。

以下这个例子可以在某种程度上反映 PRECIS 的强大标引能力。设有一篇多主题文献,其主题为"施用石灰石粉对红壤化学性质及大豆产量的影响"。它是由"施用石灰石对红壤化学性质的影响"和"施用石灰石对大豆产量的影响"两个小主题构成的。而这两个小主题,又都是具有影响关系的复杂主题。若用传统方法标引,需大费手脚,且无法生成意义明确的索引款目。但对 PRECIS 则完全不成其为问题。该主题的对应词串如下:

＊(x)(1)红壤

(y)(p)性质 $ 31 化学 $ w2

＊(x)(1)大豆

＊(y)(p)产量 $ w2

(z)(s)影响 $ v2 的 $ wl

(sub2↓)(z)(3) 施用石灰石

＊(z)(1)石灰石

(z)(2)施用

以下是生成的对应的六条款目:

①红壤

化学性质 施用石灰石的影响

②化学性质 红壤

施用石灰石的影响

③石灰石

施用　影响红壤化学性质
④大豆
　　产量　施用石灰石的影响
⑤产量　大豆
　　施用石灰石的影响
⑥石灰石
　　施用　影响大豆产量

由上例可看出,PRECIS 可根据需要在款目中生成一些相当于说明语的短语,如"施用石灰石的影响"、"影响大豆产量"等,起到明确款目中复杂的词间关系的作用。这类短语多出现在标引句末展示词位置上,不会影响款目的排检。

四、PRECIS 的开放词表

　　PRECIS 词表,属叙词语言。在具体的标引实践中,PRECIS 执行一种称作动态生成开放式词表的管理方式。在 PRECIS 的开放式词表中,词与词之间按照等同关系、等级关系、相关关系等语义关系组织起来,形成语义网络。叙词的选用受该语义网络的控制。同时,一旦标引时遇到新词,可以立即补充进来。它更新的及时性超过其它任何系统。理论上,PRECIS 词表可以从含零个词的初始状态开始累积。

　　PRECIS 词表累积与文献标引同步进行。在写出 PRECIS 词串后,标引员应逐个检查词串中标记为可作领词的词。若其中有词表中未出现过的词,则要通过词典、参考工具书、叙词表、分类表的帮助建立起语义网络,并用 PRECIS 规定的符号(所谓参照代码)记录在词表中。

　　例如,假定要把"Toes"(脚趾)一词加入词表。经过详尽的语义分析(这种分析方法与普通的叙词表无多大区别),可以建立起有关"Toes"的如下语义关系模式(相对于实际情形,这里已作了简化)：

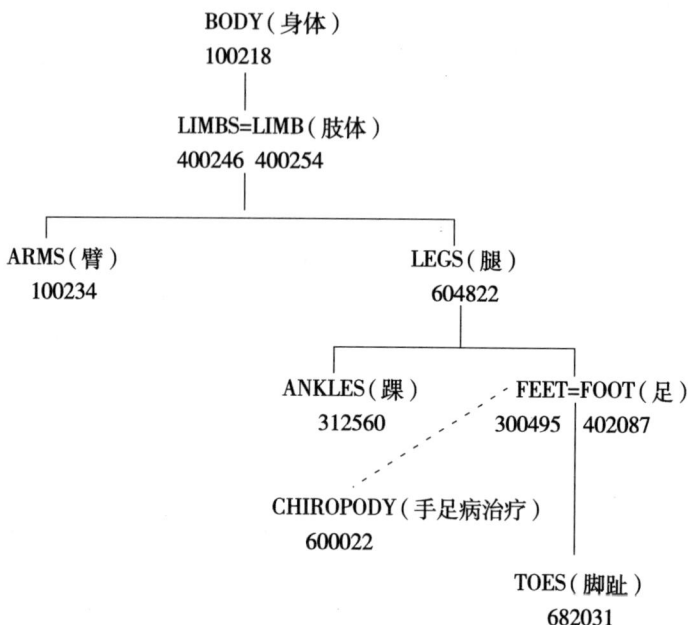

图中等号表示等同关系，虚线表示相关关系。每个词下方的数码称为参照指示号（RIN）。参照指示号指出词在机读文档或叙词表中的位置。每有新词加入词表，系统便为它唯一地自动分配一个参照指示号。图中显现的语义关系，还需用参照代码标记出来，形成主题词记录，新词才算真正加入了词表。下图为"FEET"一词的记录卡：

```
300495 FEET  $ m 402087
             $ o 604822
             $ x 312560
             $ y 600022
```

304

这里，$m、$o、$x、$y 即为参照代码。根据这些代码，到款目生成阶段计算机可以为选作领词的词生成参照。"FEET"一词可生成如下 6 条参照：

①FOOT(足) 　　　　　　　　（根据记录卡中第一行生成）
　 see FEET(脚)

②LEGS(腿) 　　　　　　　　（根据记录卡中第二行生成）
　 see also FEET(足)

③ANKLES(踝) 　　　　　　　（根据记录卡中第三行生成）
　 see also FEET(足)

④FEET(足) 　　　　　　　　（根据记录卡中第三行生成）
　 see also ANKLES(踝)

⑤CHIROPODY(手足病治疗)（根据记录卡中第四行生成）
　 see also FEET(足)

⑥FEET(足)
　 see also Chiropody(手足病治疗)（根据记录卡中第四行生成）

这样，新词"Toes"便加入了词表。

PRECIS 句法和语义虽然同为系统的组成部分，但事实上它们之间存在较大的独立性。开放式词表并非 PRECIS 所必须。其它形式的叙词表，甚至自由词方式，理论上都可作为 PRECIS 词表。如果是叙词表，则须该词表具备计算机管理能力。

第八章 自然语言标引与检索

第一节 关键词语言

一、关键词索引法的历史发展

关键词索引，我们现在一般都是以 IBM 公司的卢恩（Luhn，H. P. ）创制的"题内关键词索引"（KWIC – Keyword in Context）为代表。其实早在 1856 年克里斯塔多罗著的《图书馆编目技术》一书中就提到关键词轮排的概念。美国维留克斯（Veilleux，M. ）早在 1952 年就在中央情报局使用轮排主题——词标引系统。1958年在华盛顿举行的国际科学情报会议上他又与卢恩同期公布了关于关键词索引的构想。关键词索引在当时是适应科技文献激剧增长和快速简便的检索需要而产生的。关键词索引法在计算机应用于标引后得到迅速发展，方法不断改进，类型增多，应用日益广泛。

关键词法是基于题名的报道性特征，直接在题名中抽取关键词的方法。这当然具有一定的局限性，因为有些题名不能准确、专指地表达文献主题，而且同一主题文献在题名中所用关键词也有差异。有人对《化学文摘》主题索引中同主题文献的题录标引后，得到下列结果：84 篇文献中，有 57% 全面反映了主题内容，与《化学文摘》主题索引一致；17% 少标一个词；14% 少标两个词；12%少标三个以上的词。也就是说，在后一部分中有 75% 主题未被揭示,应增补一些关键词,才能弥补这一不足。因此总的说来,关键词索引既有其优点,也存在需要改进的方面,从而导致产生种种改进的关键词索引类型。

二、关键词语言的构成原理

1. 关键词与关键词语言

关键词,又称键词,是从文献题名或文摘甚至正文中抽取的、能够表达文献主题并具有检索意义的语词。关键词是未经规范的纯自然语言语词。例如,在一篇题名为《统计学在图书馆中的应用研究》的文献中,"统计学"、"图书馆学"、"应用"等可以对该主题进行描述,并可作为检索依据,因而可用作关键词。

用人工或计算机从文献中抽取关键词作为文献主题标识,并按字顺序列组织起来,作为文献检索入口的方法,称之为关键词法或关键词索引法。从其语言手段来看,它属于自然语言系统,而从其在文献标引和检索中的作用来看,则是一种准主题检索语言类型。

关键词语言是情报检索语言自然语言化的重要标志之一。情报检索语言自然语言化趋势的日益明显和自动标引技术的广泛应用,使关键词语言在检索系统中越来越显示其日益广泛应用的前景。全文数据库、全文标引和全文检索是其发展的最高阶段。

2. 关键词语言原理

关键词语言大都以题名为中心进行处理,其基本理论依据在于:①科技文献的题名通常都具有报导性的特点,与文献内容贴近;②从题名抽出的关键词可以有效地将检索者指向含有相应情报的文献;③保留一个词的上、下文有助于解释或限定其含义,从而消除一词多义对检索的影响,并提高标引的专指度。

关键词语言的操作具有下述特点:

(1)直接从题名或文摘、正文中抽取关键词;

（2）不编制受控词表，不进行词汇控制，不显示词间关系；

（3）进行轮排，以增加检索入口；

（4）只建立字顺排序体系，不具备系统显示功能；

（5）主要适用于计算机抽词标引系统。

关键词语言就其本身的构成来说完全不同于标题语言、元词语言和叙词语言等规范化的主题检索语言。但随着关键词语言广泛运用，也借鉴和吸取了一些受控语言的词汇控制方法，以提高其检索效率。

（1）编制禁用词表以提高关键词抽取的准确性。对文献中出现的无检索意义的词，即非关键词予以事先规定，编制成表。非关键词通常包括冠词、介词、连词、代词、感叹词以及部分副词、形容词、动词和名词。凡禁用词表中收录的非关键词，在抽词时一律排除，以便抽取的词对文献主题都具有重要描述意义。

（2）编制关键词表，对关键词和词间关系进行控制。关键词之间不显示其等级、等同和相关关系，只用文献中原型词，从而极大地影响检全率，不能进行扩检与缩检。如在计算机内存入一个关键词表将会有大的改进。关键词表实质上是一个走词词典（go - List），由可作关键词使用的有检索意义的词组成，存入电子计算机内。自动标引时用以与文献正文、文摘或题名中的词相比较，将匹配的词选作标引词。自动抽词标引中的包词法（Indexing by inclusion）就是这样一种技术方法。如对关键词表补入一些词间关系显示，则可弥补关键词的松散性缺陷。但应说明的是，关键词表和受控词表不同，对它不作严格规范，编制比较容易。

（3）增补关键词以弥补文献题名对文献主题表达的不足。可从文摘、正文甚至其他方面（如著者等）补入关键词。

三、关键词法的类型

1. 题内关键词索引（KWIC）

KWIC,即题内关键词索引或上下文关键词索引。这是卢恩创制的最早的关键词索引形式,是关键词索引的原型。

KWIC 由三部分组成,即作为检索入口的关键词,作为修饰词的上下文,和文献出处的地址。每个关键词都应用轮排将其置于入口位置。非关键词,如介词、连词等可用禁用词表控制,不作入口词。关键词位处中栏,左右为上下文,由于每行字符长度有限制,有时要"移头接尾"或"移尾接头",甚至"砍头去尾",即删除若干字符。题名开头和结尾,以及截断词都用有关符号表示。

若以大写字母表示具有检索意义的关键词,小写字母表示非关键词,字母后的数字为文献号,题名开头以＊号标出,结尾用"/"号标出,入口词位置左边空一格,则下面的题名可组成轮排款目如下:

入口词位置	文献号
▽	
Ff/　　＊　　AaBbCcDdEe	1245
/　　　＊Aa BbCcDdEeFf	1245
＊AaBb CcDdEeFf/	1245
＊AaBbCc DdEeFf/	1245
＊AaBbCcDd EeFf/	1245
BbCcDdEe Ff/　＊Aa	1245

KWIC 的主要优点是编制快捷。但也有两个明显的不足,即标引词来源不充分和索引词不规范。为了弥补这些不足,有人提出了种种改进办法,如从正文中抽词,补充篇名,在索引中编制参照等等。

2. 题外关键词索引(KWOC)

KWOC(Keyword out of Context),即题外关键词索引。又称 KWAC(Keyword and Context),是 KWIC 较早的改良型索引。主要是改变入口词位置,依次把关键词移至题名的左端或提行到左上

方,题名上下文次序不变。仍用上述数据为例,这一方法可组成下述轮排款目:

入口词位置

▽		文献号
A	AaBbCcDdEeFf	1245
B	AaBbCcDdEeFf	1245
C	AaBbCcDdEeFf	1245
D	AaBbCcDdEeFf	1245
E	AaBbCcDdEeFf	1245
F	AaBbCcDdEeFf	1245

这种改良相对 KWIC 来说,一是标题更醒目,便于检索浏览;二是题名自然顺序得以保留,具有较好的可读性。

3. 关键词与著者索引(WADEX)

WADEX(Word and Author Index),即词与著者索引。其特点是除关键词外,将著者也作为检索词处理,与关键词混合编排,同时提供著者检索途径。

4. 词对式关键词索引(Paired Keyword Index)

这种索引对一篇具有若干关键词的文献,每次只选择两个进行组配轮排,不带上下文。假如一篇文献有 n 个关键词,每次取一词对,那么款目总数为 $P_n^2 = n(n-1)$,如当 n = 5 时,款目数就为 20 个。如有数据 AaBbCcDdE,其中有 5 个关键词,则可轮排为:

AB	BA	CA	DA	EA
AC	BC	CB	DB	EB
AD	BD	CD	DC	EC
AE	BE	CE	DE	ED

5. 双重关键词索引(DKWIC)

DKWIC(Double KWIC),即双重关键词索引。这是一种 KWIC 和 KWOC 结合型索引,即在题外关键词用作索引标目的同时,题

310

内关键词也进行轮排。例如,上述数据可生成下述款目:

A

AaBbCcDdE	2004
BbCcDdE/Aa	2004
CcDdE/AaBb	2004
DdE/AaBbCc	2004
E/AaBbCcDd	2004

B

AaBbCcDdE	2004
BbCcDdE/Aa	2004
CcDdE/AaBb	2004
DdE/AaBbCc	2004
E/AaBbCcDd	2004

C

......

D

......

E

......

双重关键词索引查阅方便,但篇幅庞大,编印成本高,使实用性受到影响。

第二节 自动标引

一、自动标引的发展

自动标引是计算机根据文献标题和文摘中的自然语言,自动

选定文献标引词的标引技术。自动标引通常是基于二次文献中的自然语言,亦可称为自然语言标引。自动标引的类型大致可以划分为:

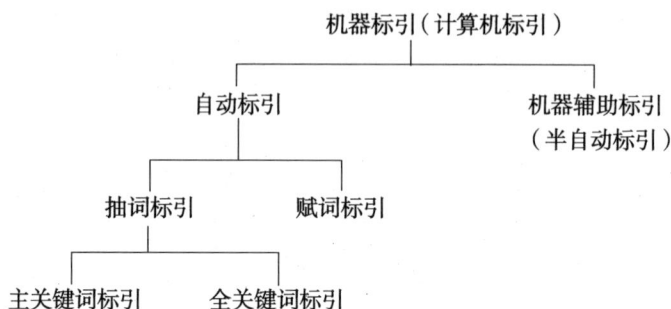

机器标引(计算机标引)

自动标引   机器辅助标引(半自动标引)

抽词标引   赋词标引

主关键词标引   全关键词标引

图8-1 自动标引的类型

  自动标引是美国 IBM 公司卢恩等人开创的情报检索的一个研究领域。1957、1958 年卢恩先后撰文提出自动抽词标引的基本思想:一篇文章中一个词出现的频率是这个词的重要性的有效测度。一个句子中具有给定重要测度的词的相关状态,成为该句子重要性的有效测度。按照词的出现频率,以一定的标准排除高频词与低频词,剩下的就是最能代表文献内容的词。

  卢恩提出的基于词频统计的标引方法一直到 60 年代前期都是自动标引采用的主要技术。这一时期还研究了禁用词表加一定句法模式作题名标引的方法。从 60 年代后期到 70 年代末,自动标引研究取得了很大进展,提出了概率统计标引法、句法分析标引法以及各种加权模型等。并且进行了大量的自动标引试验及评价,建立了一大批应用与试验系统。

  由于人工智能、语言学、决策论等研究成果被应用于自动标引研究,使自动标引技术达到相当成熟的阶段。在现代联机情报检索系统中,自动标引和自然语言检索已越来越占据重要地位,展示

312

了现代情报检索系统发展的基本方向。

我国早在 1963 年就开始介绍国外自动标引研究情况,但是直到 80 年代,汉语自动标引研究才开始起步,并得到重视,成为我国情报学研究的重要领域。

1980 年 11 月至 1981 年 4 月,中国科技情报所研究生陈培久利用 TK－70 计算机和 T4100 汉字系统建立了"汉语科技文献自动标引试验系统"。1983 年王永成、肖玮瑛建立了"中文自动标引与检索软件实验系统"。后来在王永成主持下,在 IBM－PC/XT 兼容机上建成了中文标引和检索系统。此后关于中文自动标引和汉语自动分词研究不断深入,取得了可喜的进展。

自动标引自产生至今只有 30 多年的历史,但发展却很快,除技术因素外,还有下列几方面原因:

(1)节省人力,提高标引速度

苏联的全苏电工情报和技术经济研究所建立的 ПУСТО－НЕ－ПУСТО 系统,每年自动标引四种语言的文摘 10 万余篇,每周标引 2000 篇,所用标引技术人员只需 14—17 名。日本的 JAKAS 系统 1982 年自动标引 200 万件题录,共抽取 1000 万个关键词,标引 1 万条题录只需 0.35 小时。

(2)可以保证较好的检索效率

自动标引与手工标引检索效果试验几乎是与自动标引研究同步。斯旺森(Swanson,D. R.)在 50 年代末就进行了这方面研究。1967 年克兰菲尔德实验得出的结果是非控语言(即关键词)的检索效果最好,受控词汇和简单概念的效率较差。1971 年索尔顿(Salton,C.)对 SMART(自动标引)和 MEDLARS 系统(手工标引)进行比较,试验结果表明,自动标引可以达到人工标引的检索效果。1977 年,人们对 INSPEC 系统(人工标引)和 DIRECT 系统(自动标引)进行比较试验,结果是两者检索效率近似。这表明自然语言检索系统能够达到理想的检索效率。

(3)可以保证较高的标引一致性。机器标引不受标引员的水平和主观意志的影响，因而可以基本忠实于原文，客观地进行描述。

二、自动标引的主要方法

1. 词频统计分析标引法

这种方法的基本思想是卢恩最早提出的词频统计法，是目前应用最多的自动标引技术。

词频统计分析标引法基本过程和方法是，计算机根据输入的题名、文摘，甚至文献正文，识别其中所有的词，并完成自动分词；用禁用词表（Stop List，亦译停用词表）排除通用词，如介词、连词、代词等，剩余的关键词即可用于标引。如要进一步提高质量，可统计一篇正文中词根出现的频率，删除出现频率过高或过低，没有实际检索意义的词，在规定的词频范围内抽词标引。除按照一词在文献中出现的绝对频率抽词外，还可根据词出现的相对频率为依据。这需要首先用随机方法分析一批文献，得到每一万词中每个实词出现的频率，存入计算机。标引文献时，根据文中相应词汇在每一万个词中出现的绝对频率是否大于预先收集的统计数字作为选择标准，只有该词的出现频率高于预期值时才作为标引词加以选取。采用这两种方法抽词时，还可以根据词频赋予一定权值，进行加权标引。

2. 句法分析标引法

目前该方法的研究所取得的主要成果是短语的自动生成或自动抽取。克林格比尔（Klingebiel, P. H.）研制的 PHRASE 系统中最早提出了短语的抽取方法。他所采用的主要工具是一个词典，其中每个词下都列出该词可接受的上下文的类型，通过格式匹配抽取短语，按词频加权标引。以后的研究基本上都采用这种方法的思想，不同的只是词典的组织方法和短语的模拟的定义。

除上述两种方法外,还有词法分析标引法、语义分析标引法等,有的目前仍处于理论探讨阶段。

三、中文文献自动标引

中文文献自动标引特有的一个难题是自动分词问题,即首先要把连续的一个个汉字正文切分成词,才能进行自动标引处理。因此,在研究中文文献自动标引时首先要研究自动分词这一难题。关于中文自动分词已提出多种方案,如欧阳文道提出的顺向扫描、最长匹配试探切分法;陈培久的语义词典切分、语法加工模式组配法;王永成等提出的逆向扫描、二字前进、最长组配、试探切分法;还有词首尾标志上下文辅助切分法等等。

黄祥喜*综述了各种分词方法,并将其概括两大类型,即:基于算法的分词方法,它强调形式匹配;基于知识的分词方法,它强调知识对分词过程的制导。各种方法如下所示:

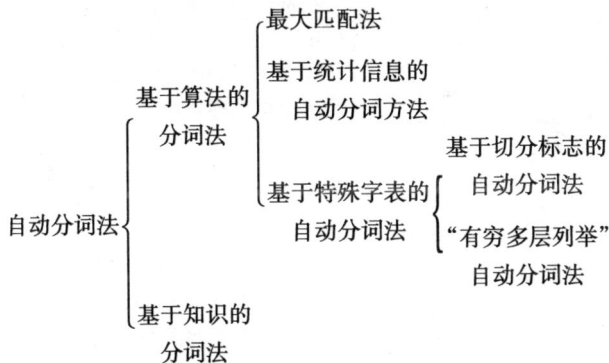

图 8 - 2　自动分词法的分类

---

* 引自黄祥喜"书面汉语自动分词的现状和问题"(《情报学报》1989 年 8 卷 2 期)。

高崇谦*则全面归纳了我国自动标引各种技术方案。我们将其归纳为下表：

表8-1　汉语自动标引的技术方案

自动标引方案		主要研制者	方　法　说　明
主题词表法自动标引	主题词表法	北大图书馆学情报学系	以主题词为主,辅以禁用词表和其他逻辑判断规则的标引方法
	关键词词表法	邓钦和,龙泽云	以逆向扫描最长匹配法为基础,利用关键词表切分词,概率统计规则和位置加权三者结合的标引方法
	非用字后缀表法	吴尉天	以字为处理单位,利用非用字后缀表实现抽词的标引方法
	词典切分组词法	陈培久	利用词典进行切分按照句法模式组词的标引方法
	部件词典法	王永成等	以建立一个二字部件词典和一个一字部件词典为基础,采取顺向或逆向扫描处理方式的标引方法
	单字标引法	黎小林,吴俊盛	以单字作为处理单位,利用汉字索引文件实现自动标引和逻辑检索的方法
	逻辑推理法	郁亦明	利用逻辑推理规则库实现自动标引的方法
机辅标引		华东师大中科院上海有机所	文献记录键入终端后显示在荧光屏上,操作人员移动光标从题目中抽取关键词,并利用人机对话方式输入与题目内容有关的隐含概念词,系统根据词库中的参照关系将关键词转换成标准主题词,进行上位登录

中文文献的自动标引研究已取得了可喜进展,但建立全面实

---

* 见高崇谦"我国科技文献计算机标引研究的现状"(《情报学报》1989 年 8 卷 1 期)。

用的自动标引系统还需深入研究。实现中文文献的自动标引,将决定我国检索系统的自然语言检索能力的发挥。

第三节　自然语言检索

一、自然语言检索技术

1. 截词检索

截词检索,或称词素检索,它是通过截除索引词的前缀、后缀、甚至词干后进行检索。如果用符号"＊"表示截断,那么检索要求"infor＊"将检出具有"infor"字符开头的文献,例如,inform, informs, information 等有关文献均被检出。

截词方法主要有四种形式:

(1)右截词,使具有某些字符开头的词的文献都检索出来;

(2)左截词,使具有某些字符结尾的词的文献都检索出来;

(3)左右截词,使具有某些字符的词,不管其处在什么位置均被检索出来;

(4)插入截词,使两端具有某些字符的词。不管中间的词干有何不同,均能被检索出来。

上述三种截词在检索匹配时,分别是前方一致、后方一致、中间一致和前后方一致。

2. 字符串相邻度检索

字符串是指字母、空格及其他可能的符号的序列。字符串检索,就是用使用位置逻辑检索的功能,规定检索的目标必须出现一些什么字符,各字段之间的距离应不超过多少字符位置,以及前后位置能否进行位置互换。字符串检索主要用于二次检索,即在检索到一定的文献集合的基础上,用它来作精细检索。

相邻度检索就是根据字符串的相邻关系进行检索,实现对词组的检索。字符串检索和相邻度检索构成字符串相邻度检索方法,或是一个检索过程中的两个阶段。

这种检索可以在很大程度上消除词与词之间的含糊与荒谬的关系,并且可以使词的共现性增强。用这种手段时,要求两个或两个以上的词在物理位置上接近,如规定它们必须在同一节或同一句子同时出现,那么有可能提高查准率。

3. 布尔逻辑检索

即按照布尔逻辑,采用逻辑和、逻辑积,逻辑非运算符,将情报提问转换成相应逻辑表达式,进行文献检索。其中,逻辑和表示概念的联合,以"+"为运算符;逻辑积表示概念的限定,以"*"为运算符;逻辑非表示概念的排除,以"-"为运算符。计算机可以根据逻辑表达式各运算项(检索词)的关系进行匹配,凡符合逻辑表达式所规定条件的文献,即作为命中的文献,予以输出。

例如,查找"河水污染"可将检索提问确定为:河水*污染。

又如,查找"河水、海水污染"可将检索提问式确定为:污染*(海水+河水)。

再如,查找除"污水外的海水、河水污染",可将检索式确定为:污染*(海水+河水)-污水。

上述检索式表达的概念关系可用文氏图表示如下:

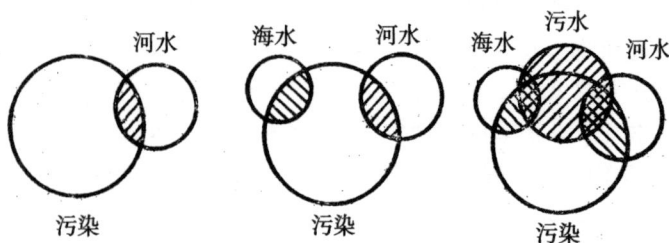

图8-3 布尔逻辑检索示意图

318

4. 加权检索

加权检索是在检索时给每一提问检索词以一个表示其重要程度的权值,然后对含有这些检索词的文献进行加权计算,其和在规定的数值以上者,作为结果输出。权值的大小表示被检出文献的切题程度。加权检索可以结合布尔逻辑检索进行(参见第二章第二节)。

5. 全文检索

实现全文检索有两种方法,第一种是分步骤完成,先进行布尔检索,后进行全文检索;第二种方法是不分步骤,布尔检索与全文检索同时进行。第一种方法又称"二次检索"法,用户先用布尔逻辑算子对文献数据库进行一次筛选,然后对命中的布尔检索集再用全文检索算子运算。这种方法的最大优点是节省磁盘空间。

二、全文检索系统

全文检索系统是供对全文进行检索的系统。

全文数据库以电子形式提供整篇杂志文章、整本图书,通过全文检索系统可以检索全文数据库中的字、段、节、章乃至全文。

全文检索系统首先在法学领域开始应用,1959 年,霍蒂(Horty, J. F.)及其同事在匹兹堡大学的卫生法律中心建立了第一个全文检索系统。60 年代,米德(MEAD)公司的子公司研制成一种联机全文检索系统,称为"数据中心"(Data Central),对外服务。意大利的西方公司的 WESTLAW 全文检索系统,在 1978 年由原来的提要型转为全文信息系统。全文检索系统在新闻界应用广泛,许多报纸(如《纽约时报》和《华尔街日报》),通讯社(如合众国际社和美联社),新闻杂志(如《美国新闻》、《世界报道》、《新闻周刊》)等都进入了全文数据库。美国化学会(ASC)则是试验与执行联机科学杂志全文检索系统的先驱,1983 年起,18 种美国化学会杂志成为书目检索服务处(BRS)的联机杂志。

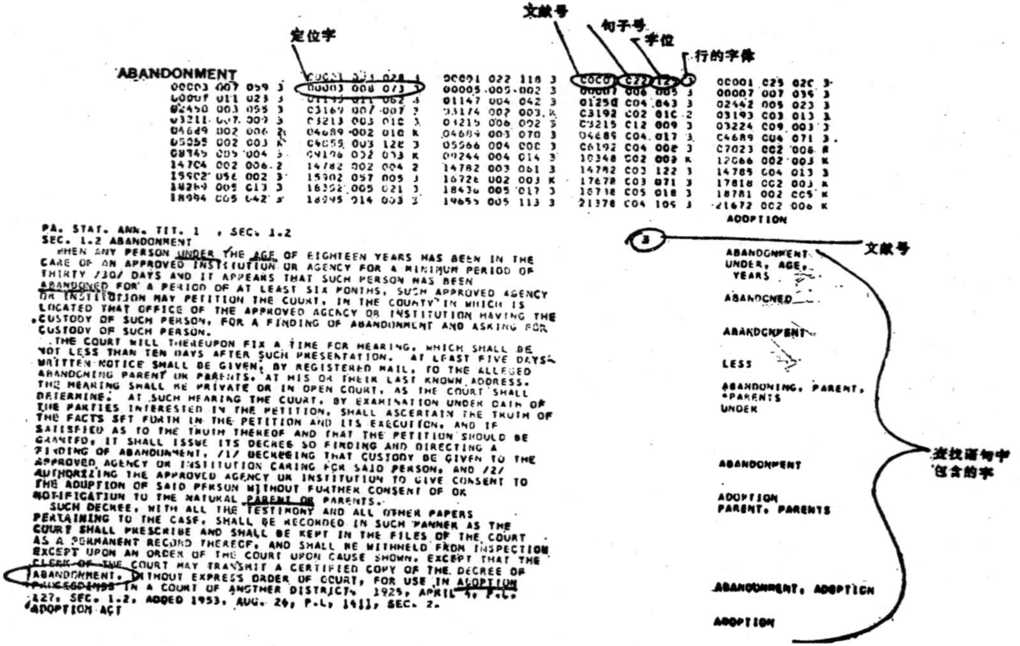

图8-4 取自匹兹堡检索系统的打印输出*

---

* 引自兰开斯特《情报检索词汇规范化》。

全文检索系统的标引通常要将全文或至少是文摘处理成机器可读形式,以便计算机进行各种处理以及检索。例如,匹兹堡检索系统将整个法律大全文本转换成机读形式,以法律条款为单位给予文献号,同时,为款目中的每个词给出词定位符。词定位符由四组数码组成,分别表示该词所在的文献、句子、句子中词的位置以及行号。计算机将一词的全部词定位符全部集中于该词之下,从而可用语词查出与其有关的条目。例如,上页是该系统中"抛弃"(ABANDONMENT)一词的部分词定位符。检索时,则可以按一定的查找策略按词检索,将相应条款全文打印输出。该系统并把符合查找策略的词列在输出条目的右边(见图 8-4)。采用这种方法时,一般还需要排除一些不具有检索意义的词。同关键词索引中的"禁用词表"一样,用以删除诸如介词、连词等没有检索意义的词。理想的全文检索系统还应配备自然语言叙词表,揭示同义词、准同义词以及其他词间关系,用于在检索阶段进行词汇控制,以提高检全率和进行扩检、缩检。

第四节 情报检索语言的自然语言化

一、情报检索语言的自然语言化趋势

情报检索语言发展的过程,是一个不断自然语言化的过程。自然语言因素逐步的渗入直至完全被采用,都是为了更好地满足情报检索者的语言交流习惯。

从世界范围来看,分类语言较早使用,并在早期发展成熟。分类语言注重体系结构的设计,适合于族性检索,对等级体系分类法来说,尤其如此。从等级体系分类法发展到分析兼综合分类法,展示了人们对检索标识构成的灵活性的要求。分析兼综合的方法广

为采用,除其本身具有较强的表达新主题、复杂主题能力之外,从语义学角度说,更符合人们表达主题灵活性的要求。

自从标题词语言产生以后,这种以自然语词为基础的检索语言类型大大不同于以号码为标识的语言类型——分类语言。标题语言的诞生,可以说是检索语言自然语言化过程中的关键一步。

在标题词语言诞生后的100多年里,主题检索语言发展迅速,这与情报检索技术的发展也密切相关。尤其是1954年美国建立世界上第一个计算机情报检索系统和1962年建立第一个定题情报服务系统以后,单元词法特别是叙词法得到广泛使用,叙词表的编制一时成为热门。之所以如此,是因为它们适应了当时的计算机检索的需要。

自从1962年美国建成世界上第一个联机检索实验系统之后,七、八十年代,发达国家已迅速地进入了联机检索时代。"联机情报检索已从只能利用受控的叙词语言进行布尔逻辑检索的第一代发展到能利用自然语言进行语境逻辑(Contextual logic)检索的第二代。"*

自然语言因素更多更广泛地渗入情报检索语言之中,在某些系统中已完全采用自然语言标引和检索。但是情报检索全部自然语言化可能还只是一个理想和希望。自然语言在情报检索中的应用还只是一个起步。在未来相当长的时期里,情报检索语言将继续朝自然语言化方向发展。

概括起来说,情报检索语言自然语言化的现状和趋势有如下几个方面:

(1)以自然语言词汇为基础的主题检索语言广泛地运用于文献数据库的标引和检索。尤其是综合了多种情报检索语言原理和

---

* 赵宗仁"论采用自然语言标引问题"(《情报学报》1985年4卷1期)。

方法的叙词语言将成为当今情报检索语言的主流。

（2）规范化的主题检索语言将更多地吸取自然语言因素和手段，以提高检索效率，降低标引和检索成本。

（3）规范化的主题检索语言和自然语言结合应用于标引和检索，两者并建立有效的接口。

（4）基于文献题名、文摘和原文的自动标引技术将更加广泛的应用。

（5）自然语言检索技术将不断完善。

（6）自然语言全文检索系统将不断地建立。

二、自然语言与受控语言的结合

从国外情况来看，在一个系统中自然语言与受控语言结合使用已成为一个显著的趋势。国外一些数据库原来主要采用受控语言，但现在已逐步过渡到自然语言与受控语言结合使用。其方式是增加了自由词标引，从而构成整体化情报检索语言。例如，1967年建立的英国 INSPEC 系统，在 1970 年以前全部采用受控语言，从 1971 年开始增加了自由词，到 1973 年形成了以受控词、自由词和分类号三位一体的整体性检索语言（见表 8 - 2）。

自然语言与受控语言的结合使用早在 70 年代中期就已展示了良好的发展趋势。根据 1975 年对国外部分数据库调查，其中只用受控语言的数据库仅有 22 个，只用自然语言的数据库有 18 个，但同时采用受控语言和自然语言的数据库却有 48 个。

对 DIALOG 系统和 ESA - Quest 系统的一些数据库的调查表明，自由词现在已经占有相当高的比例。这种现象表明自然语言与受控语言的结合是现代情报检索系统，尤其是联机检索系统中一个较为理想的方式。

在自然语言与受控语言结合使用上，有多种方式，如：

表 8－2　INSPEC 整体性情报检索语言*

功能及其应用 ＼ 检索语言类型		自然语言		受控语言		
		自由词	自由词表	叙词表		分类表
功　能	1	自由标引	辅助检索工具	1	受控标引	1 受控标引
	2	计算机检索		2	组织检索工具	2 组织检索工具
应用范围	1	SDI 检索	词表显示	1	组织书本式半年度索引	新到文献通报分类
	2	专题检索				2 文献杂志分类
	3	联机检索		2	磁带检索	3 磁带分类
						4 SDI 族类检索
						5 专题检索

1. 受控词表的自然语言入口词

即在受控词表中大量增加入口词,以提供更多的检索入口。现代的受控词表的入口词已表现为增长的趋势,国外一些受控词表的词汇等同率已达到相当高的比例。据对国外一些词表的调查分析,80 年代受控词表的入口词增长最快,如下表所示:

表 8－3　国外词表等同率的增长趋势

年　代 ＼ 数　量 项目	词表数	非叙词总数	叙词总数	等同率%	增长比例%
60 年代	21	40398	124715	32.39	100
70 年代	106	114800	344609	33.31	103
80 年代	78	457382	814552	56.15	173

2. 专用入口词表

受控词表中的入口词一般来说总是有限的。而实际上,受控

词与自然语言词汇的对应比例却很高。采用专用的入口词表可收入更多的入口词。入口词表是供用户直接用自然语言词汇输入，而无需查受控词表。MEDLARS 数据库联机查找时就提供有一个拥有 23400 个入口词的词表。荷兰医学文摘社的 EXCERPTA MEDICA 数据库拥有一个 250000 个同义词的同义词表，从而使标引和检索人员可任意选词标引和检索，由计算机自动实行转换。

3. 同时使用受控词和自由词

即用受控词和自由词标引同一篇文献，组成同一词汇文档。DIALOG 与 ESA 就属这种方式，它同时用叙词、自由词、篇名词和文摘词进行标引和检索。在有些系统中，这两种词汇在使用范围上也有一定的区别。

4. 自然语言标引，后控词表检索

采用自然语言进行标引，积累的词汇达到一定数量时再进行一些后控制处理，有人称这种后控制词表为自然语言叙词表。它的基本原理同一般叙词表相近，只是它不对标引实施控制，只对检索过程进行控制，是一种"只供检索的叙词表"。

第九章　主题法发展趋势

主题法自产生至今,已经历了数百年的发展历史。在其历史发展过程中,主题法的类型、方法和技术都发生了重大变化,展示了一系列新特点,成为现代情报检索的主要方法。

主题法发展的根本原因和动力是情报检索需求的变化和现代技术的发展,概括起来有下列几方面的因素:

(1)科学技术的发展和社会进步;

(2)现代文献的数量、特点及文献主题表达方式的变化;

(3)情报检索需求的变化和多样化;

(4)计算机技术的应用、计算机情报检索系统和联机情报检索系统的建立。

在上述因素影响下,近30年来主题法的进展和趋势展现了如下特点:

(1)类型由单一向多样化发展;

(2)组配方法由先组向后组发展;

(3)词表编制和使用向标准化发展;

(4)词表结构和词汇向兼容化发展;

(5)分类法与主题法向一体化发展;

(6)词表编制、管理和标引由人工向计算化发展;

(7)由受控语言向自然语言方向发展。

以上发展趋势本书有的已设专门章节予以阐述,如"分类主题一体化词表"，"自然语言标引与检索"，有的在有关章节中涉及。本章只对"标准化"、"计算机化"、"兼容与互换"作专门介绍。

第一节　标准化

标准化工作首先开始于工业生产领域。实现文献工作标准化是文献情报工作发展的必然要求。叙词表编制和主题标引的标准化是文献情报工作标准化的基本内容之一。

一、叙词表编制标准化

叙词表编制标准是随着叙词表的产生、发展而产生的，它是叙词表编制经验的总结，是用以控制叙词表编制方法和步骤的准则。

叙词表编制标准的发展和演变有两个基本基础，一是英国的分类法理论，二是美国字顺主题标引技术。世界上第一个具有一定权威性的标准则是 1970 年问世的联合国教科文组织（UNESCO）的《单语种科技叙词表编制与发展准则》，这后来成为1974 年编成的第一个正式的国际标准 ISO2788—1974《单语种叙词表编制和发展准则》的基础。它还直接影响了美国（ANSI Z39. 19 – 1974）、德国（DIN 1463 – 1976）、法国（AFNOR 247 – 100 – 1973）的叙词表编制标准，美国的标准甚至与 UNESCO"准则"完全一致。

英国的叙词表编制标准的发展略有不同。它一方面受国际标准的影响，另一方面却更多的是受英国标引技术的影响。柯茨的主题标引技术和方法，保留上下文索引的原理，艾奇逊创立的分面叙词表的结构等都直接影响了英国叙词表编制标准的基本原则。因此，1979 年出版的英国标准 BS 5723 – 1979《单语种叙词表编制与修订准则》形成了叙词表编制标准的另一特色。

表9-1　叙词表编制标准一览表*

序号	标准代号	标准名称	单语种/多语种	制订或修订年代	实用范围或国别	备注
1		单语种科学与技术叙词表编制与发展准则	单	1970 年	UNESCO	
2	UNISIST PGI-81/WS/15	单语种叙词表编制与发展准则	单	1981 年第 2 版	UNESCO	
3	UNISIST PGI-80/WS/12	多语种叙词表编制与发展准则	多	1976 年,1980 年修订版	UNESCO	
4	ISO2788-1974	单语种叙词表编制与发展准则	单	1974 年,1983 年修订	国　际	
5	ISO/DIS5964-1978	多语种叙词表编制与发展准则	多	1978 年,1985 年修订	国　际	
6	ANSI Z39.19-1974	叙词表结构、编制和使用准则	单	1974 年,1980 年修订	美　国	
7	GOST 18383-1973	情报检索叙词表:总则(表达形式)	单	1973 年	苏　联	
8	ГOCT 7.24-80	多语种叙词表编制规则:结构与发展方法	多	1980 年	苏　联	
9	NORDFORSK-AT	北欧语种叙词表编制规则	多	1970 年	北　欧	

---

* 见世界科学情报系统《情报处理标准资料指南》(1983 年,科技文献出版社)。

序号	标准代号	标准名称	单语种/多语种	制订或修订年代	实用范围或国别	备注
10	NF 247—100－1973	法语叙词表编制规则	单	1973	法 国	
11	NF 247—101－1977	多语种叙词表编制准则	多	1977 年	法 国	
12	NF 247—103－1980	一种文字和多种文字的叙词表:相关符号的确定	单,多	1980 年	法 国	
13	NTP MCNTI9－1975	情报检索单语种叙词表编制规则	单	1975 年	国际科学技术情报中心	
14	NTP MCNTI3－1975	情报检索多语种叙词表表达形式,组成和结构	多	1975 年	国际科学技术情报中心	
15	NTP MCNTI 15－1976	情报检索多语种叙词表编制规则	多	1976 年	国际科学技术情报中心	
16	ZIID	叙词表编制方法规则	单	1973 年	德 国	前民主德国
17	DIN 1463－1976	叙词表编制与修订准则	单	1976 年	德 国	前民主德国
18	ST SEV 174－1975	情报检索单语种叙词表编制规则	单	1975 年	罗马尼亚	
19	BS 5723－1979	单语种叙词表编制与修订准则	单	1979 年	英 国	
20	GB×××－1987	汉语叙词表编制规则	单	1987 年	中 国	报批稿

在上述基础上 UNESCO 先后完成了多语种叙词表准则(1976年,1980 年修订)和单语种叙词表准则(1981 年)的编制,并且相应地成为国际多语种叙词表准则(ISO 5964 – 1985)和单语种叙词表准则(ISO 2788 – 1983)的蓝本。

除国际标准之外,现在许多国家都制订了叙词表编制标准。表 9 – 1 是国际性和国家的叙词表编制标准一览表。

叙词表编制标准的作用在于有效控制一国或国际范围内叙词表的编制质量。通常是对如下环节进行控制:

(1)词汇选择;

(2)叙词款目格式及符号运用;

(3)词汇控制(词形、词义、词间关系等的控制);

(4)词表结构设计和编排;

(5)词表管理与修订。

叙词表编制标准的制订和实施,一方面提高了叙词表编制质量,另一方面为叙词表词汇间的兼容与互换提供了必要条件。

我国编制和应用叙词语言起步较晚,近年来,随着叙词语言在我国的推广,叙词表编制标准化开始引起重视,并有了明显的进展。1979 年《汉语主题词表》的编制出版,基本确立了我国叙词表编制的原则和方法。此后出版的专业叙词表大多数直接采用了《汉语主题词表》的基本模式,这同时为制订汉语叙词的编制规则奠定了基础。中国情报文献工作标准化委员会第五分委员会已于1987 年提出了《汉语叙词表编制规则》国家标准报批稿,可望不久将作为正式国家标准颁布实施。这无疑将对我国叙词表的编制规范化和叙词语言的推广起到积极的作用。

二、主题标引标准化

由于词表有不同的使用方法,标引员对文献主题的理解也存在差异,加之主题标引技术本身的灵活性,要求对主题标引的整个过程进行控制,以最大可能地保持标引的一致性。这就是主题标引标准化的内容。主题标引标准化也可以说是标引员标引行为的规范化。

能够保证主题标准化的最有效的方法之一就是制定有效的、程序化的主题标引规则。就目前实施中的标引规则来看,可划分为如下若干层次:

(1)国际性的主题标引规则;

(2)地区性或国家的主题标引规则;

(3)特定词表专用的主题标引规则;

(4)特定情报系统或数据库专用的标引规则。

作为标引规则,它至少要控制主题标引的下列基本过程和方面:

(1)主题分析;

(2)查表选词;

(3)标引深度;

(4)标引策略;

(5)标引方式;

(6)组配方式;

(7)主题检索工具的编制和组织。

从克特的《字典式目录条例》到《医学文献分析与检索系统标引手册》,甚至各国标准和国际标准,最终都是为了保证主题标引的质量。这是情报检索系统建立过程中的重要一环。

国际标准化组织第46技术委员会第5分委员会就试图使标引原则标准化,并作为一个项目予以实施。在1975年UNESCO的《标引原则指南》基础上完成了国际标准的制定和实施。目前实施的国际标准是ISO/DIS 5963《文献审读、主题分析与选定标引词方法》。现在已有不少国家制定主题标引的国家标准。详见表9-2所示。

表9-2 主题标引标准一览表*

序号	标准代号	标准名称	制定或修订年代	实用范围或国别	备 注
1		标引原则指南	1975 年	UNESCO	
2	ISO/DIS 5963	文献审读、主题分析与选定标引词的方法		国 际	
3	DIN 31622	文献标引:概念、原则		德 国	
4	DIN 31623	文献标引:叙词组配方法		德 国	
5	DIS 5963.2	文献主题分析与主题标识选择方法		国 际	草 案
6	ANSI 239.19 -1980	叙词表结构、编制和使用准则	1974 年, 1980 年修订	美 国	标引规则与叙词表编制合二为一
7	GB 3860 -1991	文献主题标引规则	1983 年 (第一版)	中 国	第二版即将颁布

与主题标引密切相关的是主题目录或主题索引编制规则,有些也兼具主题标引标准的功用,对主题标引工作有直接的规范化作用。在此列表予以简介,如表9-3所示。

我国主题标引标准化工作走在叙词表编制标准化工作之前。1983年就颁布了GB3860-1983《文献主题标引规则》。根据我国主题标引的实践经验已对这项标准作了进一步修订,并更名为《文献叙词标引规则》。修订后的标引规则颁布后将更适合我国主题标引的实践需要,今后与叙词表编制标准配套后,将构成我国

---

* 见世界科学情报系统《情报处理标准资料指南》。

主题法标准化工作的整体。

表 9 – 3　主题索引（目录）编制标准一览表 *

序号	标准代号	标准名称	制定或修订年代	实用范围或国别	备　注
1	ISO 999 – 1975	出版物的索引	1975 年	国　际	
2	ISO/TC46/WG10	索引的编制	1987	国　际	正式颁布后将取代 ISO 999 – 1975
3	ANSI 239. 4 – 1968	索引的基本准则	1968	美　国	
4	BS 3700 – 1976	图书、期刊和其他出版物索引的编制	1964 年,1976 年修订	英　国	推荐标准
5	ISO 1275 – 1976	编制字顺索引的规则	1976 年	印　度	
6	NBN 3547 – 1971	出版物目录（或索引）	1971 年	比利时	
7	NF 244 – 070 – 1957	字顺主题目录	1957 年	法　国	
8	NP 739 – 1969	出版物索引	1969 年	葡萄牙	
9	STAS 8254 – 1968	情报与文献：出版物主题索引	1968	罗马尼亚	

第二节　计算机化

自 20 世纪 50 年代计算机情报检索系统开始建立以来,计算

---

* 见世界科学情报系统《情报处理标准资料指南》。

机情报检索技术得到迅速发展。计算机情报检索系统纷纷建立，并进入了联机网络阶段。与之相适应的是词表编制、管理和主题标引自动化。关于自动标引和机辅标引在"自然语言标引与检索"一章已有详述，本节我们只重点介绍叙词表的机辅编制和管理。

一、计算机辅助编制和管理词表的发展

词表编制和管理最初都是手工完成的。用手工编制和管理词表，尤其是大型词表，可谓是困难重重，所花费的人力、物力与取得的效益是极不相称的，具体表现在：

（1）词表编制不仅是一项智力劳动，同时也包括大量的事务性劳动。因此，必须投入大量的人力，像《汉表》的编制投入了数百人，简直就是人海战术；

（2）需要巨大的财力作支持，有些词表，因财力不支，不得不少编辅助表，简化词表结构，影响词表功能的发挥；

（3）靠人工编制，不可避免地造成一些差错，如前后不一致等；

（4）难以全面准确地建立参照关系，有些词表干脆不编相关参照；

（5）词表各部分分别编制，重复劳动多，编表周期长；

（6）词表编制与管理分离，不利于词表的更新。

因此，将计算机引入词表编制和更新，不仅节省大量的人力，加快编表速度，更重要的是大大提高了编表质量，实现了词表编制和管理一体化。

计算机应用于词表编制和管理经历了从试验到全面实用的发展过程。早在 1966 年哈蒙德（Hammond, W. ）与 ARIES 公司设计了叙词表编制和管理计算机程序，并应用于《NASA 叙词表》和《水源叙词表》的编制工作。进入 70 年代，尤其是 80 年代，计算机编

制和管理词表已是一项成熟技术,国外已运用计算机成功地编制了一大批叙词表,如《NCC 叙词表》、《INSPEC 叙词表》、《UNESCO 叙词表》等都是计算机编表的成功范例。* 在现行词表中,机读词表已占相当大的比例,并且呈上升趋势。据对国外 227 部英文词表的统计,机读版词表有 79 部,占 34.8% ,超过了三分之一。**

我国从 70 年代开始探讨叙词表的计算机编制和管理技术。但是直到 80 年代早、中期才开始真正研制计算机的词表编制和管理系统。中国科学院计算技术研究所从 1983 年 10 月开始研制词表管理系统(TMS 系统),用于编制和管理《计算机科学技术英语词表》。这是我国机编词表的开始。随着 80 年代我国机读数据库的不断建立和汉语叙词表编制工作的发展,计算机技术得到进一步开发利用。1987 年在南京和上海成功地用计算机软件在 IBM/PC 微机上编制了两部汉语叙词表——《教育分面叙词表》和《教育科学叙词表》。我国正在编制的《社会科学叙词表》、《军用主题词表》、《农业科技主题词典》、《中国分类主题词表》等大型词表也都采用了计算机辅助编制。

二、叙词表的计算机辅助编制技术

传统的叙词表的计算机输入是按叙词款目逐条进行的,即在输入前为每个叙词款目填入输入标准卡。兰开斯特介绍的一种用于叙词表输入的叙词标准格式如表 9 – 4 所示。兰开斯特用了一个假设的叙词款目来说明其自动生成功能:

---

* 见景玉峰"论词表管理系统"(《中国科学技术情报学会学术会议论文选(1985)》,科技文献出版社,1987 年)。

** 见侯汉清、徐佳"国外叙词表的概况及发展趋向"(《情报学报》,1989 年 8 卷 5 期)。

表 9-4　用于叙词表输入的叙词标准格式 *

1A 叙词区分符 A	1B 叙词(大写)	1C 叙词来源
2A 最后印刷格式的叙词(SN)		
2B 主题类目(SC)	2C 范围注释(SN)	
3 "用"(USE)		
4 "代"(UF)		
5 "属"(BT)	7 "参"(RT)	
6 "分"(NT)	8 非相互参照(RR)	
9 最后审定日期	10 补入叙词表日期	

叙词	ABCD
属	ABC
代	PQ
参	LM
	LN
	LO

计算机生成结果包括:

(1)ABCD 的正确款目;

(2)属项的反参照,即在 ABC 下生成分项 ABCD;

(3)代项的反参照,即"PQ 用 ABCD";

(4)参项的反参照,即 ABCD 是 LM、LN、LO 的参项。

如不需做"参"项的反参照,必须在输入格式上予以区分;

(5)鉴别并去掉重复的款目;

(6)检查叙词表的一致性。

---

* 见兰开斯特《情报检索词汇规范化》。

分面叙词表采用整体输入,输入数据集,类似于分面分类表,只是附加了一些指示符。分面叙词表输入数据集的内容包括:

(1)类级:用于生成分类表中的等级从属关系和字顺表中的属分关系,并控制分类表的打印格式;

(2)类号:即分面分类表中完整的分类标识,添加在分面分类表的各种参照及字顺表中每个叙词及其参照之后;

(3)类名:生成字顺表的叙词;

(4)参照项:在分类表和字顺表中生成参照和反参照;

(5)类目英文:生成英汉对照索引;

(6)分面标头:只印入分类表中;

(7)专用指示符:控制和显示上、下位类之间的词间关系。

表9-5　分面叙词表参照关系的生成*

	分面分类表		字顺叙词表的参照
类目	上位类(属种关系)	→	S(BT)
	（整部关系）	→	C(RT)或S(BT)
	（方面关系）	→	C(RT)
	下位类(属种关系)	→	F(NT)
	（整部关系）	→	C(RT)或F(NT)
	（方面关系）	→	C(RT)
	部分同位类	→	C(RT)
类目参照	同义词参照	→	D(UF)/Y(USE)
	属项参照	→	S(BT)
	分项参照	→	F(NT)
	参项参照	→	C(RT)
	组代参照	→	ZD(UFC)

上述输入数据输入计算机后除能生成叙词款目、各种参照等

＊　见侯汉清"论汉语叙词表编制的新模式和新方法"(《图书情报工作》1990年3期)。

之外,还具有下列三项功能:

(1)整体生成词表的各种组成部分

计算机可根据输入数据,自动生成字顺表轮排索引、语种对照索引等。如采用系统编表法,还可以自动生成分类表。生成的各部分具有相互对应性,提高词表结构的整体性。

(2)输出词表

可根据需要随时输出磁盘或磁带版,COM版(计算机输出缩微平片),亦可直接进行联机显示。根据用户可接受的周期输出印刷版,如同激光照排机相连接,可直接进行照相排版印刷。

(3)进行各项统计

可自动统计所收叙词、非叙词的数量及其在不同类级上的分布,还可统计出词表的参照度、关联比、等同率等数值,以便进行词表的管理和评价。

三、叙词表的计算机管理

词表是一个动态系统,也是一个开放系统。任何一部词表都要不断的增补和更新,及时地进行叙词的增删改以及词表内部结构的调节,使之适应文献标引和检索的需要。利用计算机编制词表最大的好处就是能在编表的同时建立起词表管理系统。

词表一旦进入计算机,就形成了一个权威文档,我们称之为"词汇主文档"(MVF),MVF可进行下列管理工作:

(1)自动检验标引员和检索者用语的一致性和可接受性。如果标引员和检索者使用的词汇未被MVF收录,输入记录和检索提问将被拒绝,提示重新选词。

(2)自动提供优选词。当一词具有几个同义词,标引员和检索者可任意选用,输入后由计算机自动进行转换,提供优选词,这一项可提高标引和检索速度,无须翻查词表确认优选词。所用词若未被用作叙词,则会被拒绝。因此,在MVF中如配备一个收录

338

齐全的入口词表,这项功能则会充分发挥。

(3)词频自动统计。包括词汇的标引使用频率和检索使用频率。这些数据可通过联机显示,也可打印输出。检索前获知某词的标引频率可初步估计出可检索的文献量,从而作为优化检索策略的依据。对于一词在相当长时期未被使用(频率为0或接近0)可考虑予以删除。

(4)为书本式主题索引自动编配参照。在计算机生产书本式主题索引时,可根据已建立起来的词间关系,自动为书本式索引编配"见"或"参见"参照。

(5)词表的联机显示。在联机检索服务系统中,标引员和检索者需要对词汇进行查询。机读词表可及时显示某词是否是词表中的词,甚至可以帮助选择比最初设想更为适合的词。

(6)自动进行扩检、缩检和改变检索范围。由于机读词表内部的各种关系结构,检索者可根据检索的特定需要自动调整检索范围。

词表管理工作并不比词表编制工作简单,也是一项细致繁琐、又易出错的工作。完全依靠人工管理不仅工作繁重,而且难以保证质量。利用计算机对词表进行有效管理可以做到及时、准确、省时省力。

第三节　兼容与互换

一、情报检索系统的兼容性

当叙词表越来越多且日益多样化的时候,情报检索的难度也相应增大。尤其是为了某一情报需求,而要检索几个数据库时,则希望能用同一受控词表,或是不同的但相互兼容的词表。然而事实上往往是做不到的。因此,国际图书情报界一方面在编表之前或编表过程中努力解决一些实际问题,如制定和颁布叙词表编制和修订标准,使叙词表编制规范化,处理好多语种对应问题。甚至想编制和发展一种通用的词表,以使大家都能接受。但叙词表与分类法大不相同,编制一部能广为接受的叙词表似乎难度太大。

然而,情报检索的实际需要又要求词表之间能互相兼容。印度尼莱姆汉(Neelamegham, A.)曾指出:"为了使从不同角度建立的情报系统便于统一与协调运行,如果各个系统表达主题所用的'语言'在语法上是一致的,彼此是兼容的,而且以合理的费用可以互相转换,那么将是有益的。"*

然而,作为当代情报检索系统中广泛采用的叙词表与实际期望的是有相当距离的。我们难以使所有的叙词表的词汇和结构兼容,更难要求各系统采用统一词表。因此,情报检索迫切地需要解决叙词表的兼容与互换问题。

所谓兼容,是指两个实体结合起来工作的能力。具体地说,情报检索的兼容性是指用某种词表的词汇及其构造的检索式(或标引记录),可以直接适应于、或通过交换适用于多个情报检索系统。

关于检索语言兼容问题的文献最早出现于1962年。1962—1965年期间,美国的一些学者曾对美国一个政府机构所用的检索语言转换为另一机构的检索语言的难易程度进行了多次研究,试图在几个机构的词表中建立一个等价词的主表,以便用于编制联合主题目录。当然研究的结果是有差异的。1971年10月,世界科学技术情报系统(后改名为综合情报计划)召开的由111个国家、62个国际组织参加的大会十分重视这一问题。会议通过的报告指出:"需要研制一些更好地控制和转换自然语言和情报检索

---

* 见兰开斯特《情报系统的兼容性》(1989年,科技文献出版社)。

语言的工具"。格卢斯科夫(Gluskov)等学者对检索语言的兼容问题进行了深入研究,区分出结构兼容性和语义兼容性。结构兼容性又可归纳为形态兼容性和句法兼容性。语义兼容性可归纳为词汇的、词形的和语段的兼容性。

进入80年代,检索语言的兼容与互换问题更受重视,关于兼容与互换的理论、模式与方法等都是热门的研究课题。这表明情报检索语言的兼容与互换也是未来的发展趋势之一。

二、兼容与互换的模式与方法

据目前的研究和实施的情况来看,兼容与互换的模式和方法有:词汇转换、中介词典、宏观词表与微观词表兼容、综合词表、词库等。

1. 词汇转换

受控语言虽然有助于情报系统内部的一致性,但却降低了系统之间的兼容性。因此,需要对不同系统的受控语言的词汇进行转换,以达到兼容的目的。

巴恩斯(Barnes,J.)等在1969年研究了词汇的自动转换问题,并提出了一套转换规则系统。1974年,史密斯(Smith,J. C.)则研究了词汇的人工转换问题,也提出了一系列转换规则。苏联1977年9月在拉脱维亚加盟共和国的里加召开过一次名为"情报检索语言统一系统"的全国性研讨会,发表了一批有关兼容与互换的论文。其中苏柯洛夫(Sokolov,A. V.)撰文指出:叙词表的兼容互换,不仅取决于词表的设计和内部结构的相似性,而且更重要的是取决于:①词汇的组成,②类目的规模,③词汇的聚合关系等方面的相似性。兰开斯特在《情报检索词汇控制》一书的第二版(1986)中指出,决定词汇转换难易程度的主要因素包括:

(1)词表覆盖主题领域的重叠度。重叠越多,转换越易;重叠越少,转换越难。

（2）词汇的专指度。两个专指度高的词表易实现转换；如一个专指，一个粗略，两个词表的转换不会令人满意。

（3）词汇的先组度。两个先组度接近的词表易实现转换；反之则难于转换。

（4）词表的等级结构和参照度。如两个词表的等级关系、等同关系及相关关系显示十分清晰，参照度较高，人们就容易识别它们之间的对应关系，实现转换。

不同词表之间的词汇对应是包括多种形式的。内维尔（Neville，H. H.）1970年时指出一般有下列对应形式：①确切对应；②同义词对应；③专指词对泛指词；④组配对应；⑤反义词对应；⑥词义分解对应等。

同一类型检索语言可进行词汇转换，不同类型的检索语言的词汇也可进行转换。如叙词表与分类表之间的转换，即叙词与类目之间的转换。大量的调查和实验证明了一点。由北京图书馆主持进行的《中国分类主题词表》编制工作就是使《汉表》与《中图法》之间的词汇转换。词汇转换可在两部词表间进行，亦可多部词表转换。转换模式如下表所示：

表9-6　词汇转换的模式

序号	词汇转换模式	名　称	说　明
1	B→A	单向转换	将B中心的词汇转换成A中心的词汇，即识别出B中心的词汇哪些与A中心的词汇有等同或准等同关系。转换后，A中心可以使用B中心的记录，但B中心不能使用A中心的记录。
2	B←→A	互逆转换	为使A、B两个中心可以互相使用对方中心的记录，要对A、B两个中心的词汇进行往复转换。

序号	词汇转换模式	名　称	说　　　明
3		多向转换	如有多个中心需要进行词汇转换,各个中心可以两两转换。转换后,任何一个中心都可使用其他中心的记录。如有 A、B、C、D 四个中心,则需要转换 12 次。
4		中介转换	如有多个中心需要进行转换,为减少如模式 3 的转换次数,可采用中介语言 X 与 A、B、C、D 中心之间建立等同关系。如通过 B→X→D 转换和 D→X—B 转换,B、D 就可互用对方记录。由此总共要转换 8 次。当中心越多,则越显示其优势。

2. 中介词典

前述词汇转换的第四种模式,实际上就是利用中介词典进行词汇转换。中介词典是一种转换方法或交换语言,而不是一种专供特定情报中心标引和检索的词表。英国柯茨把中介词典定义为:一种能把任何一个情报系统中标引文献时给出的标引词或分类号转换成任何其他情报系统中的概念等价词的软件。中介词典就如同通讯网络中的自动交换台。

中介词典有多种形式,可以是一个分类系统,也可以是一种字顺索引或一种分类法与叙词表的对照表。

早在 1968 年、1969 年英国柯茨、法国加丁(Gardin, N.)就开始研究中介词典的概念和应用。此后,英国霍斯内尔(Hors - snell, V.)、利维(Levy, F. G.)等一批学者在图书馆学及情报学领域进行了这方面的试验。英国科技情报局(OSTI)还进行了一项编制情报学中介词典的研究计划。研究的结论是:输入语言的相对专指度越高和词表规模越大,词汇转换的性能就越好。如果输入语言专指度和使用频率低,则会影响转换的性能。他们还认为,就二者所编索引的检索性能来说,中介词典比得上一般的词表,二者的差别似乎不大。也就是说,中介词典虽然主要用于词汇转换,但有时也可用于标引。

1970年,英国内维尔发表了一篇关于协调词表的研究报告。他设计了一种由共同的代码系统所组成的超级叙词表,可用以表达各种词表中的概念。协调词表的原则是:不修改和删去现有的叙词,根据需要可以最低限度地追加一些叙词,必要时可以扩充参照项目等。这种超级叙词表,即中介词典的编制方法是:假如要协调 A、B、C、D 四种词表,首先把 A 当作源词表,给 A 中的每个叙词一个单独的编号,标出 B、C、D 中与 A 等价的叙词,给它们一个相同的编号。然后把 B 当作源词表,把尚未编号的那些叙词再分别编号,再与 C、D 两个词表协调。最后再把 C、D 作类似的处理。总之先取最大的词表作为源词表,逐渐转向收词较少的词表。

在东德,白林(Beling,G.)及魏西格(Wersig,G.)于1977年提出了一种"联合词表",即用一种中介语言联结一大批情报中心,促进它们所用叙词表之间的兼容与互换。他们宣称:"建立大型的通用系统的时代已经一去不复返了,为调节一批面向特定需要的系统而建立一个较为复杂的中介系统的时代已经来临"(这里所说的系统是指分类系统及叙词表,中介系统即中介词典)。

8. 宏观词表与微观词表兼容

宏观词表和微观词表是指词汇规模和覆盖学科范围而言的。二者是相对而言,并没有严格标准和界限。实现宏观词表与微观词表的兼容有两个方法,一是在多部微观词表的基础上发展一部宏观词表,二是在一部宏观词表的基础上衍生出多部微观词表。

早在60年代初,美国数据控制公司通过对叙词表的转换研究,建议把各专业机构的专业叙词表的词汇叠加在一起,编制一部共同的范畴表。1964年,在美国联邦科学技术委员会(COSATI)

344

的主持下,出版了《COSATI 主题范畴表》,它分为两级,共 22 个大类,178 个小类。这个被官方接受的概略分类表通常被用于组织美国政府各机构出版的科技叙词表(如 TEST 等)的叙词,在各大类下,按字顺展示叙词。

1972 年,德国索格尔(Soergel, D.)撰文,认为需要编制一种核心分类法。到 1974 年,他又把这一思想扩充为建立一种通用源词表,根据源词表编制各种微观叙词表,以促进微观词表的兼容。1978 年以后陆续出版了多部宏观词表,如波兰的《通用主题词表》、英国标准学会的《基础叙词表》等。

1981 年,应国际标准化组织的委托,英国标准学会请艾奇逊担任顾问,编制了《基础叙词表》。这是一部专供发展各种微观词表而编制的一部宏观词表。用户可以根据自己特定的需要,选择《基础叙词表》的有关部分作为基础,经过扩充和删节,计算机即可自动生成一个定做的微观叙词表。这些生成的微观叙词表与《基础叙词表》是完全兼容的。以该表为基础,可以发展三四个层次的微观叙词表。

微观词表与宏观词表的兼容模式如下图所示:

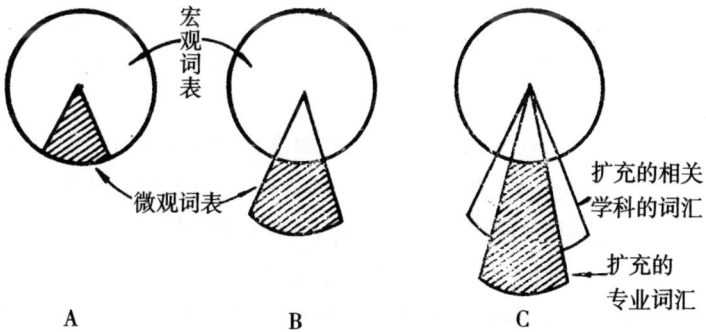

图9-1　微观词表与宏观词表的兼容模式

上图 A 表示从一个宏观词表中摘出一个微观词表来。微观词表成为宏观词表的一个组成部分,二者完全兼容。B 和 C 表示从一个宏观叙词表摘出有关部分,再增补扩充专业词汇和相关学科的词汇,发展成一个微观词表。

早在 1963 年,就在 ASTIA 基础上发展出 11 种微观叙词表。1965 年和 1969 年美国医学文献工作者,分别以这种方式编制了《风湿病学叙词表》和《视觉科学叙词表》,并把它们纳入了《医学标题表》的总体系。这样就可以把用前二种词表标引的记录自动地转换成采用较高一级的叙词表(如 MeSH)的标引记录,不需要重复标引。查找时也可以自动或半自动地从一个中心转向另一个中心。罗马尼亚 70 年代也在其国家叙词表的基础上,编制了一批适合各专业领域的"卫星叙词表",并制定了促进这种兼容的标准。

我国的《汉语主题词表》实际上是一部宏观词表,成为发展我国各种微观词表的基础。我国近年编制出版的几十部词表中,相当数量的词表是以《汉语主题词表》为基础的。基本结构、基本词汇以及参照符号等都是与《汉语主题词表》兼容的。例如,湖北省档案馆 1985 年编成的《档案主题词简表》,共收词汇 11351 条,其中 9394 条正式叙词选自《汉语主题词表》。此外,如株洲电力机车研究所 1986 年编制的《电力机车汉语主题词表》,铁道部四方车辆研究所 1987 年编制的《铁道车辆汉语主题词表》,李晓山等 1986 年编制的《煤炭科技文献检索词典》等都明确注明以《汉语主题词表》为基础的。但是《汉语主题词表》与各微观词表的兼容并未认真规划和设计,因此,其兼容性也是有限的。

我国词表兼容性较好的应是国防系统的几部词表。《国防科学技术叙词表》就是在《航空科技资料主题词表》、《电子技术汉语主题词表》、《常规武器专业主题词表》、《国防科学技术主题词典》基础上编制而成的,做到了完全兼容,是宏观词表与微观词表兼容的范例。我国军事系统编制的宏观词表《军用主题词表》，则是先编各专业的微观词表（例如，《工程兵技术装备叙词表》、《国际军事约章主题词表》、《后勤科学技术主题词表》、《军事情报主题词表》、《军用公文常用主题词表》、《战略主题词表》等），然后将其汇总、加工，也较好地做到了宏观词表与微观词表的兼容。由此可见，我国情报检索语言兼容化适宜采用这种模式。

4. 集成词表

与中介词典不同，集成词表在美国及欧洲一些国家的联机检索中心已投入实际使用。1982 年，在西德奥格斯堡召开的第四次国际分类法研究会议的结论指出："一种词表的集成思想已经产生。这就是将某些特定主题领域的若干叙词表或分类法汇编成一种集成词表。这种词表可用于书目数据库之间的转换，或用于联合分类或标引活动中实现分类法和叙词表之间的兼容。"

最早出现的集成词表是世界上几个主要联机检索中心编制的数据库索引，如美国 DIALOG 的 DIALINDEX、BRS 的 CROSS、SDC 的 Database Index 以及 ESA 的 QUESTINDEX。这些数据库索引分别列出了在它所收集的数以百计的数据库上出现的全部词汇及其标引频率，以便用户选择最适合的数据库进行有关课题的检索。这些数据库索引只是把众多的叙词表的词汇及其标引频率汇集在一起，而没有显示这些词汇之间的关系。后来美国妇女教育交流网（WEECN）从五个数据库抽取了关于妇女教育机会平等的论文，编成了一个类似于 DIALINDKX 的"词汇指南"。它做了重要改进，为每一个词显示了它的同义词、近义词及其他相关词。70 年代美国巴特尔哥伦布实验室从 10 个数据库抽取与能源有关的词汇，并在它们之间建立等同关系，从而建立了一个较为精致的词表——"词汇交换系统"（简称 VSS）。用户利用 VSS，就可以选择合适的词汇在数据库中进行检索。后来，VSS 的收录范围由 10 个数据库发展到 15 个，而且用于多个语种，整个联机综合词库的容量多达 9000 万字符。整个试验工作于 1983 年完成,1984 年写成报告。1981 年,达尔伯格夫人(Dahlberg,I.)撰文主张编制一种概念的兼容矩阵来合并、处理词汇,控制词形与词间关系,从而实现不同检索语言之间的兼容与互换。委内瑞拉中央大学的格罗西(Grossce,F.)曾把 UDC、DC、LC 与《气象学、气候学叙词表》汇编、加工成一种集成词表。

70 年代末,UNESCO 组织世界不少国家的情报学专家及社会科学家:计划编制一部大型的《社会科学集成词表》。1980 年 6 月,联合国教科文组织社会科学发展部在巴黎召开了一次有关编制这部集成词表的专家咨询会议。原预计二三年内完成初稿。计划先搜集各种机读版社会科学词表,然后建立一个叙词词库,最后在词库的基础上完成这部词表的编制工作。该词表分为三大部分:(1)分类显示。与《基础叙词表》的主题显示表形式相同,不过它是以 BC2 为基础,根据叙词词库及兼容矩阵提供的有关词间关系的信息作全面的修订和调整。(2)兼容矩阵(参看表 9 - 7)。把若干种检索语言与《布利斯书目分类法》第 2 版(BC2)的类目对照,列出等值兼容及近似兼容的概念。图表中 A、B、C、D、E、F 分别代表《联合国教科文组织叙词表》、《青年事务叙词表》等六种不同的情报检索语言,下面列出的是与 BC2 的某一类目对应的概念的分类号或范畴号;如无对应,用符号"—"表示;若对应词的字面形式不同,则全列出;若非等值兼容,则用符号"＜"、"＞"表示。(3)字顺表(参看图 9 - 2)。由分类显示部分通过计算机自动生成,形式与《基础叙词表》相同。(4)轮排索引。

表9-7　《社会科学集成词表》兼容矩阵(片断)

	A	B	C	D	E	F
TLE 失业	13.01.03	S 06.0655	7355	Q55.40	HG	331.6
TLE、PT 结构性失业	13.01.03	S 06.0656	6744	—	HGGS	＜331.6.063 失业类型

	A	B	C	D	E	F
TLE、PV 技术失业 = 技术性失业	13.01.03	S 06.0657 技术性失业	6947	—	结构性失业 HGGS	<331.6.063 失业类型

> 技术失业 TLE.PV
>
> （由于技术替代了某些职业而造成的失业）
>
> =技术性失业
>
> <结构性失业
>
> * – 技术性变化 UAH

图 9 - 2 《社会科学集成词表》字顺表（片断）

字顺部分主要用作分类显示部分的人口，在分类显示部分可以看到兼容矩阵。也可在字顺表的每个叙词款目下直接将全部兼容数据列出。但这种方式的缺点是不能鸟瞰整个主题领域情况。款目形式如下所示：

> 技术失业 TLE.PV
>
> A 13.01.03
>
> B S 06.067　技术性失业
>
> C 6949
>
> D —
>
> E →结构性失业 HGGS
>
> F <331.6.063　失业类型
>
> （由于技术替代了某些职业而造成的失业）
>
> =技术性失业
>
> <结构性失业
>
> ＊—技术变化 UAH

图 9 - 3 《社会科学集成词表》字顺表兼容数据显示

这种集成词表是一种较为理想的实现兼容转换的工具。它的

349

主要功能是：

（1）提供一种指示现有检索语言之间的兼容性，以及在数据库检索中便于由一种词表向另一种词表转移的手段。

（2）提供从一种叙词表转译为另一种叙词表的辅助工具。

（3）提供一种在采用不兼容检索语言的系统之间传递标引数据的交换工具或中介词典。

（4）向不准备另建叙词表的单位提供一个可资采用的现成的词表。

（5）为一个包含其他学科的专业叙词表提供边缘学科的词汇及其词间关系的来源。

据说，UNESCO 这项工程因故停止了。但为编制这部词表所做的大量工作都是非常有益的。

5. 叙词词库

叙词词库是将多部叙词表的词汇汇集存于计算机。严格意义上说，它是叙词表库。叙词词库兼具前述四种模式的主要特点，即：（1）词汇转换功能；（2）宏观词表与微观词表兼容；（3）生成集成词表。

上述《社会科学集成词表》的一项基础工作就是建立社会科学叙词词库，由此再生成其词表。

在 1988 年北京"全国汉语叙词表发展方向研讨会"上，有些学者提议建立我国国家主题词库，并指出词库"就是经过了规范化处理的词的集合"。我国现行的几十部专业词表就是词库的词汇来源。这项提议目前正在付之实施，根据预计目标，词库建成后，对我国词表管理和更新、编制新的专业词表、数据库的检索和利用将起到有益的作用。

从情报检索语言的发展来看，叙词词库由于具有多种功能，在未来将会更加受到重视。

主要参考文献

1. 张琪玉　情报语言学基础　武汉大学出版社　1987

2. 刘湘生　主题法的理论与标引　书目文献出版社　1985

3. 钱起霖等　《汉语主题词表》标引手册　科学技术文献出版社　1985

4. 丘峰　情报检索与主题词表　书目文献出版社　1988

5. 兰开斯特,F.W.情报检索词汇规范化　科学技术文献出版社 1982

6. 兰开斯特,F.W.情报检索系统——特性、试验与评价　书目文献出版社
   1984

7. 吕其苏等编译　国外情报检索语言研究——分类主题一体化的理论与实
   践　社会科学文献出版社　1989

8. 艾奇逊,J.吉尔克斯特,E.　叙词表编制实用手册　山西省图书馆学会
   1984

9. 丁柯　索引工作基础　第一机械工业部技术情报所　1963

10. 王先林　侯汉清等编译　西文图书主题标引手册　中国人民大学书报资
    料中心　1986

11. 中国情报文献工作标准化技术委员会第五分会　汉语叙词表编制规则
    （中华人民共和国国家标准　报批稿）　1987

12. 国际标准化组织　单语种叙词表编制规则(ISO 2788,第二版草案)　全
    国情报文献工作标准化技术委员会第五分会

13. 中国情报文献工作标准化技术委员会第五分会　文献叙词标引规则（中
    华人民共和国国家标准 GB3860 - 1989）　1989

14. 侯汉清　论分类法和主题法的一体化(学位论文　北京大学　1981）

15. 戴维民　情报检索语言句法结构简论　江苏图书馆学报　1986(3)

16. 侯汉清　试论主题标引中的引用次序　情报学报　1985(3)

17. 戴维民　引用次序研究　情报科学　Vol.9,No.2　1988

18. 杨南征　国内外叙词表构成情况调查分析报告　全国汉语叙词表发展方
    向研讨会论文集　1988

19. 赵宗仁　论采用自然语言标引问题　情报学报　1985(4)

20. 侯汉清　论汉语叙词表编制的新模式和新方法　中文信息处理标准化国际研讨会论文集　1989

21. 拉姆斯登,M.著　侯汉清、黄水清译　保持上下文索引系统手册　华东师范大学图书馆学情报学系印　1986

22. 侯汉清　徐佳　国外叙词表的概况及发展趋向　情报学报　1989(5)

23. 曾蕾　对《汉语主题词表》质量评价及改进意见　情报学报　1985(3)

24. 北图中文统一编目组　北京图书馆中文图书主题标引工作条例　1984

25. Lancaster, F, W. Vocabulary Control for Information Retrieval, 2nd ed. , Infor. Res. Pr. , 1986

26. Foskett, A. C. The Subject Approach to Information. London: Clive Bingley, 4th ed. , 1982

27. Austin, D. PRECIS: a manual of concept analysis and subject in – dexing. BNB, 1984

28. Office of Subject Cataloging Policy. Library of Congress Subject Cataloging Manual: Subject heading. Washington: Library of Congress, 1990